IV

J.W. ROCHESTER
MÉDIUM WERA KRIJANOWSKAIA

"A MORTE DO PLANETA"

BOA NOVA
LIVRARIA ESPÍRITA

LÚMEN EDITORIAL

В. И. Крыжановская.

(Рочестеръ).

СМЕРТЬ ПЛАНЕТЫ.

Восстань, Боже, суди землю; ибо ты наслѣдуешь всѣ народы.

Пс. LXXXI.

И небо скрылось, свившись, какъ свитокъ; и всякая гора и островъ двинулись съ мѣстъ своихъ.

Въ тѣ дни люди будутъ искать смерти, но не найдутъ ее; пожелаютъ умереть, но смерть убѣжитъ отъ нихъ.

Откр. VI, 14. IX, 6.

Тогда явится знаменіе Сына человѣческаго на небѣ; и тогда восплачутся всѣ племена земныя, и увидятъ Сына человѣческаго, грядущаго на облакахъ небесныхъ съ силою и славою великою.

Матѳ. XXIV, 30.

Говорю вамъ тайну: не всѣ мы умремъ, но всѣ измѣнимся.

1 Кор. XV 51.

С.-ПЕТЕРБУРГЪ.

Пар[illegible] Л. В. Г[illegible], Калашниковскій пр. [illegible] 3.

1911

W. I. Krijanovskaia

(Rochester)

A MORTE DO PLANETA

Levantai-vos, Senhor, para julgar a terra, porque são vossas todas as nações.

Salmos LXXXI, 8

O céu desapareceu como um pedaço de papiro que se enrola, e todos os montes e ilhas foram tirados dos seus lugares.

Naqueles dias, os homens buscarão a morte e não a conseguirão; desejarão morrer, e a morte fugirá dêles.

Apocalipse, VI, 14; IX, 6

Então, aparecerá no céu o sinal do Filho do homem. Todas as tribos da terra baterão no peito e verão o Filho do homem vir sobre as nuvens do céu cercado de glória e majestade.

Mateus, XXIV, 30

Eis que vos revelo um mistério: nem todos morreremos, mas todos seremos transformados,...

I Coríntios, XV, 51

São Petersburgo
Tipografia L.V. Gutman - Kalachilkovsky prospekt, Nº 13
1911

"A Morte do Planeta"

J. W. Rochester
médium
Wera Krijanowskaia

3.000 Exemplares

Livraria Espírita Boa Nova Ltda.
Rua Aurora, 706
São Paulo – SP – 01209-000 – Fone: 223.5788

Lúmen Editorial Ltda.
Rua Conselheiro Ramalho, 946
São Paulo – SP – 01325-000 - Fone: 283.2418

Editoração Eletrônica – **Ricardo Baddouh**
Tradução – **Dimitry Suhogusoff**
Revisão – **Maria Carolina C. Silveira**
Capa – **Brasilio, Figueiredo e Pedro**
Fotolito da Capa – **Vox Editora**
Fotolitos – **Fototraço Ltda.**
Impressão – **Gráfica Palas Athena**

BOA NOVA
LIVRARIA ESPÍRITA

LÚMEN
EDITORIAL

Esta obra é uma co-edição da **Livraria Espírita Boa Nova Ltda** e da **Lúmen Editorial Ltda.**

Prefácio

Em julho de 1982, empreendemos uma viagem de pesquisa pelas principais capitais do continente europeu com o propósito de localizar obras literárias inéditas da escritora e médium psicógrafa russa Wera Ivánovna Krijanóvskaia.

Wera Krijanówsky, como era conhecida até então nas edições brasileiras dos romances medianímicos de autoria espiritual atribuída ao espírito John Wilmot, Conde de Rochester (1647-1680), escritor inglês da corte de Charles II, recebeu instrução sólida no Instituto Imperial de São Petersburgo, dedicando-se à literatura espiritualista e publicando extensa obra mediúnica.

Seus romances dos períodos egípcio e romano tiveram grande apreciação entre os leitores espíritas brasileiros. A expectativa de novos títulos sempre foi grande, tanto no aspecto estético e histórico quanto no filosófico e moral.

A médium russa Wera Ivánovna Krijanóvskaia, cuja biografia é desconhecida, pertencia a uma família nobre e desfrutou do acesso à cultura de sua época. Contudo sua atividade literária era produzida sob peculiar estado alterado de consciência, conhecido sob variadas denominações: estado psíquico hipnóide, sonambulismo, transe mediúnico, dissociação da personalidade, etc. Neste estado psíquico alterado, sua pena deslizava com uma rapidez vertiginosa, de forma automática e inconsciente, causando perplexidade à autora quando despertava pela manhã, rodeada de grande quantidade de folhas de papel em péssima caligrafia, espalhadas pela casa e reordenadas com o auxílio de uma secretária para posterior publicação.

Estas escassas informações biográficas nos chegaram através de um senhor polonês, que há muitos anos visitou os editores da Livraria Espírita Boa Nova, Sr. Stig Roland Ibsen e sua esposa Sra. Edith Ibsen. Ele teve o privilégio de conhecer Wera tanto na opulência quanto na privação que o futuro lhe trouxera, inclusive de sua filha, que morreria de tuberculose.

Ao chegarmos a Leningrado, hoje São Petersburgo novamente, iniciamos a pesquisa literária solicitando a uma intérprete que consultasse o índice geral de autores da Biblioteca Pública Estatal M. C. Saltykov-Schedrin de Leningrado, URSS. Depois de vasculhar os arquivos, ela nos informou que não havia encontrado nenhuma referência a Rochester ou Wera Krijanówsky.

Voltamos desalentados ao hotel, às margens do rio Neva. O próximo passo seria percorrer, pacientemente, as livrarias de obras antigas da avenida Nevsky e cercanias, além de rezar para São Cirilo. A primeira livraria visitada havia se transformado em escombros, após um incêndio recente. Se havia algum livro de Rochester lá, jamais saberemos. Seguimos adiante, e, após esgotarmos todas as possibilidades de nossa agenda de endereços, retornamos à Biblioteca Pública Estatal para confirmar a informação anteriormente recebida e solicitar possíveis indicações de pesquisa.

O índice geral, que não era informatizado, não acusava as referências por nós desejadas, mas insistimos junto à bibliotecária que averiguasse a existência de algum arquivo extra ou setor de obras raras.

Finalmente, a poucas horas de partirmos para Moscou, conseguimos ter em mãos as primeiras publicações inéditas tão procuradas.

As fotocópias somente poderiam ser obtidas mediante o serviço de intercâmbio cultural a partir do Brasil.

Nosso próximo passo foi pesquisar o acervo da Biblioteca Pública Estatal V. I. Lenin de Moscou, onde fizemos um levantamento completo dos livros de Rochester existentes no idioma original.

Após trinta e três horas ininterruptas sem descer do trem que nos levava de Moscou a Berlim, retornamos a Paris, onde completamos nossa pesquisa e obtivemos a promessa de receber, no Brasil, algumas versões francesas ainda não publicadas em português, naquela época, tais como: *A Feira dos Casamentos* (1892), *Narrativas Ocultas* (1901), *Na Fronteira* (1901), *O Elixir da Longa Vida* (1929).

As cópias microfilmadas dos originais russos somente nos chegaram às mãos quatorze meses após, através de permuta com obras brasileiras de literatura contemporânea e arte nacional, enviadas às duas principais bibliotecas da URSS, atualmente Rússia.

O objetivo agora era traduzir a obra psicografada para edição em nosso idioma e isto nos remeteu a estudar a língua russa no Instituto Cultural Brasil-União das Repúblicas Socialistas Soviéticas, onde se iniciaram as primeiras traduções.

Infelizmente, não obtivemos êxito em localizar os títulos referidos pelo tradutor da versão brasileira da obra *A Vingança do Judeu*: *O Festim de Baltazar* e *Saul, o Primeiro Rei dos Judeus*, que narram os episódios bíblicos; *O Sacerdote de Baal*, que descreve acontecimentos na antiga

Fenícia; *Um Grego Vingativo*, que narra episódios da vida de Alcebíades (104 a.C.); *As Fraquezas de um Grande Herói*, que tem como personagens principais Alexandre, o grande, Dario e narra o incêndio de Persépolis; *O Barão Ralph de Derblay*, que trata da época de Luís XI; *Dolores*, que trata de acontecimentos na Espanha e em Cuba no século XVIII; *O Judas Moderno*; *Memórias de um Espírito*, em vários volumes, segundo mensagens psicofônicas de um grupo espírita (Sociedade Científica de Espiritismo de Paris – França); *Diana de Saurmont*, trata-se na realidade da obra *A Noite de São Bartolomeu* (1896).

Muitos títulos anunciados nas edições russas provavelmente não foram publicados devido aos acontecimentos de 1917 e as transformações subseqüentes, o que explicaria a interrupção das publicações.

Antes de passar ao leitor a relação "incompleta" (final do livro) das obras existentes e das ainda não encontradas, gostaríamos de agradecer a I. C. Grigorieva, da Biblioteca Pública Estatal de São Petersburgo e a B. P. Kanevsky, da Biblioteca Estatal V. I. Lenin de Moscou, que nos enviaram as cópias dos originais para tradução e publicação.

José Roberto Martinez
Marília, São Paulo, 17 de novembro de 1995.

Capítulo I

Sob o maciço rochoso da antiga pirâmide de consagração, repousa, ignoto e para todo o sempre inacessível para os mortais comuns, o mundo subterrâneo. Lá sobrevive o que restou do Antigo Egito, lá se escondem os tesouros de sua portentosa ciência, que permanece envolta em mistérios, protegida dos olhos de curiosos, tal como ocorria naquela época em que o povo de Kemi ainda reverenciava seus hierofantes, enquanto os faraós saíam com ostentação para guerrear contra seus vizinhos. Os hierofantes e os faraós foram paulatinamente descansar em seus túmulos subterrâneos; o tempo – que a tudo destrói – continuou a destronar e a transformar a civilização antiga. Outros povos, outras crenças começaram a surgir no Egito e jamais alguém chegou a suspeitar que toda uma falange de pessoas misteriosas – que viveram muitos séculos antes, quando ainda começaram a surgir as maravilhosas obras, cujas ruínas provocam admiração – continua a viver no abrigo fantástico, conservando piamente seus trajes, tradições e ritos da fé em que nasceram.

Ao longo de um comprido canal subterrâneo que se estendia a partir da esfinge de Gizé até a pirâmide, deslizava silenciosamente um barco de proa dourada, enfeitada com flor de lótus. Um egípcio de tez escura, que parecia ter acabado de descer vivo de um antigo afresco, remava lentamente. Dois homens, vestidos em trajes de cavaleiros do Graal, em pé no barco, contemplavam os amplos salões abertos em ambos os lados do canal, onde se podiam ver sábios misteriosos inclinados sobre as mesas de trabalho.

Quando o barco atracou junto a uma escadaria de apenas alguns degraus, os adventícios foram recebidos por um venerável ancião vestido numa longa túnica branca e klafta(1), portando uma insígnia no peito e tendo três fachos de luz fulgurante sob a fronte, indicando a importância da ascendência do mago.

— Supramati! Dakhir!(2) Meus queridos irmãos, bem-vindos ao nosso abrigo. Após tantas provações terrenas, venham recuperar suas forças em um trabalho novo, revigorem-se com novas descobertas no campo ilimitado da sabedoria absoluta.

— Deixem-me abraçá-los a todos fraternalmente – acrescentou ele afetuosamente – e apresentá-los a novos amigos.

Aproximaram-se alguns hierofantes e novamente beijaram os recém-chegados. Após uma conversa amistosa, o velho mago disse:

— Vão, irmãos, lavem-se e descansem, antes de lhes serem mostrados os locais de suas atividades. E tão logo o primeiro raio de Rá ilumine o horizonte, nós estaremos esperando por vocês no templo para o divino ofício, que será

---

(1) Adorno de cabeça dos antigos egípcios.

(2) Heróis que antecederam as obras da série: "O Elixir da Longa Vida", "Os Magos", "A Ira Divina".

realizado, como sabem, segundo os rituais de nossos antepassados.

Ao sinal do hierofante, dois jovens adeptos que se mantinham até aquele momento discretamente de lado aproximaram-se e foram acompanhar os visitantes.

Atravessando primeiro um longo e estreito corredor, eles desceram por uma escada íngreme e apertada que dava numa porta decorada com a cabeça da esfinge com lâmpadas azuladas no lugar dos olhos.

A porta levava a uma sala redonda com aparelhos e instrumentos científicos e mágicos; enfim, havia nela tudo de que o laboratório de um mago iniciado poderia precisar.

Nesta sala havia três portas, sendo que uma dava para um pequeno quarto com banheira de cristal, cheia de água azul-claro, que vinha escorrendo pela parede.

Nos banquinhos já estavam prontos os trajes de linho e klaftas listradas. Outras duas portas levavam a quartos totalmente idênticos, com camas e móveis de madeira entalhada e almofadas de seda; a mobília dos quartos, devido a seu estilo inusitado e desconhecido, reproduzia, pelo visto, o ambiente de uma antigüidade lendária.

Junto à janela, fechada por uma cortina pesada de tecido azul com desenhos e franjas, havia uma mesa redonda e duas cadeiras. Um grande baú entalhado, junto à parede, destinava-se, por certo, a guardar vestimentas. Nas estantes de parede amontoavam-se rolos de antigos papiros.

Antes de tudo, Dakhir e Supramati tomaram um banho, vestiram, com auxílio de jovens adeptos, novas túnicas de linho com cintos decorados por pedras mágicas e colocaram as klaftas e as insígnias, obtidas em virtude de seu grau hierárquico. Assim, em indumentárias antigas, tornaram-se eles coetâneos àquele ambiente estranho em que se encontravam.

— Venha me chamar, irmão, quando precisar – disse

Supramati ao adepto, sentando-se na poltrona junto à janela.

Dakhir recolheu-se em seu quarto, uma vez que ambos sentiam uma necessidade incontrolável de ficar a sós. Seus espíritos ainda estavam oprimidos pelo peso do último período de suas vidas na Terra, mas a saudade daquilo, ainda que tivessem triunfado, arrastava-os invariavelmente a um pensamento: seus filhos e esposas.

Soltando um triste suspiro, Supramati debruçou-se sobre a mesa; o jovem adepto, antes de se retirar, puxou a cortina que ocultava a janela.

Supramati pôs-se em pé, impressionado com a extraordinária beleza e austeridade do espetáculo: jamais ele tinha visto algo igual.

Diante de seus olhos estendia-se a superfície de um lago, liso feito um espelho, a água imóvel, sonolenta e azul como safira, era de transparência cristalina; ao longe podia-se ver o pórtico branco de um pequeno templo, cercado de árvores com folhagem escura que fazia com que ela parecesse preta, sem ser agitada sequer por um sopro mínimo de vento.

Em frente da entrada do templo, sobre a ara de pedra ardia um grande fogo que, feito um luar, difundia para longe suas luzes, envolvendo, como uma névoa prateada, a dormente natureza imóvel, atenuando seus contrastes de contorno.

Mas onde está o firmamento deste fantástico quadro da natureza? Supramati ergueu os olhos e viu que, em algum lugar próximo, em cima, perdido na escuridão cinzenta, abria-se uma cúpula violeta. O deslumbramento de Supramati foi interrompido por Dakhir que havia admirado o mesmo quadro de sua janela e viera compartilhar a sua descoberta com o amigo, sem saber que este já estava se deliciando com a fascinante visão.

— Que grandioso, realmente, o deleite para a alma esta tranqüilidade da imóvel natureza, placidamente adormecida! Quantos mistérios novos e ainda inimagináveis teremos que estudar – observou Dakhir ao sentar-se.

Supramati não teve tempo de responder, surpreendido por um novo fenômeno ocorrido, e ambos soltaram um ai de admiração. Da abóbada cintilou um feixe largo de luz brilhante, de cor dourada, iluminando tudo ao redor... Luz solar, sem sol? De onde vinha e como penetrava ali aquela luz dourada eles não tinham a menor idéia.

Instantes depois, seus ouvidos captaram os sons de um canto remoto, poderoso e harmônico.

— Não deve ser um canto de esferas, mas sim de vozes humanas, – observou Dakhir. Veja, ali estão os nossos acompanhantes. Eles estão vindo nos buscar de barco. Você não notou que de seu quarto há uma saída para o lago? – acrescentou ele, levantando-se e dirigindo-se com o outro para a porta de saída.

Feito uma flecha, o barco deslizou pelo lago, indo parar junto à escadaria de um templo egípcio em miniatura.

Uma comunidade misteriosa estava lá reunida: homens, em trajes antigos, com semblantes austeros e concentrados; mulheres, vestidas de branco, com aros dourados na cabeça, cantavam sob o acompanhamento de harpas. As estranhas e poderosas melodias ressoavam sob as abóbadas e o ar era impregnado de um aroma suave.

A cena impressionou profundamente Supramati e seu amigo.

Aqui, o tempo também deslocou-se em mil anos; era uma visão ao vivo do passado, uma dádiva que lhes era concedida para dela participarem em virtude de um acontecimento estranho em sua extraordinária existência.

Assim que silenciou o último som do hino sacrificial, os presentes formaram duas fileiras e junto com o superior dirigiram-se, através de uma galeria arqueada, à sala onde já os aguardava o desjejum matinal.

Era simples, porém bem substancioso para os iniciados. Compunha-se de pãezinhos escuros, que derretiam na boca, verduras, mel, vinho, e de uma bebida branca, densa e espumante, que não era creme de leite, mas parecia muito.

Dakhir e Supramati estavam famintos e honraram o alimento.

Ao notar que o hierofante supremo, ao lado do qual ambos estavam sentados, olhava para eles, Dakhir comentou um tanto sem jeito:

— Não é uma vergonha, mestre, que os magos tenham tanto apetite?

O ancião sorriu.

— Comam, comam, meus filhos! Seus corpos estão esgotados devido ao contato com a massa humana que lhes sugou toda a força vital. Aqui, na paz de nosso retiro, isto será superado. O alimento que nós retiramos da atmosfera é puro e fortificante; seus componentes são adequados ao nosso modo de vida. Comer não é um pecado, pois o corpo, ainda que seja de um imortal, necessita de alimento.

Após o desjejum, o hierofante supremo fez com que os visitantes conhecessem todos os membros da comunidade.

Antes de tudo, aproveitem para descansar, meus amigos, – observou ele ao se despedir. – Por cerca de duas semanas vocês dedicarão seu tempo para conhecerem nosso abrigo, repleto de tesouros históricos e científicos; além disso vocês encontrarão entre nós muitas pessoas interessantes com as quais terão muito prazer em conversar. Mais tarde, juntos, planejaremos suas tarefas, não aquelas que dizem respeito a Ebramar, mas a outras, com que vocês terão que se familiarizar.

Depois de agradecerem ao hierofante supremo, Supramati e Dakhir foram até seus novos amigos, travando com eles uma animada conversa. Pouco depois os membros da comunidade se dispersaram, indo cada um cuidar de seus afazeres até a hora do desjejum seguinte.

Permaneceu somente um dos magos que propôs aos visitantes mostrar o local e algumas das coleções de antigüidade lá guardadas. A caminhada pelo local e o exame das coleções despertaram um interesse profundo em Supramati e Dakhir. O relato do acompanhante sobre a origem da pirâmide, da Esfinge e do templo, sepulto sob a terra ainda na época de primeiras dinastias, abriu-lhes os horizontes longínquos da origem da Humanidade.

E quando algum objeto valioso de 20-30 mil anos ou uma folha metálica com inscrições ilustravam a narração, eles, involuntariamente, eram dominados por respeitoso tremor de admiração, ainda que, já há muito tempo, fossem mimados com conhecimentos da Antigüidade.

Após o jantar Supramati e Dakhir recolheram-se em seus quartos, cada um sentindo a necessidade de ficar a sós. Seus espíritos ainda sofriam as conseqüências da ruptura dos vínculos carnais, que os ataram durante alguns anos à vida de humanos mortais.

Sentado, com a cabeça abaixada nas mãos, Dakhir estava triste e pensativo. Ele sentia o pensamento que lhe vinha de Edith e a saudade o atormentava. Até então ele não tinha a consciência de quanto havia se apegado àqueles dois seres, que passaram rapidamente por sua longa, estranha, laboriosa e solitária existência, à semelhança de raios quentes do sol vivificante.

Esse vínculo verificou-se ser muito forte e não podia ser rompido a bel-prazer. Ele tocara nas cordas do coração e essas vibravam agora em duas direções como um fio eletrizado. Por isso a troca de pensamentos e sentimentos não cessava. Da mesma forma como as ondas se batem contra as margens, os pensamentos recíprocos repercutem em ambos os lados.

Dakhir sentia a dor de Edith; e esta, ainda que desejasse, não conseguia dominar o poderoso sentimento que invadia todo o seu ser e abafar a dor cruciante da separação da pessoa amada.

Ebramar, que tão bem pôde estudar o coração humano, – e até de um mago – ao se despedir de Dakhir disse que enquanto o tempo e as ocupações não conseguissem acalmar a saudade dolorida do espírito, ele poderia ver Edith com a criança no espelho mágico e conversar com a esposa. Agora, lembrando-se dessas palavras, ele saiu apressado para o laboratório.

Aproximando-se a um grande espelho mágico, Dakhir pronunciou as fórmulas e desenhou sinais cabalísticos. Ocorreu o que era esperado: a superfície do instrumento embaralhou-se, encheu-se de faíscas, a névoa se dissipou e como se através de uma grande janela divisou-se diante dele o interior de uma das salas do palácio do Himalaia, onde habitavam as irmãs da comunidade.

Era um local amplo e luxuosamente decorado; no fundo, junto à cama com cortinas de musselina, podiam ser vistos dois berços com acabamento em seda e rendas. Em frente do nicho, no fundo do qual havia uma cruz, encimada por um cálice de ouro dos cavaleiros do Graal, estava Edith em posição genuflexa. Vestia uma longa túnica branca – vestimenta de irmãs – e os maravilhosos cabelos soltos envolviam-na como um manto de seda.

As belas feições de Edith estavam pálidas e cobertas de lágrimas; diante de sua visão espiritual pairava a imagem de Dakhir. Não obstante, era visível que ela lutava contra esta fraqueza, procurando na oração um apoio para preencher o vazio que se formou com a partida da pessoa amada.

O amor preenchia-lhe todo o ser, no entanto, esse sentimento era puro, como pura era a alma de Edith; não havia nela sombra mínima de lascívia, somente o desejo de ver, ainda que uma vez ou outra, a pessoa adorada, ouvir no silêncio da noite a sua voz e saber o que ele achava dela e da criança.

Um arrebatamento profundo de carinho e compaixão apoderou-se de Dakhir.

— Edith! – sussurrou ele.

Por mais fraco que tenha sido este sussurro, a audição espiritual da jovem mulher o havia captado; ela estremeceu e levantou-se, sentindo a presença do ser querido.

No mesmo instante, ela viu uma faixa de luz formada pelo espelho mágico que já conhecia, e nele a imagem de Dakhir, sorrindo-lhe e saudando-a com a mão.

Soltando um grito, Edith correu e estendeu-lhe as mãos, mas, subitamente, enrubesceu e parou embaraçada.

— Meus pensamentos o atraíram, Dakhir, e eu talvez tenha interrompido seus importantes afazeres. Oh!, perdoe, querido, a minha fraqueza incurável. De dia, eu trabalho e ainda consigo, de certa forma, enfrentar a dilacerante saudade de você. Sinto sua falta como do ar que respiro; tenho a nítida impressão que com você ficou uma parte de meu ser e sofro por causa desta ferida aberta.

Todos aqui são bons comigo. Estudo uma nova ciência que me revela maravilhas; mas nada me faz feliz. Perdoe-me por ser fraca e indigna de você.

— Nada tenho a perdoar-lhe, minha boa e dócil Edith. Assim como você, eu sofro devido à nossa separação, mas devemos obedecer à lei imutável de nosso estranho destino que nos obriga a caminhar sempre para frente e para frente... Com o tempo, a tensão dessa nostalgia vai passar e você acabará pensando em mim com sentimento tranqüilo até a nossa reunificação derradeira. Hoje eu vim à sua presença para lhe dar uma boa notícia. Ebramar deixou-me vê-la uma vez por dia; e a estas horas tranqüilas, vou visitá-la e à criança. Nós vamos conversar, eu vou guiá-la, ensiná-la e acalmá-la; e você, sabendo que eu estou a seu lado, vai sofrer menos por causa da separação.

Enquanto ele falava, o rosto encantador de Edith modificou-se totalmente. As faces emagrecidas ficaram coradas, os grandes olhos irradiavam felicidade e a voz denotava alegria.

— Oh! a bondade de Ebramar é infinita! Como posso expressar-lhe a gratidão por esta graça que me faz voltar o ânimo e a felicidade. Agora eu poderei viver sempre de um encontro a outro, e esses momentos serão a recompensa por meu trabalho diário.

Você irá me explicar o que eu tenho dificuldade de entender e com seus fluidos acalmar meu coração rebelde...

Repentinamente ela se calou e correu em direção a um dos berços e, tirando dele uma menina, mostrou-a a Dakhir.

— Veja como ela está ficando bonita e se parece com você: seus olhos, seu sorriso. O que seria de mim sem este tesouro? – acrescentou ela toda feliz, apertando apaixonadamente a criança contra o peito.

A pequenina acordou, sem chorar em seguida, e, sorrindo ao reconhecer o pai, estendeu-lhe os bracinhos.

Dakhir mandou-lhe um beijo pelo ar.

— Esta meninhinha revela-se uma maga – disse Dakhir sorrindo. Você disse que ela parece comigo?... ela é seu retrato.

Quando Edith deitou a criança, que logo adormeceu, Dakhir perguntou:

— Como está Airavala? Eu creio que amanhã Supramati vai querer visitar o filho.

— Será ótimo porque ele anda muito triste e só se anima vez ou outra quando vê a mãe; até a chama pelo nome e estende os bracinhos. Pobre pequeno mago!

Após conversarem por cerca de uma hora, Dakhir observou:

— Está na hora de você se deitar e dormir, querida Edith. Agora que você me viu e sabendo que logo nos encontraremos de novo, tenho certeza de que vai se acalmar e o sono irá fortificá-la.

— Ah! como o tempo passou rápido! – suspirou Edith. – Eu vou me deitar – acrescentou, dirigindo-se obediente à cama – mas não vá embora antes de eu pegar no sono.

Dakhir desatou a rir e ficou junto à sua janela mágica; quando ela se deitou, ele levantou a mão e através de seus dedos jorrou uma luz azulada que envolveu Edith como um véu radiante.

Quando a luz se apagou e a névoa havia se dissipado, a jovem dormia um sono profundo e são.

Enquanto o descrito acontecia no quarto de Dakhir, Supramati, deitado na cama, refletia sobre o passado. Há muito tempo que seu espírito não era tão incomodado com o peso do destino fatídico que lhe facultava amar algo para em seguida tirá-lo dele.

Pondo-se em pé, ele se sentou à mesa e começou a pôr em ordem folhas antigas de papiro, para serem examinadas mais tarde, dadas de manhã por seu acompanhante como documentos extremamente interessantes. Como era de seu hábito, ele queria dissipar seus pensamentos desagradáveis com aquele trabalho.

Mal ele havia começado a ler as primeiras linhas, estremeceu subitamente e retesou-se: sua audição aguçada captou um leve ruído, como o farfalhar de asas que se batiam contra alguma coisa. Em seguida, ouviu-se um som trêmulo, pungente e lastimoso, à semelhança de um choro contido.

Olga?! Ela está à minha procura! – pensou alto Supramati, pondo-se em pé. – Pobrezinha! A aflição está cegando-a e a imperfeição impõe um muro entre nós!

Ele pegou seu bastão mágico, girou-o cerca de um minuto no ar e em seguida desenhou no chão um círculo de linhas ígneas; depois fez um gesto como se dissipasse a atmosfera com o bastão, e, acima do círculo, formou-se um facho de luz; o espaço transparente e azul que se via nele parecia estar envolvido por um gás gelatinoso, que tremia e crepitava.

Agora, no meio do círculo, pairava uma cinzenta sombra humana que rapidamente ia se corporificando e adquirindo forma e cor determinadas.

Era Olga. Em seu rosto encantador a expressão de melancolia e infortúnio parecia ter se congelado, e, os olhos, expressando receio e ao mesmo tempo uma clara felicidade, miravam aquele que para ela era um deus terreno. Irradiadas de Supramati, grandes correntes de luz e calor eram absorvidas pelo corpo transparente da visão, conferindo a ela uma forma viva e beleza exuberante. A chama fulgurante acima da fronte iluminava as feições do rosto e a vasta cabeleira dourada. Por fim a visão adquiriu o aspecto de mulher viva e Olga, com ar suplicante, estendeu as mãos fechadas a Supramati que a acompanhava com olhar de afeição e censura.

— Olga, Olga! Onde estão as suas promessas de ser corajosa e forte, de trabalhar e aperfeiçoar-se com as provações terrenas. Você anda vagando tristemente no espaço feito um espírito sofredor, enchendo o ar com seus gemidos. Você é esposa de um mago! Não esqueça, minha pobre Olga, você ainda tem muito trabalho pela frente, você terá que enriquecer o seu intelecto, desenvolver as forças e as capacidades espirituais para que eu receba o direito de levá-la ao mundo novo, para onde o destino me arrasta.

Seu tom de voz era levemente severo e o rosto de Olga adquiriu a expressão de susto e vergonha de uma criança que fez algo de errado.

— Perdoe-me a fraqueza, Supramati; é tão difícil ficar longe de você, consciente dos obstáculos que me impedem de aproximar-me de você.

— À medida que se aperfeiçoe, os obstáculos irão diminuindo, até desaparecerem por completo. Eu já lhe disse que você terá de purificar-se e trabalhar no espaço; na atmosfera terrena, repleta de sofrimentos e criminalidade. Haverá sempre muito trabalho para um espírito bem intencionado.

— Oh! Eu estou repleta de boas intenções. Envie-me para a Terra num corpo novo para qualquer provação, por mais penosa que seja, e eu suportarei submissa todos os sofrimentos, quaisquer privações, porque quero ser digna de segui-lo; e, por fim, poderei esquecer, pelo menos por algum tempo, aquela felicidade da qual eu pude usufruir.

Seus lábios tremiam, as lágrimas sufocavam. Supramati abaixou-se e disse carinhosamente:

— Não se aflija, minha querida! Não tenho a menor intenção de repreendê-la pelo infinito amor que você tem por mim, porque ele é extremamente caro para mim e eu a amo; mas você não pode deixar que ele a domine. Esteja certa de que eu nunca vou perdê-la de vista e vou observá-la durante as suas provações terrenas; mas você deverá aproveitar e aperfeiçoar suas forças morais e intelectuais e isso você tem bastante, pois você é minha discípula. Empregue os poderes e os conhecimentos que eu lhe transmiti para ajudar as pessoas; encontre, entre esses, aqueles que você poderá orientar para o bem, tente provar-lhes a imortalidade da alma e que eles são responsáveis por seus atos, estude as leis fluídicas que lhe possibilitarão proteger e auxiliar seus irmãos mortais.

Em seguida, Supramati abriu uma caixa, tirou dela um pedaço de uma espécie de massa fosforescente, fez dela uma bolinha e entregou ao espírito.

— E agora, olhe bem para mim. Eu estou aqui, você não me perdeu, nossos espíritos estão se comunicando e com o auxílio desta bolinha você poderá chegar a mim; mas só depois que você aproveitar com dignidade o tempo para o trabalho e o estudo, e não para lamentos insensatos.

Denotando alegria e candura, Olga pegou a bolinha. Levantando para Supramati seus grandes e radiantes olhos, com sorriso desconcertado, sussurrou timidamente:

— Vou cumprir tudo o que você disse, vou procurar

um médium para trabalhar e não me queixar, dê-me apenas um beijo para que eu tenha certeza de que você não está zangado pelo fato de a esposa do mago andar vagando, feito uma mendiga, ao redor do paraíso perdido.

Supramati, sem poder conter um riso e puxando-a a si, beijou-lhe os lábios e a cabeça de cabelos louros.

— E agora, minha incorrigível turrona, vá e cumpra com suas promessas. Eu a abençôo. E se você precisar de minha ajuda, chame-me em pensamento e a minha resposta a você terá a forma de uma corrente tépida e vivificante.

Ele fez alguns passes e o espírito rapidamente descorporificou-se, tornou-se transparente e feito uma névoa de vapor desapareceu no éter.

Supramati sentou-se empurrando as folhas e debruçando-se sobre a mesa começou a pensar. Uma mão sobre o seu ombro tirou-o das reflexões e levantando a cabeça encontrou o olhar afetuoso de Dakhir.

— Olga tinha estado aqui. Coitada! A separação é demais pesada para ela; mas eu acho que seu forte amor vai ajudá-la em suas provações, elevando-a até você.

Em seguida ele contou sobre o seu encontro com Edith e acrescentou:

— Venha amanhã, quando eu for conversar com Edith. Airavala está muito triste segundo ela; ele ficará muito feliz em vê-lo. Pobre criança, subtraída subitamente do pai e da mãe.

Ambos suspiraram. Quem sabe se não despertarão no fundo dos espíritos dos magos os sentimentos que afligem os mortais comuns?

Capítulo II

Eles utilizaram o tempo de seu descanso para conhecerem mais detalhadamente o extraordinário sítio onde se encontravam e para apreciar as impressionantes coleções ali guardadas.

À noite, quando no quarto de Dakhir se abria a enigmática janela para a sala de Edith, Supramati também ia conversar com a jovem mulher e dar uma olhada no filho. A alegria da criança, que impaciente lhe estendia os braços, e a sua frustração em não poder alcançar o pai, produziam no coração de Supramati sentimentos de felicidade e amargura.

Dentre os novos conhecidos, eles se afeiçoaram principalmente a dois. O primeiro – um mago, portando um único facho, era um jovem bonito de rosto-pensativo e no resplendor dos anos. Chamava-se Cleofas.

Durante o exame de coleções antigas entre as quais havia maquetas de monumentos, conhecidos ou não, mas que se destacavam pela sua arquitetura e ornamentação, chamou a atenção de Supramati um magnífico trabalho da maqueta de um templo em estilo grego.

— É o templo de Serápis em Alexandria e a maqueta é de minha autoria – explicou Cleofas e, com um pesado suspiro, acrescentou: – Fui um sacerdote de Serápis e testemunha da destruição selvagem daquela obra arquitetônica, santificada pelas orações de milhares de pessoas.

Dakhir e Supramati se restringiram a apertar-lhe solidariamente as mãos e, à noite, quando os três se reuniram no quarto de Cleofas para conversar, Supramati perguntou se não lhe era penoso contar sobre o passado.

— Ao contrário – respondeu Cleofas sorrindo. – Causa-me prazer reviver com meus amigos aquele passado remoto que já não me aflige.

E, após um instante de reflexão, começou a falar:

— Nasci justamente na época de declínio da nossa antiga religião. A nova fé do Grande Profeta de Nazaré dominava o mundo. Entretanto, a eterna verdade da luz e do amor, propagada pelo Deus-homem, já estava distorcida, tendo adquirido tal ferocidade e brutal fanatismo que, até o Filho de Deus, em sua humildade e misericórdia, teria censurado severamente.

Mas eu, naquele tempo confuso de lutas, não o percebia, sendo um ardoroso adepto de Serápis, assim como os outros eram de Cristo. Eu odiava os cristãos tanto quanto eles a nós.

Pois é, meus amigos, a história de Osíris, morto por Tifão, que depois espalhou os restos ensangüentados do deus da luz pela face da Terra, é tão antiga quanto o mundo e permanecerá viva até o fim dos tempos. Não pleiteiam os homens entre si o Criador inconfesso do Universo e a verdade única que Dele emana, imaginando inocentemente que podem enclausurá-lo exclusivamente em sua crença, em detrimento a todos os outros? Seu ódio fratricida e as guerras religiosas – não será isso a disseminação dos restos ensangüentados da Divindade? Contudo, passarei a contar sobre mim.

Sendo filho do Sumo Sacerdote, eu cresci no templo e desde a infância servi ao deus. Eram tempos difíceis. Nós, os assim chamados "sacerdotes pagãos", já éramos desprezados, odiados e perseguidos. Só de pensar que os nossos santuários estavam sendo destruídos – e este seria também o destino do templo de Serápis – deixava-me louco de desespero. E o terrível dia chegou...

Cleofas calou-se por um instante e apontou para uma estatueta de marfim que repousava sobre uma pequena coluna junto à cama:

— Eis, meus amigos, a miniatura da estátua do deus. Ela pode dar-lhes uma idéia aproximada da beleza ideal e da expressão realmente divina que um genial artista conseguira dar a essas feições. É claro que vocês entendem como me senti quando a mão sacrílega de um fanático levantou o machado para quebrar esta incomparável obra de arte, como se fosse cortar uma reles tora de madeira.

Muitos dos nossos sacerdotes foram assassinados naquele dia, enquanto eu escapei por um milagre ou destino. Gravemente ferido, fui levado por companheiros à casa de um amigo do meu pai – um sábio, que morava retirado nos arredores da cidade.

Lá, eu me restabeleci e fiquei curado e com o tempo tomei consciência da terrível realidade: o templo de Serápis, arrasado até as fundações, não mais existia. Não vou tentar descrever-lhes o desespero que tomou conta de mim.

No início, fiquei tecendo planos de vingança; mas depois, percebendo a sua inviabilidade, caí num profundo marasmo e decidi suicidar-me. Certa noite, cheguei ao meu protetor e implorei-lhe que me desse um veneno.

"Agora que não posso servir ao meu deus... a não ser assistir aos insultos e humilhações de tudo aquilo que eu adorava, eu prefiro morrer."

O ancião ouviu-me em silêncio. Depois, tirou do armário uma taça e despejou nela algumas gotas de um líquido flamejante. Em seguida, estendeu-me a taça e, com um sorriso enigmático, disse:

"Tome e morra por tudo o que já foi destruído; renasça para reverenciar e servir à Divindade de sua fé..."

Eu tomei e caí fulminado. Quando voltei a mim, já estava aqui, vivo, cheio de energia, cercado de paz, silêncio e novos amigos, com amplas possibilidades de estudar e solucionar os imensos e terríveis problemas que nos cercam. Vivo assim já há muitos séculos, absorto no trabalho, esquecendo até que em algum lugar existe ainda um outro mundo, no qual nasce e morre a humanidade efêmera...

O outro adepto, com quem Dakhir e Supramati estabeleceram um relacionamento estreito, também era um homem de tipo incomum, no vigor dos anos, de rosto vermelho-cobre, e grandes e profundos olhos negros feito um breu.

Chamava-se Tlavat e a história de sua vida causou uma profunda impressão nos ouvintes... Eles contemplaram, quase com sentimento de superstição, aquela criatura semilegendária – o representante vivo da poderosa raça vermelha dos Atlantes, cujos pés pisaram o chão do que restou do imenso continente que ficou na memória sob o nome de ilha de Poseidon.

Combinaram encontrar-se sempre à noitinha para conversar, após os afazeres diários, revezando os seus aposentos a cada encontro.

A conversa com Tlavat foi extremamente interessante. A história do continente desaparecido, contada por uma testemunha viva daquele fabuloso passado, adquiria uma nova vitalidade.

Os olhos negros do Atlante brilhavam apaixonadamente, quando ele descrevia as terríveis catástrofes que arrasaram o seu continente; fatos que ele não presenciou pessoalmente, mas as lembranças das mesmas estavam vivas e claras na memória dos seus contemporâneos.

Tlavat descrevia, com toque de orgulho étnico, a cidade dos portões de ouro – a capital da grandiosa nação já desaparecida no tempo, mas que deixou mapas, vistas e descrições pormenorizadas no santuário dentro do qual Tlavat foi iniciado, e com cujos sacerdotes emigrou para o Egito antes da reviravolta geológica, prevista pelos iluminados, e que afundou a ilha de Poseidon.

É claro que o ponto de maior interesse se constituía da história do Egito primitivo, das pirâmides onde habitavam, da Esfinge e do templo sepultado pelas areias. Pelas contas de Tlavat, aqueles monumentos, erigidos por iniciados que emigraram da Atlântida, tinham, no mínimo, vinte mil anos. Os mesmos emigrantes construíram o mundo subterrâneo, onde agora viviam, concentrando nele a realização das consagrações, lá compondo os poderosos talismãs para se protegerem dos cataclismos cósmicos.

O tempo de descanso passou rápido e certa manhã, após a oração no templo, os cavaleiros do Graal foram convidados a falar com o hierofante supremo.

— Chamei-os aqui, meus filhos, para montarmos em conjunto o programa de seu trabalho. Vocês já aprenderam muito, mas... na trilha que caminhamos, o campo de conhecimentos que ainda nos resta é praticamente ilimitado. Proponho-lhes dedicarem-se ao estudo do espaço de nosso sistema solar, desconhecido de vocês. Da mesma forma, vocês terão a oportunidade de estudar a cadeia planetária e a influência dos planetas, visíveis ou não, que cercam nossa Terra tanto física como psiquicamente. Paralelamente vocês conhecerão as particularidades das leis cósmicas que regem o nosso sistema.

Esta "geografia" do espaço, a nós acessível, representa um grande interesse e abrirá para vocês horizontes inesperados, um novo campo da infinita e imensurável sabedoria do Ser Supremo.

Dakhir e Supramati concordaram em se submeter à decisão de seu guia e, ao receberem as primeiras instruções juntamente com o material necessário, iniciaram no mesmo dia o trabalho, com a paixão que lhes era característica.

Para um simples mortal, o tempo é um fardo de lamentações e falhas do passado, grandes preocupações do presente e fastio e incerteza do futuro. A paz e a quietude, tão valiosas para os sábios, parecem entendiantes para um ser imperfeito, de cabeça oca, para o qual o tempo é um tirano cruel, caso ele não seja preenchido por diversões torpes, intrigas e paixões não satisfeitas.

E esse turbilhão de hostilidade mútua, inveja mesquinha e desejos selvagens é arrebatado pelo microcosmo, chamado de organismo humano, de forma não menos destrutiva que os terremotos que sacodem o mundo físico.

Pelas nossas veias correm, no oceano purpúreo do sangue, milhares de pequenos mundos nos quais se refletem as tempestades do coração humano, transmitindo-lhes instintos, paixões e desejos. Oxalá o olho clarividente do homem pudesse enxergar a devastação causada por uma tempestade moral de sua alma, por um acesso de ira!... Lá, naquele sangue rebelde, ocorrem catástrofes similares às cósmicas; milhões de células e glóbulos perecem afogados e queimados, lançando-se à aura os restos contagiosos desses organismos microscópicos mortos, enquanto que o homem, exaurido por abalos internos, sente-se pesado, fraco e desesperado.

Para um ser humano purificado, que trabalha com o espírito, o nascer e o pôr-do-sol indicam apenas o início e o término de um dia de trabalho.

O mundo espiritual, o silêncio e o êxtase da oração

criam uma paz beatífica, proporcionando ao ser humano saúde física e moral; nada perturba o mundo interior que ele controla e a irritante presença do formigueiro humano ao seu redor não exerce sobre ele qualquer influência.

Envoltos pela impressionante harmonia da atmosfera da pirâmide, Supramati e Dakhir readquiriram o equilíbrio espiritual, alterado pela vida terrena e, com o costumeiro afinco, iniciaram a difícil tarefa.

Seu guia, neste novo trabalho, era o hierofante Siddarta – de aparência jovem, mas cuja idade se perdia nas nebulosas profundezas dos séculos. Com a arte e a paciência, próprias de um ser superior, ele conseguiu aos poucos transmitir seus imensos conhecimentos aos dois irmãos mais novos, alegrando-se com a luz que os iluminava, respondendo às suas manifestações de gratidão sempre da mesma maneira:

— Vocês nada me devem; estou lhes dando somente o que recebi e o que, por sua vez, vocês darão a outros irmãos, que, como todos nós, estão subindo os degraus do conhecimento perfeito. Irmãos, os meus conhecimentos, que lhes parecem tão grandes, nada são comparados com o que ainda lhes resta adquirir.

Entretanto, apesar de seus esforços, energia, esperança no futuro e apoio do Pai Celestial, Supramati e Dakhir eram acometidos por momentos que, se não eram de desespero, seriam pelo menos de fraqueza.

Isto acontecia, quando alguma nova verdade, como um raio ofuscante, abria repentinamente os horizontes desconhecidos, de opressiva imensidão, dos arcanos do Universo de cuja existência eles nem suspeitavam.

Com angustiante tristeza no espírito, os magos perguntavam-se se havia algum objetivo, um limite para esse conhecimento tão ilimitado quanto o próprio infinito. Conseguiriam eles saber, alcançar e acomodar todo este conhecimento colossal em seu mísero cérebro?

Um dia, Siddarta notou um desses momentos de fraqueza e quando Dakhir e Supramati, respondendo à sua pergunta, expressaram seus receios e dúvidas, o sábio balançou a cabeça em sinal de desaprovação.

— Estou surpreendido, irmãos, como vocês – magos de dois fachos – não entenderam ainda que a indestrutível faísca psíquica, criada pelo Ser Superior, contém embriões de Seu conhecimento e de Seu poder, e a nossa tarefa se resume somente em desenvolver e trabalhar esses dados.

A cada degrau superior do conhecimento adquirido, forma-se no cérebro um novo núcleo de fogo – um foco de conhecimento e poder. E este mesmo cérebro, que nos degraus inferiores da evolução era simplesmente uma massa de matéria inerte, com alguns poucos mal enraizados fios elétricos, transforma-se aos poucos num mundo especial, num laboratório dinâmico de terrível força, capaz de controlar os elementos e criar mundos. Possuir tal poder e permanecer humilde, pondo obsequiosamente o conhecimento adquirido a serviço da vontade Divina – este é o maior objetivo dos magos e a única ambição que lhes é permitida.

Certa vez Siddarta, após explicar uma importante e difícil questão sobre a formação dos mundos, observou, sorrindo:

— Meus filhos, penso que seria agradável animar com música este nosso trabalho insípido, ainda que muito interessante. A arte é um ramo da magia; e se até agora vocês foram obrigados a dispensá-la em função de outros afazeres mais complexos, chegou a hora de estudar também esta grande força em que se propaga o pensamento divino...

— Mestre, o senhor adivinhou o nosso desejo – respondeu animado Supramati. – Ambos, tanto Dakhir como eu, adoramos a música – um presente dos céus – que alegra, eleva e consola o ser humano. Mas, confesso, não a estudamos como ciência mágica.

— Dediquem a ela uma parte do seu tempo. Os magos do seu nível devem conhecer a composição química do som e das vibrações, como também as dimensões dessa força. As pessoas comuns, com sentidos não desenvolvidos, mesmo que sintam o encanto da música, não possuem nenhuma noção sobre a variedade dos efeitos causados por ela. No arsenal de um mago, a música é uma arma a mais.

— De maneira geral, eu só sei que as vibrações harmônicas acalmam, reúnem e animam, enquanto que as dissonantes funcionam destrutivamente: provocam tempestades, terremotos, etc. Sabe-se, também, que as vibrações musicais podem acalmar ou excitar os desejos humanos e até agir sobre animais. Isto é tudo que sabemos neste campo – explicou Dakhir.

— Está claro. Mas vocês devem aprender a controlar de maneira totalmente consciente esta força geradora tão poderosa, saber regular o ritmo, composição e gradação do vigor da harmonia vibratória, de forma a controlar a energia astral e conter os elementos caóticos, se o desejarem; ou, ao contrário, provocá-los e dar-lhes liberdade. Vocês ainda não tentaram por meio de vibrações produzir venenos perigosos ou praticar as curas que os profanos certamente chamariam de "milagrosas", ou fecundar a terra, sem ser com fórmulas ou essências primevas – mas com música – já que tudo se move e se mantém em equilíbrio através de vibrações. A natureza ao redor do profano ressoa, exala perfumes, brilha com milhares de cores, mas ele não se apercebe disso porque não enxerga nem sente o invisível. E agora, vamos – disse Siddarta, levantando-se.

— Vocês irão ouvir uma música mágica e vou introduzi-los no mundo astral onde verão o trabalho das vibrações harmônicas. Assim como o ímã atrai o ferro, os sons atraem os sons e as ondas harmônicas juntam-se em vibrações cada vez mais poderosas. A tarefa de vocês é aprender a medir, avaliar e controlar este poder – continuou ele.

E o hierofante levou seus discípulos à sala de iniciação musical.

Era uma caverna ampla, redonda e totalmente escura. Possuidores de visão espiritual, os magos sentaram-se em poltronas baixinhas. Siddarta pegou uma lira de cristal e disse rindo:

— Fechem seus olhos espirituais e vejam como a música provocará a luz.

Ouviram-se então sons vibrantes de estranha modulação e em seguida, na escuridão, fulgurou um facho ígneo que se fragmentou em milhões de faíscas multicoloridas.

À proporção que a música aumentava de volume, os sons tornavam-se cada vez mais cheios e poderosos, espalhando-se feito fagulhas e cruzando-se como estrelas cadentes, formando incríveis desenhos geométricos diferentes.

Este fogo de artifício transformou-se em correntes de raios de arco-íris que, caindo sobre a terra, fragmentavam-se em milhares de gotículas claras fazendo um ruído de água. De repente, a caverna iluminou-se por uma luz ofuscante e o ar encheu-se de um aroma atordoantemente forte, porém agradável.

O hierofante parou de tocar e baixou a lira. Dakhir e Supramati, como se subitamente acordados, olharam em volta e só então perceberam que de um lado da caverna havia se formado uma campina. Siddarta apontou para ela e tornou a tocar.

A melodia agora já era diferente. A luz ofuscante perdeu o brilho adquirindo matiz esverdeado, enquanto a terra parecia transparente, avistando-se nela claramente diversos grãos e embriões. De chofre, teve-se a impressão de que as luzes multicolores se cravaram na terra assimilando-se aos embriões e, à medida que aumentava a força das vibrações harmônicas, sobre o solo começaram a cair ondas esverdeadas; os embriões neste meio tempo entumeciam e lançavam rebentos.

O hierofante fez uma pausa e mudo, com o olhar fixo no espaço, ficou extasiado, mas os sons da lira que em seguida se ouviram eram de uma beleza divina.

A luz tornava-se cada vez mais fraca, adquirindo uma tonalidade azulada e, nesse suave fundo aveludado, começaram a se desenhar quadros de rara beleza.

Como que partindo de um caleidoscópio, vinham surgindo prados verdes, vales sombreados, florestas com vegetação gigantesca e penhascos fantásticos, em cujas fendas ferviam e borbulhavam cataratas multicoloridas. Nos ramos florescentes, esvoaçando de uma flor a outra, viam-se seres de meiga beleza – irradiação imaculada do cérebro do mago, sua aspiração à luz... Eram também seres dotados de conhecida vitalidade que faziam parte do mistério da força criadora, ignota aos profanos.

Supramati estava fascinado e ouvia tudo esquecido, sem sentir nada além do deleite em admirar tantas maravilhas. De repente, uma idéia inesperada veio-lhe à mente.

— Suponhamos que eu fosse capaz de alcançar e apreender isso com meus sentidos apurados, entretanto, eu teria que ir ao mundo ímpar dos humanos para transmitir e explicar esses mistérios às multidões... Em que língua eu lhes falaria para convencê-los, uma vez que eles só querem enxergar e compreender aquilo que conseguem tocar e perceber com seus sentidos vulgares?... Eles ririam de mim e me tomariam por habitante de manicômio, se eu lhes dissesse isso, apontando para um celerado:

— Olhem para a miríade de demônios criados por ele com sua mente criminosa; vejam como torvelhinham no espaço essas larvas à procura de grudar-se em alguém... Ou eu lhes mostrarei os pensamentos puros e esplendorosos de eremita e abstinente, mensageiro da paz e harmonia... Oh, que sagrada verdade foi dita por Cristo:

"Bem-aventurados são os pobres de espírito porque deles será o reino de Deus".

Não, não, os grandes mestres da verdade estavam totalmente certos: não se pode revelar tudo às multidões; a iniciação deverá ser feita na quietude e mistério, longe do caos hediondo de paixões humanas. Os surpreendentes e terríveis conhecimentos, transmitidos a vocês, devem ficar ocultos como os tesouros e o inviolável juramento de silêncio deverá ser guardado neste sagrado lugar secreto...

Quando Siddarta parou de tocar, Supramati exclamou admirado: – Como isso é belo! Serei eu, algum dia, capaz de produzir sons de tal beleza e força?!

O hierofante sorriu e pôs a mão sobre o seu ombro.

— Não pensa você, por acaso, que tirante o tempo que eu dedico a algum trabalho sério, utilizo para tocar um método didático preestabelecido e regras especiais? Não, os sons que você acabou de ouvir, eu crio das profundezas do meu ser, eles são a expressão da harmonia do meu espírito. Pegue a lira e tente...

— Mas, eu não sei tocar lira. Vou dilacerar os seus ouvidos com minha cacofonia – disse Supramati enrubescendo.

— Não tenha medo. Eleve seu espírito até a beleza divina, entregue-se à inspiração, ore e o arrebatamento de seu espírito irá jorrar em vibrações maravilhosas como as que acabaram de deixá-lo impressionado.

Submisso às palavras do mentor, Supramati pegou a lira e, concentrando-se em oração ardente, colocou os dedos sobre as cordas. Todo o seu ser mergulhou no amor, fé e aspiração respeitosa às moradas supremas...

Sem qualquer esforço seus dedos, como se fossem movidos por força superior, tocaram nas cordas, espalhando magníficos e suaves sons, provocando formas de rara beleza, iluminadas por correntes de luz multicolorida. A harmonia firmava-se, tornando-se cada vez mais bela e emocionante. Surpreendido com a própria música, o mago ouvia e perguntava-se: será que suas aspirações ao Bem eram realmente tão fortes que se revestiram de som e se tornaram acessíveis à percepção?

Quando cessaram os últimos acordes, Siddarta abraçou Supramati e disse:

— Veja, meu filho, o quanto seu espírito se purificou e se tornou belo. Não houve sequer uma dissonância que pudesse quebrar o encantamento da paz alcançada. Agora, Dakhir, deixe-nos ouvir o eco harmônico de seu espírito e depois vocês ouvirão uma música desordenada e não harmoniosa, que ocasiona males e pode até matar.

A apresentação de Dakhir, assim como de seu amigo, mereceu total aprovação do hierofante. Posteriormente, ele os levou à escola de arte musical e chamando um dos alunos da classe mais atrasada, ordenou-lhe que os seguisse.

Para surpresa de Dakhir e Supramati, eles saíram da Pirâmide. Era noite. A luz fraca da lua, da última fase, envolvia com penumbra pálida o deserto inóspito. Tudo ao redor era só vazio e quietude.

Instruído pelo hierofante, o aluno começou a tocar e, enquanto o ar era perpassado por sons estrídulos e agudos, ao longe se ouviram em resposta urros e rosnados. Em seguida, da escuridão surgiram diversos animais selvagens: um casal de leões, algumas panteras, hienas e chacais. Todas essas feras, visivelmente irritadas e assustadas, saíram de tocas, gretas e covas abandonadas onde se escondiam de dia.

Com urros ensurdecedores e pêlos em pé, fustigando as ancas com o rabo, os predadores irados observavam-se uns aos outros com os olhos fosforescentes na escuridão.

Quanto mais bruscos e potentes eram os sons do instrumento, tanto mais crescia a irritação dos animais. Subitamente, eles lançaram-se uns contra os outros pondo em uso dentes e garras. Não era um combate de vida, mas de morte. Até as hienas e os chacais, normalmente medrosos e ladinos, enlouqueceram de raiva.

A briga, por certo, terminaria com vítimas se a música não tivesse parado. Depois, submetendo-se à vontade do mago, as feras dispersaram-se aos seus covis.

— Estão vendo, meus amigos, – disse Siddarta quando todos retornaram à Pirâmide – sons dessa natureza invocam os espíritos do Mal. As pessoas de audição vulgar e estúpida não conseguem ouvir a música diabólica que bandos de demônios dirigem um a outro, enquanto que a mente astral ouve e sente as vibrações dissonantes do ar, sendo dominada por agitação furiosa.

A vibração pode chegar a tal ponto de repercutir na Terra, provocando oscilações do solo e avalanches. Os cantos nos *sabbat*, acompanhados de danças, provocam delírios em que as pessoas se tornam inferiores aos animais.

As experiências que eu lhes mostrei são apenas uma parcela da arte da música mágica e quanto mais nós nos aprofundarmos nesses estudos, tanto mais se abrirão diante de nós os estranhos e surpreendentes fenômenos.

A partir daquele dia, o estudo da harmonia mágica tornou-se uma das tarefas prediletas de Supramati e Dakhir.

Capítulo III

Anos e séculos passavam ao largo. Dakhir e Supramati estudavam com fervor.

Finalmente, chegou o dia em que eles foram chamados para a reunião com os hierofantes, e o superior da comunidade secreta saudou-os com as palavras:

— Amigos e irmãos! Os estudos que nós lhes planejamos terminaram. Vocês estão bastante versados e munidos para dar início às provações necessárias a sua elevação. Irão como missionários para levar a luz às trevas.

O que vou dizer-lhe, Supramati, refere-se também a você, Dakhir, pois salvo pequenas diferenças, a missão de vocês é idêntica.

Assim, Dakhir, você irá ao mundo onde reina o ateísmo. Mesmo tendo repudiado a Deus, aquela humanidade alcançou um alto nível de cultura, mas seus costumes e leis são cruéis e sanguinários. Sem admitir qualquer princípio divino e atribuindo toda a criação às cegas forças cósmicas, os homens fizeram do egoísmo a sua lei básica de vida.

Sua tarefa será árdua, pois não será fácil pregar as verdades eternas àqueles seres. Não obstante, sua palavra e fé deverão provocar uma reviravolta e renascimento moral.

Sua pregação, advirto, suscitará uma feroz animosidade, mas, não obstante, você jamais e sob pretexto algum, poderá se utilizar de seus conhecimentos ou do seu poder para defender-se ou sequer fazer com que o seu trabalho seja menos duro.

Seus conhecimentos apenas poderão servir para aliviar os sofrimentos alheios.

Lá, você será uma pessoa pobre, desprovida de tudo, exceto da força espiritual adquirida e da fé em Deus e em seus mentores. Entretanto, se você suportar as provações, será coroado de glória e alegria da consciência de que, num mundo impuro, você acendeu um foco de chama sagrada de amor a Deus.

Lembre-se de que a luta que o espera é árdua e pungente. A hediondez humana se desmoronará sobre você com toda a sua torpeza. Em troca do bem que você fizer às pessoas, receberá somente o ódio e sofrimento. Apesar disso, do alto de seu desenvolvimento espiritual e da clarividência do mago, você deverá ser piedoso e amar aquelas criaturas, que ainda rastejam ao pé da escada da perfeição. Você não deverá condená-las mas nivelar-se a elas, como um sábio faz diante de um ignorante.

Um ser humano comum combate com as mesmas armas; a inimizade é paga com inimizade, o ferimento – com ferimento – pois a multidão é cega, nela imperam e competem entre si os sete princípios carnais, os assim chamados sete pecados capitais. E aquele que triunfar sobre esses pecados, estará armado com as sete virtudes capitais e deverá semear somente o amor, pagar a escuridão com a luz, a ofensa com o bem.

Agora, meus filhos, digam-me se vocês se sentem suficientemente fortes para iniciar as provações, dominar todas as fraquezas humanas e, voluntariamente, assumir toda a responsabilidade por essa difícil mas gloriosa missão, com todos os seus imprevistos e dificuldades. Respondam com sinceridade e lembrem-se de que vocês são livres; nós somente sugerimos essas provações, sem impô-las.

Supramati e Dakhir ouviam pálidos e confusos: tudo o que lhes restava de humanos comuns fremia com um sentimento doloroso e horripilante de homens puros, que teriam de partir à cloaca do Mal.

Quase que involuntariamente Supramati fitou vagamente o hierofante, cuja roupa alva parecia coberta com pó de diamante e, por debaixo da klafta, irradiavam-se raios de luz – símbolos da vitória no campo do combate espiritual; os grandes e radiantes olhos do sábio olhavam-no penetrantes e severos.

E ele sentiu, instintivamente, que chegara o importante momento de sua vida antes de seu último passo que o elevaria acima de um ser comum, libertá-lo-ia da escravidão da carne para torná-lo mestre da luz e um ser realmente superior.

Subitamente, uma grande claridade envolveu-lhe a cabeça, um raio de fé e de força de vontade brilhou em seus olhos e, estendendo as mãos ao hierofante, ele exclamou:

— O discípulo será digno de seus caros mestres. É com alegria e confiança que eu aceito essas provações, pois para o espírito, liberto da ignorância e do fardo do corpo, não poderá haver nenhum obstáculo. Já não terei eu vencido a matéria, apagado as paixões e derrotado o dragão da dúvida? Poderei eu depois de tudo isso temer descer a escada, quando, graças aos seus ensinamentos e apoio, subi vários degraus? Ordene, mestre, quando deverei iniciar as minhas provações!

— E você, Dakhir? – perguntou o hierofante, sorrindo bondosamente.

— Mestre, o meu espírito faz coro a cada palavra de Supramati. Assim como ele, estou pronto para as provações e espero não fraquejar, cumprindo a tarefa sagrada a mim incumbida pelos dirigentes, e propagar a magnificência do Criador.

Nesse instante a sala encheu-se de uma névoa; uma música, suave como o canto das esferas, propagou-se no ar em poderosas ondas, e, junto à poltrona do hierofante, surgiu a figura alta de Ebramar; seu rosto irradiava a alegria.

— Deixem-me abraçar e abençoá-los, filhos queridos de minha alma. A resposta de vocês é uma certeza de nova vitória! – exclamou, estendendo as mãos sobre eles.

Uma corrente de luz dourada envolveu seus discípulos amados e sobre suas cabeças começou a brilhar uma cruz radiante, diamantina, enquanto Supramati e Dakhir caíram de joelhos, como simples mortais diante de seu iniciador.

Ao se levantarem, foram cercados por hierofantes, iniciando-se aí uma amistosa conversa. O hierofante supremo informou-os, a propósito, que eles deveriam preparar-se para as provações com um regime especial e dentro de três semanas seriam levados à gruta de Hermes.

— Você, Supramati, irá primeiro. Os iniciados de lá – membros de irmandade secreta – irão recepcioná-lo e dirigir os seus primeiros passos. Dakhir partirá no dia seguinte – acrescentou Ebramar.

Na noite do mesmo dia, Ebramar e Siddarta acomodaram-nos numa gruta isolada, passando com eles longas horas, dando instruções especiais e esclarecendo-lhes as dúvidas – ou seja, foram prepará-los para a importante missão. Além disso, foram-lhes ministrados os fundamentos da língua do país onde eles agiriam.

Eles alimentavam-se com uma substância especial, muito aromática, parecida com mel, e bebiam um líquido azulado e fosforescente, que os transportava ao estado de êxtase.

Ao término da preparação, à gruta vieram Ebramar e o hierofante supremo, acompanhados de seis outros sábios. Todos usavam vestimentas sagradas, portando no peito as insígnias que denotavam sua ascendência. Atrás dos magos vinham os adeptos, carregando em pratos de ouro diversos trajes, seguidos por cantores com harpas na mão.

Supramati percebeu que havia chegado o momento decisivo e levantou-se prontamente. Os adeptos rodearam-no e vestiram-no numa malha, parecida com a de seda, mas fina como teia de aranha. Por fim colocaram uma túnica branca e curta com cinto vermelho. A cabeça ficou descoberta, mas entre os dois fachos do mago agora reluzia, feito um brilhante gigante, uma cruz, invocada do espaço por Ebramar.

Ebramar e o hierofante postaram-se nos dois lados de Supramati e saíram da gruta, na entrada da qual os aguardava uma numerosa multidão. O cortejo perfilou-se e à frente dos hierofantes quatro adeptos carregavam uma espécie de lume, onde ardiam crepitando ervas e substâncias que difundiam um aroma surpreendentemente vivificante. Atrás seguiam os sacerdotes, entoando cânticos e cobrindo o caminho dos magos com pétalas de flores.

O cortejo parou junto à gruta sagrada de Osíris; os que carregavam o lume retiraram-se, colocando-o sobre a cuba de mármore no meio da gruta. No local permaneceram apenas os hierofantes e Supramati que carregava a cruz dos magos. Seu rosto belo e extasiado denotava concentração.

Diante do lume erguia-se uma mesa do altar e nela resplandecia o cálice da irmandade do Graal, encimado por uma cruz. O altar era rodeado por cavaleiros em suas panóplias prateadas; entre eles estava Dakhir.

Supramati ajoelhou-se nos degraus do altar, sendo seguido por todos os presentes; fez-se um silêncio solene, apenas quebrado por um canto baixo e suave que vinha de fora.

O Superior da irmandade do Graal pegou o cálice com

as essências fumegantes da vida e da luz e passou-o a Supramati; e quando este tomou do cálice, o Superior pôs as mãos sobre a cabeça do missionário e fez uma oração.

Em seguida aproximou-se Ebramar e, retirando do altar um instrumento estranho, entregou-o a Supramati. Era algo parecido com uma harpa, só que de suas cordas vertiam cores de arco-íris.

— Leve com você este instrumento de consolo e de apoio. A harmonia divina que você extrair dele o erguerá acima dos infortúnios quotidianos – disse Ebramar, beijando Supramati.

Tomado por alegria, Supramati, agradecido, pegou o instrumento e beijou em despedida os presentes. A última e a mais longa despedida foi com Dakhir. Em seguida, em companhia apenas dos hierofantes e Ebramar, ele desapareceu atrás de uma pesada cortina metálica que ocultava a gruta de Hermes.

Ali reinava uma escuridão azulada com redemoinhos de nuvens prateadas.

Os magos levaram Supramati diretamente a um sarcófago aberto, no qual ele se deitou sobre uma almofada de pedra. Seus dedos dedilharam as cordas da harpa e soou uma magnífica melodia, estranha e poderosa; toda a beleza do espírito do grande artista vertia-se em sons por ele criados, que se extinguiam pouco a pouco.

Ebramar e os hierofantes prostraram-se genuflexos elevando as mãos, enquanto que em cima iam se juntando nuvens, salpicadas por faíscas cintilantes. Formas com contornos indefinidos, como se urdidas de fogo branco, envolveram o sarcófago em que o mago jazia imóvel, submerso em sono mágico.

Uma espécie de trovoada rolou remotamente; depois, uma rajada brusca de vento pareceu levantar do interior do sarcófago uma massa de nuvens e, no meio delas, ergueu-se uma coluna de fogo cintilante. Instantaneamente, a massa de nuvens alçou-se para as alturas e dissipou-se na escuridão, seguindo-se um silêncio.

O sarcófago estava vazio; somente em seu fundo ficaram espalhadas algumas flores brancas, exalando um forte aroma.

Os raios avermelhados do sol iluminavam um quadro estranho e selvagem: um local desértico, cheio de altas e escarpadas montanhas azuladas, apenas cobertas aqui e ali por ralos arbustos cinzentos.

Entre as pontiagudas escarpas e precipícios serpenteava uma estreita vereda, pela qual caminhavam duas pessoas em capas escuras. Pela aparência, via-se que eles pertenciam a raças diferentes.

Um, muito alto, magro, mas de compleição robusta, com feições angulosas e imberbe; seus olhos eram de cor indefinida e o rosto de uma lividez surpreendente, como se em suas veias corresse sangue da cor de safira e não branco. Ágil e decididamente ele subia pelo caminho abrupto de pedras – o que denotava sua jovialidade.

Seu acompanhante era um jovem de uns trinta anos de idade, esbelto e ágil, grandes olhos claros, rosto de boa aparência, como se de uma pessoa terrena, e densos cabelos escuros saindo do capuz abaixado.

Falavam num linguajar estranho – a língua interplanetária, sagrada para todos os iniciados de grau superior.

— É, irmão Supramati, você dominou bastante bem a nossa língua local para dar início à sua missão.

A gruta, para onde eu o estou levando, é bem apropriada para sua primeira aparição. Lá, certo dia, foi o último santuário à Divindade existente em nosso maléfico mundo.

O caminho nessa parte do local ia se curvando. O acompanhante e Supramati contornaram alguns rochedos e adentraram uma fenda estreita que depois se alargou e deu lugar a uma ampla galeria subterrânea, que através de numerosas curvas sinuosas descia do alto.

Por fim, eles vieram parar numa ampla caverna; num dos lados da mesma havia uma saída que dava para uma larga plataforma. Aparentemente, esse local antigamente servia de capela, a julgar pelo fato de que no fundo, na altura de dois degraus,

via-se um altar de pedra, de um azul de safira, encimado por uma cruz.

Sobre o altar havia um grande cálice metálico com gravação de símbolos do zodíaco e duas trípodes com ervas.

Numa pequena gruta anexa achavam-se um leito, uma mesa e um banco, feitos de madeira. Do interior da parede junto à mesa, jorrava uma nascente de água pura e cristalina, que, borbulhando, caía num reservatório oval bastante profundo.

O acompanhante de Supramati levou-o à esplanada sobre um grande precipício, no fundo do qual retumbava e espumava um rio agitado.

A margem oposta do precipício era bem mais baixa e mais adiante descia íngreme para uma imensa planície, onde pastava gado... Bem ao longe, desenhavam-se vagamente prédios altos e construções maciças de uma grande cidade.

— Você está vendo, irmão, a nossa capital – disse o hierofante deste outro planeta, retornando à caverna.

— Permita-me abençoá-lo e invocar a bênção do Ser Supremo, aos pés do Qual você quer devolver Seus filhos pródigos.

Ele abriu os braços e imediatamente sobre a sua cabeça surgiram cinco fachos de luz ofuscante e seu peito resplandeceu em luzes multicoloridas. De suas mãos caíram feixes de fagulhas sobre Supramati genuflexo, em seguida se formou um redemoinho de névoa azulada e, quando Supramati se levantou, o hierofante já não mais estava lá.

Ficando só, ele tirou debaixo da capa a harpa de cristal e colocando-a sobre o banco, junto à sacola de couro que trouxera consigo, foi orar diante do altar.

À medida que realizava as suas preces, sobre o altar acenderam-se duas pequenas trípodes, depois, a cruz fulgurou em feixes de luz e, finalmente, do cálice surgiu uma chama dourada, iluminando o líquido purpúreo que o preencheu.

Quando Supramati terminou as preces, a noite já havia descido sobre a Terra. Ele saiu para a rampa diante da caverna e

sentou sobre uma grande pedra, olhando pensativo o céu cúprico, semeado de estrelas que brilhavam como diamantes róseos. A saudade do mundo distante – sua pátria – apertou-lhe o coração e, naquele instante, a tarefa assumida pareceu-lhe pesada e improdutiva.

Mas essa fraqueza foi fugaz e ele venceu-a com um esforço da vontade. Este planeta, como qualquer outro, era a “morada” na casa do Pai Celestial, cujo amor se estende igualmente a todas as Suas criaturas; aqui, como na Terra, ele está trabalhando para a glória do Criador e deve cumprir isso com alegria.

Nos vales que Supramati via do alto do seu abrigo, havia naquele dia uma grande agitação. Ali pastavam grandes rebanhos pertencentes a cidadãos ricos. E eis que diversos pastores, que tomavam conta do gado, gente alta e forte, começaram a juntar-se em grupos ou correr confusos, apontando para cima do precipício. Todos viram quando o céu iluminou-se de repente por um grande clarão e uma esfera de fogo, coroada por um estranho sinal, pareceu elevar-se por trás dos picos das montanhas; ao mesmo tempo ao longe se ouvia o ribombar do trovão e, à noite, sob a esplanada pairava um círculo de fogo resplandecente. O que poderiam significar aqueles estranhos fenômenos, e ainda mais junto ao abismo – lugar tenebroso, amaldiçoado, que todos evitavam?

No distante e montanhoso vale, protegido de todos os lados por rochas e precipícios, com acesso somente através de passagens subterrâneas, os iniciados construíram seu refúgio. Lá estavam os palácios dos sábios, templos e bibliotecas secretas, onde eram guardados os tesouros da ciência e os arquivos do planeta.

Entre os habitantes corria a lenda sobre uma comunidade de homens misteriosos que se escondiam nas montanhas, possuíam grande poder e permaneciam fiéis ao Deus rejeitado. Mas ninguém jamais os havia visto e esta tradição permanecia principalmente entre a classe trabalhadora. Já a aristocracia, o meio científico e toda a *intelligentsia* do planeta, não se dando ao trabalho de verificar a verdade, riam de todos aqueles "contos da carochinha".

Foi nesse abrigo dos hierofantes que Supramati acordou do seu sono mágico e foi cercado de cuidados e amor.

Assim, ele passou as primeiras semanas no novo e desconhecido mundo, submetendo-se a uma dieta especial para adaptar seu organismo às condições estranhas, inclusive atmosféricas. Ao mesmo tempo ele se aperfeiçoava no conhecimento da língua local, estudava concomitantemente a história, geografia e situação política desta pequena Terra, que pela sua dimensão se assemelhava aproximadamente à Lua. Ele soube que no planeta habitavam somente duas raças: os Marautas – população operária, povo de estatura alta, forte e ativo, mas pouco desenvolvido intelectualmente e totalmente escravizado pelos Rudrassos -, povo aristocrático e intelectualmente desenvolvido de cujo meio emergiam cientistas, artistas, burocratas e todo tipo de *intelligentsia*. Esta raça dominante era fraca e frágil, sujeita a certas enfermidades neuro-cerebrais, paralisias sem causa aparente, demência repentina, cegueira etc...

Um monarca vitalício reinava no planeta; entretanto os Marautas eram governados pelo vice-rei, seu preposto. E esse povo monárquico encontrava-se numa situação totalmente excepcional, com pretensão de ser originário de dinastias divinas que na aurora da civilização governavam a Terra e deram início a todas as ciências e artes.

Supramati passou seu período de preparação totalmente sozinho, chegando apenas a se relacionar com alguns membros da comunidade, entre os quais um homem de aparência jovem, chamado Sarta, que prometeu visitar Supramati após o mesmo se instalar no local escolhido e ajudá-lo no estudo das novas condições de vida.

No dia seguinte ao de sua chegada à caverna, Supramati ficou contente com a visita do amigo. Sarta presenteou-o com frutas e ambos acomodaram-se para conversar junto à entrada.

— Não me é permitido visitá-lo, irmão, pois você deverá fazer tudo sozinho e a tarefa que você tem pela frente é muito difícil, uma vez que o nosso gênero humano é muito cruel, egoísta e absorvido por coisas materiais – observou Sarta, suspirando.

— Deus me ajudará e concederá a felicidade de despertar neles a fé, a misericórdia e o amor – retrucou Supramati com certeza inabalável. – E vocês nunca tentaram orientar os cegos para o caminho da verdade?

— É claro que tentamos, mas todas as nossas tentativas foram inúteis. Talvez ainda não tenha chegado a hora. Além do mais, as leis daqui são tão severas que as pessoas têm medo até de ouvir pregações religiosas. Independentemente disso, os rumores que correm sobre nós são considerados tão absurdos e risíveis, que, se alguém suspeitasse de que está vendo um "montanhês" – como eles nos chamam –

daria no pé rapidamente, pois eles estão convencidos de que regressando à sua primitiva doutrina religiosa, nós lhes enviamos, a cada solenidade, toda sorte de desgraças: tempestades, inundações, doenças contagiosas e toda espécie desses prazeres.

Ambos desataram a rir.

— Esta é a nossa sina – não sermos reconhecidos -, observou brincando Supramati. – Mas, diga-me, irmão Sarta, quais foram os motivos que levaram seu gênero humano até esse ódio feroz à Divindade, que interpôs até barreiras de lei contra o Pai Celeste? Creio que preciso saber isso.

— Levaria muito tempo para contar tudo em detalhes, entretanto eu de bom grado relatarei resumidamente o que levou a essa situação lamentável – respondeu Sarta refletindo um pouco.

— Não há necessidade de contar-lhe que nós tivemos a nossa "época de ouro", quando reinavam os iluminados que, tanto nós aqui, como vocês lá, chamávamos de "dinastias divinas". Era um tempo de apogeu da civilização e – naturalmente – do desenvolvimento de capacidades espirituais. Em seguida, veio a decadência, começaram os abusos com a prática de feitiçaria e magia negra, culminando com a ruptura do governo dos iniciados.

À medida que ia se ampliando a prática da magia negra, os instintos sórdidos do homem prevaleceram e agiram sedutoramente. A depravação e crueldade adquiriram dimensões terríveis e o povo bestificado chegou até à prática de sacrifícios humanos. Entretanto, apesar de tudo isso, restavam ainda adeptos dos mestres e preceptores do ensinamento das dinastias divinas. A população dividiu-se em dois pólos: o de Deus branco e o de negro, loteados para um rei branco e um rei negro. Começaram guerras cruéis que iam adquirindo, com o decorrer do tempo, caráter cada vez mais selvagem e sangrento. Sob a influência das paixões desenfreadas, os defensores de Deus branco conservaram só o nome de seu partido, não esquecendo os princípios básicos e as leis que ele deveria representar. O banditismo, os sacrifícios humanos, a utilização para o mal de todas as forças espirituais criaram uma situação incrível.

Foi aí que no cenário mundial apareceu um homem extraordinário, cujo destino era, por fim, transformar o mundo. As reviravoltas cósmicas, em conseqüência da disseminação do Mal, devastaram o nosso planeta; um dos continentes estava tomado de água e pérfidas enfermidades ceifavam a vida da população.

Para conquistar o poder, desse momento angustiante de confusão geral aproveitou-se Amocra.

Sua origem era obscura. Na época de matanças que precederam a inundação, ele perdera todos os seus parentes. Para consolidar sua posição, ele adotou um pequeno órfão que era considerado o filho do antigo rei branco.

Medidas enérgicas e sensatas tomadas por ele para restabelecer a ordem, reparar os estragos, desenvolver o comércio e a indústria, logo lhe trouxeram amor e confiança gerais. Então, certo de estar gozando de ilimitada autoridade, ele deu início a uma inédita reforma social que excluía até o nome de nossa Divindade no planeta.

Qualquer profissão de fé do ser supremo – fosse ele branco ou negro – foi eliminada. As cerimônias religiosas foram proibidas sob pena de castigos severos, da mesma forma as relações com o mundo invisível, devido ao fato de que qualquer religião, sendo uma relação com seres extraterrenos, somente dava origem à desordem, animosidade, guerras e desencadeava paixões selvagens. Pois, se existia um mundo do além-túmulo, que os próprios espíritos libertados do corpo se arranjassem cada um a seu gosto, que fossem recompensados ou expiassem seus pecados, contanto que não perturbassem os vivos! Em função disso, eram sujeitos à queima imediata e, em suma, ao aniquilamento total todos aqueles locais onde aparecessem visões, fossem ouvidos sons ininteligíveis ou ocorressem fenômenos estranhos. No que se refere à magia – branca ou negra – os culpados eram castigados com a pena de morte.

E assim nós vamos vivendo há cerca de mil anos segundo esse belo programa, deliciando-nos com a surpreendente civilização, impossível de ser imaginada. É verdade, as artes e a indústria alcançaram um alto nível, mas, por outro lado, não menos floresceu o egoísmo, a crueldade e a injustiça.

O princípio básico de nossa "cultura" é o utilitarismo: qualquer um tem o direito de defender seus interesses, ainda que inescrupulosamente; enquanto que os crimes contra os interesses estatais são punidos severamente. Existem leis positivas terríveis, mas, em geral, o conceito da justiça foi totalmente atrofiado.

Sarta calou-se, suspirando pesadamente e, no olhar enérgico de Supramati, continuou brilhando a mesma fé e esperança.

Numa conversa posterior, Sarta propôs a seu novo amigo ir incógnito à cidade para familiarizá-lo com o local de sua futura atividade. Supramati aceitou agradecido o convite. Algumas horas depois, eles saíram da caverna vestidos modestamente em trajes usados pela população e se dirigiram à cidade.

O caminho era bem conservado, os campos excelentemente trabalhados, surpreendendo com a variedade de plantações. A vegetação, em suma, era exuberante e Supramati interessou-se pelas explicações de Sarta sobre as diferentes árvores frutíferas que cresciam pelo caminho. A mais incrível que ele achou era uma árvore com frutos grandes, parecidos com pepinos terrenos, porém brilhantes, como se fossem cobertos por esmalte.

— Está vendo, Supramati, esta árvore com tronco grosso, verde embaixo e escuro em cima? No outono, quando os frutos amadurecerem, todo o tronco ficará seco e oco por dentro. Ao colherem seus frutos, todo o tronco é coberto por uma massa resinosa, substituída duas semanas depois e deixada desse jeito para o inverno. Na primavera, a arvore começa a cobrir-se de folhas e flores, como se não tivesse morrido.

— Em todo o lugar a natureza nos aponta um exemplo de ressurreição, observou Supramati sorrindo.

— Eu ainda não lhe disse que desta árvore original é produzido um excelente licor, o qual, quanto mais velho fica, torna-se mais forte – acrescentou Sarta.

A capital verificou-se ser uma cidade enorme, dividida em duas partes totalmente diferentes. Uma, a parte maior, pertencia aos Marautas. Eles, pelo visto, gostavam de cores vivas, a julgar pelas casas rodeadas de pomares que luziam com as cores azuis, vermelhas, amarelas e assim por diante. Da mesma tonalidade eram também os tecidos, vendidos em amplos pavilhões redondos, vazados de todos os lados.

Havia também teatros, pois os Marautas gostavam de diversão não menos que de trajes e enfeites, enquanto que os Rudrassos, que usavam os Marautas como seus criados e que tinham neles excelentes compradores, protegiam-nos e organizavam todo tipo de diversão possível. E pelo fato de que as classes operárias se acostumaram a obter tudo dos Rudrassos, de cujo meio, exclusivamente, saíam cientistas, médicos, artistas, músicos e artífices de tudo que é requintado, os Marautas veneravam-nos e até os temiam, considerando uma grande honra servi-los.

A cidade dos Rudrassos era de tipo diferente, mais elegante e artística: pequenos sobrados, decorados e acabados como objetos de joalharia, mergulhavam na sombra da vegetação exuberante; e até seus moradores diferiam em muito dos altos e fortes Marautas.

Os Rudrassos, ao contrário, eram de estatura baixa, frágeis, de traços finos, feições intelectuais; mas seus olhos escondiam algo cruel e diabólico, o que fazia com que eles não parecessem simpáticos.

Inúmeras vezes a atenção de Supramati foi atraída para faixas largas de tecido da cor lilás-escuro, penduradas nas portas de entrada de algumas casas.

— Diga-me, irmão, o que significam essas faixas de tecido? Todas estão marcadas por um símbolo vermelho, e acham-se tanto nas casas dos Marautas como nas dos Rudrassos, e – o que é mais estranho – nas moradias que pertencem, pelo visto, às pessoas de diferentes posições sociais.

No rosto de Sarta apareceu uma expressão de descontentamento e sorriso amargo.

— Aquelas faixas, caro Supramati, são símbolo da vergonha para nosso mundo e significam que no meio dos habitantes desta ou daquela casa há um doente desenganado ou aleijado condenado à morte, ou melhor, fadado aos espancamentos com base numa lei vergonhosa.

Supramati continuou sem entender e olhou interrogativamente para Sarta.

— O que significa isso? Aqui os doentes são assassinados? Com que direito e como uma família pode concordar com tal crueldade inaudita?

Sarta pôs-se a rir.

— Com que direito? Para o bem da sociedade. Mas eu tenho que lhe explicar mais detalhadamente para que você entenda a sutileza utilitária da lei que você chama de cruel.

É de seu conhecimento que o ideal espiritual e tudo que se refere às leis divinas é proibido aqui. Isto significa que, livre de qualquer freio ético, a humanidade viu-se, definitivamente, em poder dos instintos da carne. A moral está mais do que fraca e, sob o seu ponto de vista, por exemplo, poder-se-ia dizer que ela simplesmente não existe; ao contrário, vicejam em profusão todos os gêneros de vícios e paixões vergonhosas, e o povo – principalmente os Rudrassos, devido ao fato de serem mais fracos fisicamente – tornou-se susceptível a diferentes tipos de enfermidades tais como: demência repentina, paralisia, convulsões – que deformam totalmente os membros -, chagas, semelhantes à nossa lepra, e, finalmente, a perda da visão para sempre. Todas essas doenças são extremamente contagiosas e de difícil tratamento e, uma vez que os médicos estudam e só conhecem a matéria, podem tratar apenas do corpo, sem buscar qualquer motivo oculto do mal; as doenças motivadas por obsessão, mau-olhado de terceiros, sofrimentos espirituais etc... permanecem fora de sua competência.

Além do mais, a criminalidade, os vícios e a depravação atraem os espíritos malignos e seu número cresce a cada dia que passa, e visto que a humanidade cega está desprovida de defesa contra as terríveis forças ocultas, as devastações, por elas causadas, aumentam mais e mais... pois tudo que mantém e purifica – a prece, a fé em Deus, a invocação das forças do bem -, é proibido e até perdeu o seu significado.

Devido ao fato de que todo o nosso sistema governamental é baseado exclusivamente no utilitarismo, só tem direito à vida aquele que tiver alguma utilidade, puder servir para seu próprio prazer ou prazer de um estranho.

Desta forma fica claro que os dementes incuráveis, os cegos, os portadores de câncer, os filhos retardados, ou seja, os seres que não poderão ter alguma utilidade para o governo, representam apenas focos de contágio e um fardo incômodo para a família, pois exigem, ao mesmo tempo, gastos desnecessários, atrapalhando as pessoas de gozarem a vida e tratarem de seus afazeres.

Entretanto, apesar da bestificação da população, a faísca divina oculta nas profundezas do ser humano não raro provoca um apego aos doentes desditosos e uma amargura ao conscientizar-se de que a sua eliminação é necessária.

Em função de numerosos e fortes protestos, a legislação, por fim, foi atenuada no sentido de que, para o tratamento de doentes, foi estabelecido um prazo fixo com uma ressalva – se ao término desse prazo as esperanças de cura não se concretizarem, esse ser "prejudicial" e "inútil" deve ser eliminado.

— Oh, Deus, todo poderoso! E como eles são mortos? – perguntou Supramati, pálido de horror.

— Bem, não há por que fazer cerimônia!... Mensalmente, num dia marcado, um funcionário do governo passa em todas as casas com doentes e verifica a duração da enfermidade baseada na determinação médica. Se o prazo estiver vencido, então marca-se o dia da pena de morte. Saindo da casa, ele pendura uma faixa de tecido em sinal da certificação de que ali se encontra um dos sentenciados.

Todos os condenados do mês corrente são executados num mesmo dia. Ao alvorecer, eles são levados juntos ao abismo, sob o qual se encontra o seu abrigo, e lá o mesmo funcionário em companhia de alguns subalternos lê uma ata explicando os motivos da execução capital, relacionando as pessoas "inúteis", acompanhadas por seus parentes próximos. Em seguida, dão-lhes uma bebida que as deixa drogadas e as jogam ao abismo.

— Que horror! O abismo já deve estar quase cheio, se no transcorrer de séculos lá são lançadas tantas vítimas?

— Oh, não! A corrente, cujo barulho você ouve no fundo do precipício, desemboca, pelo visto, numa fenda insondável, arrastando consigo os cadáveres. A propósito, Supramati, você terá a oportunidade de ver tudo isso pessoalmente, pois uma execução semelhante está marcada para amanhã ao alvorecer.

Supramati ficou pensativo e em silêncio.

— Será que nenhuma mãe tenha se revoltado, tenha se insurgido contra essa monstruosidade? – perguntou ele finalmente.

— O que se pode fazer? Todos estão submetidos à lei e devem obedecê-la, inclusive o próprio rei. Ocorrem, é claro, gemidos e lágrimas, mas ninguém se atreve a opor uma resistência aberta.

— Bem, se aqui são tão severos com os doentes simplesmente porque eles são "inúteis", que punição, então, é dada aos criminosos? – perguntou Supramati a caminho da caverna.

Sarta desatou a rir.

— Com esses a cerimônia é menor. Os culpados de crimes do Estado, em assassinatos de pessoas úteis, roubo de dinheiro destinado às causas sociais, e assim por diante, são enforcados com base na sentença sumária. O que se refere aos vagabundos, vigaristas, pedintes e às pessoas em geral que saíram do convívio da sociedade e não trabalham, querendo viver às custas dos outros, esses são levados a locais inóspitos e depois, ainda que para isso não haja propriamente uma ordem de execução, caso isso aconteça, o assassino normalmente não é procurado e desta forma não fica sujeito ao castigo.

— Que estado lamentável de coisas! – observou com tristeza Supramati. – Pedirei a Deus que ele me apóie para que eu possa dissipar a escuridão e orientar para o caminho da perfeição essas almas perdidas.

Capítulo IV

Supramati passou a noite inteira orando fervorosamente e só ao alvorecer, quando ao longe se ouviram passos, gemidos e choro da multidão chegando, ele levantou-se dos degraus do altar e olhou para fora.

Do lado da cidade, pelo caminho em direção ao abismo, arrastava-se uma numerosa procissão, à frente da qual uma pessoa levava, como se fosse um estandarte, uma faixa de tecido lilás-escuro que Supramati já tivera oportunidade de ver nas portas das casas. Atrás, seguia um grupo de funcionários e, por fim, numa fileira sem fim, em carroças ou em macas iam os condenados, rodeados por familiares chorosos. Os mais desesperados, pelo visto, eram as mulheres carregando filhos aleijados, corcundas e paraplégicos, que se agarravam com as mãozinhas no pescoço de suas mães.

Ao chegar à beira do abismo, a procissão macabra parou e se perfilou em um grande semicírculo, no meio do qual se postaram os funcionários com capacetes dourados, adornados com ave de asas abertas – símbolo de liberdade incondicional -, e o secretário, segurando o livro de registros da cidade do qual ele iria riscar os nomes dos infelizes, à medida que eles iam desaparecendo no abismo. Havia até uma orquestra, mas sua presença destinava-se a abafar com música os gemidos dos presentes e das vítimas, caso alguém, apesar de drogado, ainda tivesse forças para gritar. Em cima de uma mesa, posta adiante, os médicos começaram a distribuir em taças a bebida anteriormente preparada.

Quando um dos representantes do governo se preparava para ler a sentença, na esplanada que se erguia sobre o abismo apareceu um homem em trajes brancos com uma harpa na mão.

O primeiro raio do sol nascente iluminou com a cor púrpura suas alvas vestimentas, seu belo rosto exaltado e o instrumento de cristal, que brilhava feito um diamante.

Um minuto após, os dedos finos do homem misterioso tocaram as cordas e ouviu-se então uma melodia estranha, ora suave, ora áspera.

A multidão reunida no lado oposto ficou imóvel, como encantada, e todos os olhares se fixaram no músico desconhecido, enquanto este continuava a tocar e cantar. Os sons tornavam-se cada vez mais fortes, enlevando e estremecendo com sua harmonia cada fibra, fazendo despertar sentimentos vagos e desconhecidos, elevando o espírito dos homens e amolecendo-os como uma cera.

A multidão, incluindo os funcionários – como sob hipnose -, começou aos poucos a prostrar-se de joelhos; centenas de pássaros vindos de todos os lugares sobrevoaram a esplanada e, rodeando destemidamente o músico, pousaram a seus pés e nos ombros.

Ele, entretanto, parecia nada notar e continuava a tocar. Agora, dele partia uma névoa azul prateada que o envolvia com larga aura. E desse foco jorraram raios de luz, caindo como serpentinas sobre os enfermos, sendo absorvidos por seus organismos.

Então se deu um espetáculo magnífico. Do corpo dos doentes levantaram-se redemoinhos de fumaça negra e, à medida que os miasmas fétidos se desprendiam de seu organismo, os membros paralisados começaram a se mover; os olhos dos cegos – a recuperar a vista; as feridas – a cicatrizar; e as faces anêmicas e definhadas – a adquirir vitalidade.

Sem acreditar em seus olhos, as mães fitavam perplexas seus filhos, que em pouco tempo estariam mortos e agora alegres moviam livremente as mãos e os pés afetados ou endireitavam as costas corcundas ou o corpo curvado. Não passou nem uma hora e as carroças e as macas ficaram vazias. Todos os condenados, agora devolvidos à vida e ao trabalho por força desconhecida, ajoelhados como todos os outros, contemplavam o misterioso músico repletos de gratidão.

Subitamente, os sons interromperam-se. O desconhecido baixou a harpa, olhou satisfeito para a multidão de joelhos e desapareceu no interior da gruta.

Como que despertado do feitiço, o povo levantou-se e ouviram-se gritos de alegria; os familiares dos condenados à morte beijavam seus entes queridos restituídos à vida.

Perplexos com o acontecimento, os funcionários confirmaram que não havia mais doentes, não havendo, portanto, a necessidade da execução, e deram ordem para retornar à cidade.

Uma agitação e curiosidade tomou conta da multidão e cada um era atormentado por uma pergunta: quem poderia ser aquela pessoa que só com sons de harpa havia curado doentes desenganados? Ninguém sabia quem ele era e de onde viera, mas, já após algumas horas, em toda a capital corriam relatos sobre o misterioso forasteiro e os seus feitos milagrosos.

Os rumores sobre o acontecimento inusitado chegaram até o palácio do rei. No início ele não quis dar ouvidos a ninguém, mas, quando um dos funcionários que estivera presente no local lhe confirmou o fato, o rei expressou a vontade de ver alguns dos ex-doentes conhecidos.

Então levaram ao palácio um homem, outrora paralítico, uma mulher leprosa e cega, uma criança surda-muda, um homem que sofria de convulsões, cujo rosto e membros deformados eram assustadores e várias outras pessoas anteriormente doentes.

Convencido com seus próprios olhos de que todos estavam perfeitamente sadios, o rei mandou que eles descrevessem o que sentiram durante o processo da cura. Todos, unanimemente, disseram que tão logo o desconhecido começou a tocar, sentiram um comichão no corpo inteiro. Em seguida, viram raios de cor azulada que desceram em ziguezague sobre eles e absorveram-se em seus corpos. No mesmo instante, começou a percorrer-lhes uma corrente de fogo, perfurando-os feito flechas pontiagudas, enquanto eles sentiam o bafejo de uma brisa fresca e aromática que lhes proporcionava um indescritível deleite.

De que forma tinha ocorrido a cura?... Disso os beneficiados não tinham a menor idéia; mas os sofrimentos haviam cessado, os olhos recuperaram a visão, as mãos e os pés ganharam a flexibilidade, desapareceu até qualquer vestígio da doença.

Ao ficar sozinho com o velho presidente do Conselho, um amigo já experimentado, o rei expressou sua preocupação perguntando, meio sem jeito, que pessoa seria aquela e de onde teria vindo. Que objetivos, enfim, ele perseguia e o que, em suma, eles deveriam pensar sobre toda aquela história?

O provecto ancião refletiu e depois disse meio inseguro:

— Eu espero, majestade, que por força de tais circunstâncias excepcionais me permitirá desta vez expressar algumas questões proibitivas.

— Sem dúvida. Estamos a sós e eu lhe permito falar abertamente de tudo – respondeu o rei.

— Assim, o próprio lugar, escolhido pelo forasteiro para praticar esses trabalhos surpreendentes, já me leva a tirar as seguintes conclusões. A gruta, onde ele buscou o abrigo, era o templo do antigo Deus branco. Naquele abismo, segundo dizem, foi lançada a última estátua divina juntamente com o fiel sacerdote que relutara em abandonar o local sagrado. A lenda reza que, antes de morrer, ele vaticinou que naquele mesmo lugar seria erguido o primeiro templo da Divindade branca e a luz triunfaria sobre as trevas.

— É claro que tudo isso não é porque no futuro poderá provocar desordens; mas, neste momento, eu creio ser insensato agir com crueldade em relação ao homem que salvou a vida de tantos infelizes. Esperemos e veremos o que vai acontecer – ponderou o rei depois de refletir.

A cidade toda, nesse ínterim, estava alvoroçada. Nas casas dos ex-condenados à morte amontoavam-se visitantes e tudo foi tomado por um clima de festa. Os outrora doentes – agora sadios e felizes – circulavam entre os amigos e conhecidos sem apresentar algum cansaço e recontavam as sensações e as impressões vividas por eles e seus familiares, produzidas pelo extraordinário homem.

Esses relatos causavam impressões ainda mais fortes nas famílias onde havia enfermos que seriam, com toda certeza, condenados ao extermínio no mês seguinte.

Na alma dessas pessoas confrontavam-se o infortúnio que se avizinhava e uma vaga esperança de salvação. pois o coração humano é feito de modo que nenhuma lei ilegítima pode modificá-lo e arrancar do seu interior os sentimentos de faísca psíquica, indestrutível, colocada pelo Criador...

No dia seguinte, uma caravana dirigiu-se ao abismo levando e carregando doentes. Ao chegar ao local, prostrou-se em silêncio de joelhos, ansiosa e sem saber o que fazer.

Através de todos aqueles séculos, jamais alguém lhes ensinara como se dirigir a Deus e como se deveria orar. Feito uma manada assustada, eles ficaram de joelhos olhando ansiosos para Supramati, que acabara de aparecer na esplanada sobre o precipício.

O coração magnânimo do mago encheu-se de uma profunda misericórdia em relação àqueles infelizes, cruelmente privados de qualquer idéia sobre Deus, que sequer desconfiavam da poderosa força neles adormecida que poderia acender a chama da fé e reuni-los ao Criador.

Com os olhos cheios de lágrimas, Supramati contemplava esses deserdados e pobres de espírito que, feito crianças desamparadas, comprimiam-se assustados uns nos outros, olhando para ele com tristeza nos olhos.

Uma prece fervorosa verteu-se de sua alma ao Pai onipresente para dar-lhe forças para salvar os infortunados, devolver-lhes a mais valiosa das dádivas, a inesgotável riqueza a todos acessível – a fé em Deus e o amor ao Bem.

Nesse instante, no coração de Supramati – que nada mais era que o próprio mundo ali enviado – despertou o amor a esses habitantes de outra Terra e ele sentiu claramente uma afinidade fraterna que unia todos os seres de todos os mundos e todas as esferas – desde um átomo até o arcanjo – com uma corrente indivisível, a qual, como um raio cintilante, irradiava-se do coração do Eterno, percorria todos os sistemas e retornava à sua fonte primitiva.

Então, era esse o grande mistério do sopro divino que, à semelhança da chama que acende milhares de outras, nunca se extingue, mas se transfere de um átomo a outro, animando a matéria e extraindo do protoplasma um mago com conhecimentos perfeitos!...

Nesse momento de elevado significado, Supramati compreendeu a recôndita e a divina idéia – lançar, no exato momento da criação, no pequeno e frágil ser, o poderoso sentimento do amor que une as pessoas e os mundos – a alavanca da criação.

Tudo que até aquele momento era obscuro tornou-se claro; o peso da missão aliviava-se; a tarefa por ele assumida já não era uma obrigação, mas se constituía em felicidade de poder fazer o bem àqueles que amava. Entre ele e os pobres de espirito, que se dobraram de joelhos diante dele, formou-se, graças à comiseração, um poderoso elo que unia os seres de Deus. Uma imensa alegria invadiu o coração do profeta: sua missão tornava-se maravilhosa e ele recebia a recompensa...

Toda a aura de Supramati encheu-se de fulgores dourados e todo o seu ser respirava com força gigantesca. Ele pegou a harpa e os sons por ela tirados eram a música das esferas – uma vibração poderosa que subjugava os elementos da natureza e reunia os mundos.

Como uma corrente de fogo, sua poderosa vontade transmitia-se à multidão ignara que ele contemplava com amor. Todos os olhares estavam pregados à figura branca do mago, lágrimas corriam e ninguém suspeitava que aquilo era o despertar da alma com o orvalho dadivoso que neles reacenderia a fé no Criador.

Todos os enfermos ficaram curados e o fluido da força vivificante que se irradiava de Supramati era tão forte que até o tronco de uma velha e ressequida árvore, junto ao abismo, voltou à vida e se encheu de seiva.

Esse novo "milagre" provocou uma estupenda admiração e os relatos a respeito do homem "sobrenatural", que vivia na gruta, ganharam repercussão legendária. Essa agitação chegou novamente até o palácio, visto que ainda, entre os que tiveram a cura milagrosa, encontrava-se a jovem Medkha, amiga da princesa Vispala, neta do rei.

O rei, de nome Nikhazadi, já era velho e seus dois únicos filhos foram vítimas da terrível lei, descrita anteriormente. Ambos os príncipes sofriam de incurável doença e não obstante a sua elevada posição perderam, seqüencialmente,as suas vidas no abismo. Restava ao velho monarca apenas a sua neta – sua herdeira -, filha do caçula, pela qual nutria uma excepcional adoração.

Vispala era uma moça encantadora, no auge da juvenil beleza, e Medkha, desde a infância, era sua melhor amiga. A idéia de perdê-la custou à jovem princesa muitas lágrimas, podendo se imaginar o quanto ela ficou feliz ao ver sua amiga totalmente saudável. Vispala enchia-a de perguntas sobre o misterioso homem que fazia tantos milagres, enquanto Medkha, feliz com a cura, descrevia entusiasmada como era Supramati.

— Jamais eu vira um homem tão belo... e o que é surpreendente é que ele em nada se parece com os nossos homens. Ainda que seu rosto seja pálido, percebe-se que seu sangue é vermelho, pois as faces estavam rosadas. Seus cabelos são ondulados e de cor indefinida, de tonalidade dourada. Seus olhos... é difícil descrevê-los...só mesmo vendo. Eles parecem respirar fogo mas expressam tal vigor físico e ao mesmo tempo tanta bondade, que eu poderia ficar a vida inteira ajoelhada admirando-os – dizia Medkha.

— Eu preciso vê-lo! – exclamou Vispala, e seus olhos brilharam. – Mas como e de que jeito?

— Não há nada mais simples, princesa. Todos os dias, diante da escarpa onde se processam as curas e se amontoa o povo, ele fica bem à beira da esplanada com a harpa nas mãos e pode ser visto sem problema. Enquanto que à noite, contou-me a tia, uma luz azulada envolve a gruta e a esplanada, e ele fica tocando e cantando fora. Jamais alguém ouvira cantos semelhantes; cada fibra parece estremecer, no coração sente-se um comichão e as idéias mais estranhas vem à mente.

Até os animais parecem ficar enfeitiçados por ele; os pássaros, por exemplo, pousam nos ombros, nos joelhos e diante dos pés desse estranho homem. Simplesmente não dá para acreditar!

Dias após, Vispala com sua amiga conseguiram chegar às altas horas da noite ao abismo, onde já havia uma multidão de pessoas entre as quais elas se misturaram. De fato, uma luz estranha, azul prateada, envolvia com amplo espectro o abrigo do mago. A esplanada estava vazia, mas nuvens de pássaros pontilhavam o solo e as saliências das escarpas.

Logo depois apareceu Supramati, sentando-se numa grande pedra que lhe servia de banco e começou a cantar. Em meio ao crepúsculo misterioso, sua esbelta figura branca, seu belo rosto expressando inspiração, as inusitadas e desconhecidas melodias que partiam de seus dedos finos, sua possante e aveludada voz provocavam um profundo arrebatamento. Muda, como se estivesse enfeitiçada, Vispala olhava para ele; todo o seu ser tremia com uma sensação desconhecida e ela só conseguiu voltar para casa depois que ele voltou à gruta.

A fama de Supramati correu com rapidez inacreditável: o povo vinha de todos os cantos para dar uma olhada no misterioso desconhecido...tratar da saúde e ouvir seus cantos maravilhosos.

Sem ter mais forças para vencer a curiosidade, o velho rei decidiu por ir à gruta e interrogar o forasteiro enigmático, dotado do incrível dom da cura. Os caminhos subterrâneos à esplanada não eram conhecidos ao rei, mas, na parte externa, ainda se conservava uma escada esculpida na escarpa, que nos velhos tempos levava à capela, sendo que esse caminho, apesar de estar danificado, ainda servia para passar. A muito custo o rei conseguiu subir e, muito acabrunhado e agitado, parou em frente da entrada da gruta.

Tudo no interior estava inundado por uma luz azul-claro que já haviam lhe contado, e saturado por um aroma suave. No fundo, sobre a mesa do altar, fulgurava, envolto por feixes de raios, o cálice dos cavaleiros do Graal encimado pela cruz. Sobre o banco de pedra estava sentado o próprio homem misterioso, lendo rolos de pergaminhos, e que já enxugara tantas lágrimas e minorara tantos sofrimentos dos outros.

Ávido de curiosidade, o rei examinou perscrutadoramente Supramati, que se levantou com a sua chegada. Perplexo com a beleza de Supramati, o monarca compreendeu, assim que o viu, que diante dele estava um homem diferente, de raça desconhecida. Após alguns instantes de exame mútuo, eles trocaram as reverências.

— Quem é você, forasteiro, e de onde veio, pois você não se parece com gente da nossa Terra, e onde adquiriu essa força de arrancar a morte dos seres condenados pela ciência? – perguntou Nikhazadi.

— Sou um enviado de nosso Criador. Vim trazer a luz para as trevas e lembrar à gente dessa Terra sobre a sua origem divina. Chegou a hora de restabelecer o contato do Criador com a sua criação; já faz muito tempo que seu gênero humano perdeu o apoio da fé. Vim falar aos corações dos homens e interpretar-lhes a infinita bondade do seu Pai Celeste. Eu lhes preservo a vida e recupero a saúde para que eles glorifiquem o nome de Deus e dêem graças ao Senhor...

— Desgraçado! – bradou o rei, pondo-se bruscamente em pé. – As suas intenções já condenam você à morte. Será que desconhece que a nossa Terra rompeu voluntariamente qualquer relação com o Céu? Qualquer enviado Daquele que você chama de Deus será rejeitado aqui; além do que uma lei implacável o condena à morte.

Supramati sorriu:

— Não temo a morte e a salvação de meus irmãos é-me mais cara que a vida. Para o ser humano, o alimento espiritual é mais necessário do que o material. Ele só deverá se conscientizar de que é cego, e de que onde a ciência terrena é impotente deverá prosternar-se e invocar o invisível. Assim, eu vim para lembrar à sua humanidade as verdades esquecidas e ensinar-lhe a orar. Vaticino-lhe, rei, que você será um dos primeiros a render-se ao poderoso símbolo da eternidade e salvação.

Nikhazadi estava lívido e respirava com dificuldade.

Sob o olhar poderoso de Supramati, sua alma alvoroçou-se e de repente ele foi tomado por uma vontade irresistível de ouvir sobre aquele invisível, aquilo a que se recorre em momentos difíceis da vida.

Um minuto depois, ele sentou-se no banco e disse vacilante:

— Fale-me daquilo que você pretende pregar aos meus súditos; eu tenho o direito de ouvir primeiro.

Quando, uma hora depois, Nikhazadi saiu da gruta, em sua testa formou-se uma prega e seu olhar demonstrava pensamentos sombrios.

Nas semanas seguintes não houve nada de especial. As curas continuavam e a multidão que se reunia à beira do terrível abismo, que já engolira tantas vítimas, crescia cada vez mais. No entanto, agora, o estado de ânimo das pessoas havia mudado um pouco: a música, o estranho canto e a agitação provocada pela volta da saúde e da vida comoviam as almas.

Nessas pessoas, que até perderam a noção do Bem e do aperfeiçoamento espiritual, que viviam apenas em função de seus desejos e prazeres do presente, despertavam as aspirações de fundir-se com algo lúcido e puro que se irradiava daquele que os curava e conhecer um pouco, se possível, sobre sua ciência maravilhosa.

Como resultado, sete daqueles que tinham vontade de se tornarem discípulos de Supramati, galgaram certa noite a velha escada de pedra e em seguida pararam timidamente junto à entrada da gruta. Eles ficaram profundamente impressionados com a visão do altar e da cruz radiante. O incrível encantamento que reinava no abrigo do mago subjugou-os a todos e as radiações puras que saturavam o ar tontearam-lhes a cabeça.

Quando Supramati apareceu no degrau da gruta alva, os corajosos caíram de joelhos e estenderam suplicantes as mãos em sua direção.

Aproximando-se rapidamente, Supramati ajudou a levantá-los e disse em tom afável:

— Bem-vindos os primeiros sedentos da luz da Verdade. Vocês querem ser meus discípulos? Eu os aceito de boa vontade, porque seu pobre mundo tem muita necessidade de pregadores que possam ensinar-lhe a reencontrar o caminho da perfeição, ainda que, meus amigos, seja de minha obrigação preveni-los de que a tarefa a que se propõem é muito difícil. Os ensinamentos que eu vou transmitir-lhes devem ser passados a seus irmãos até com risco de vida, uma vez que a fé, sem as ações, não tem vida. Reflitam, assim, se vocês se sentem bastante fortes para assimilar e utilizar na prática os meus ensinamentos.

Deliberando entre si cerca de um minuto, um deles saiu à frente e disse sem hesitar:

— Mestre, somos tão fracos, tão ignorantes e cegos, que nos parece por demais corajoso prometer aquilo que talvez não possamos cumprir. Seja magnânimo, teste-nos e prometemos fazer todo o possível para sermos dignos de seus ensinamentos.

Um sorriso bondoso iluminou o rosto de Supramati.

— A resposta de vocês dá muitas esperanças. Aquele que reconhece ser cego tem diante de si a possibilidade de conhecer a luz eterna, enquanto que o vaidoso permanecerá cego, porque não vê nada além de sua pretensa "grandeza".

Vou dizer-lhes novamente, amigos, – sejam bem-vindos! Vocês ficarão aqui comigo, mas antes eu devo purificá-los e tirar-lhes o invólucro de miasmas.

Ele levou-os a uma gruta anexa, mandou que se despissem, entrassem no reservatório e ficassem de joelhos – o que foi feito sem objeções. Então Supramati estendeu a mão, desenhou no ar um símbolo cabalístico, e, no mesmo instante, surgiu do espaço um amplo feixe de luz e sob as cabeças curvadas acenderam-se, feito uma abóbada ígnea, luzes multicoloridas que em seguida pareceram ser absorvidas pelos seus corpos.

Ao notar que seus rostos expressavam pavor e perplexidade, Supramati explicou:

— Nada temam, esse fogo purificador do éter irá penetrá-los e eliminar os maus fluidos que os envolvem.

Depois disso, ele deu-lhes túnicas brancas comuns, calçados de palha trançada e levou-os junto ao altar onde eles ficaram ajoelhados e após deixou que eles beijassem o cálice e colocassem em seus peitos pequenos crucifixos de madeira aromática.

A partir daquele dia, as horas matutinas e as noites foram dedicadas aos ensinamentos. Em primeiro lugar, Supramati explanou-lhes a natureza dual do homem – a material e a astral – e a lei imutável que unia as pessoas com o mundo invisível, de onde essas saíam para a encarnação e voltavam ao morrerem.

Ele mostrou-lhes a população invisível do espaço e explicou seus perigos para a alma e o corpo dos mortais.

Mais tarde, como dedução óbvia, ele indicou a única arma efetiva contra esses riscos e começou a ensinar-lhes a grande arte de fazer preces.

— Essa força, tão poderosa como os elementos da natureza, à imagem de um raio, acende a chama divina nos altares, fertiliza a terra e penetra nas profundezas do oceano, passa como um furacão no espaço, desconhecendo obstáculos: a prece – a primeira das ciências, poder extraordinário, talismã mágico que aciona forças desconhecidas. E não apenas um mago, mas qualquer um que possuir uma fé ardente e pura, poderá dispor dessa gigantesca força, governar sobre os elementos da natureza, apaziguar as tempestades, acabar com as epidemias, reunir e colher finos e delicados elementos para cura de doenças...

Atônitos e entusiasmados, os alunos ouviam reverenciosos o mago, e esses homens, que até aquele momento viviam apenas em função dos prazeres da carne, humildemente e com toda a fé se curvavam diante da cruz e tentavam orar.

Inúmeras vezes eles sofriam fracassos, ficavam extenuados e caíam em desânimo – porque a capacidade de orar não é tão fácil como se imagina. Essa arte tem três aspectos: primeiro – exige concentração; segundo – renúncia de tudo que é material e que sobrecarrega a alma e acorrenta-a à terra; e, terceiro – uma poderosa força de vontade que ascende e despreende uma chama pura, dispersando a aura de homem pecaminoso para a percepção de irradiações divinas.

De qualquer modo, graças a seus esforços e apoio do mago, os discípulos tiveram rápidos progressos. Agora, eles já sabiam que tinham espírito descarnável, cuja principal destinação era a perfeição.

Eles alcançaram o mistério da existência e a grande lei de amor que dita ao ser humano suas obrigações com o próximo. Aos poucos Supramati preparava seus discípulos para sua missão – jorrar luzes de fé nas almas obscurecidas de seus irmãos carnais.

— Os seus deveres são devolver aquilo que vocês mesmos receberam. É difícil, é claro, incutir nas pessoas as grandiosas leis do Bem, detê-los no caminho trilhado de abusos e vícios. Vão odiá-los, pagar o bem com o mal, mas isso não poderá assustá-los; e se a sua missão for marcada com sangue – essa será uma vitória das mais gloriosas. Saibam que o nosso sangue é um orvalho vivificante que se derramará sobre o solo estéril da descrença e egoísmo e, ao lembrarem de vocês como uma chama imortal, acenderá a fé nas almas de muitos. Assim, queridos irmãos, não temam a morte, porque a morte de um mártir é um aroma celeste que dispersa os miasmas pestilentos que cercam a atmosfera de um malfeitor.

— Mestre! Se eu entendi bem os seus ensinamentos – observou um dos discípulos – nós nunca devemos pagar o mal com a mesma moeda, para nos defendermos; mas, uma vez que as nossas leis estimulam a vingança e a destruição de tudo que possa se constituir em vantagem, então seremos mortos, sem nenhuma utilidade.

Supramati sorriu.

— São justamente as suas pregações que devem acabar com suas leis selvagens e injustas; mas não pensem que vocês estão desarmados. Aquele que prega a verdade, inspirado por amor a seu dever e armado de cruz, é invencível.

— Mestre, por favor, explique-nos por que você acredita que a cruz é dotada de força especial? Sei muito bem que este símbolo era antigamente muito venerado aqui, entretanto eu não consigo entender as origens dessa adoração – indagou Khaspati, um dos discípulos mais zelosos de Supramati, que a este se afeiçoou sobremaneira.

— Quando vocês amadurecerem e fizerem avanços nas ciências, vocês aprenderão a entender, ainda que parcialmente, as particularidades benévolas deste símbolo da eternidade e salvação. A cruz, meu filho, terrível no que se refere a seu poder, é um símbolo, é uma arma de ataque e defesa. Sendo artífice e força destruidora, ela é a bússola do iluminado. Onde quer que seja, em todos os mundos visíveis no firmamento, a cruz revela o seu poder, pois suas linhas, sendo orientadas para os quatro lados, penetram o Universo.

Certa noite, Supramati estava sentado na esplanada com os seus discípulos e ensinava-lhes a arte de desenvolver o domínio da vontade, comprovando com exemplos práticos a potência dessa energia. Sob a ação de sua força de pensamento, floresceu um arbusto ressequido e desabou uma tempestade que a seguir foi acalmada a seu comando.

— Vêem, meus filhos, esta vontade desenvolvida e consciente faz submeterem-se os elementos cósmicos, tornando-os maleáveis feito cera derretida. É claro que para alcançar o grau do meu poder é necessário muito tempo e trabalho; mas isso é possível através da persistência e compreensão dos objetivos a serem alcançados.

Os discípulos contemplavam-no com misto de fascínio e quase um medo supersticioso. Khaspati perguntou hesitante:

— Mestre, diga-nos quem é você, de onde veio e de quem obteve esses conhecimentos colossais? Explique-nos por que, no transcorrer de tantos séculos, antes de você não apareceu ninguém para revelar-nos as grandes verdades por você propagadas?

Supramati refletiu um pouco, olhando para o espaço, e retrucou:

— Sou de longe; sou um filho humilde da ciência, enviado por tutores do bem e da verdade para dissipar as trevas de equívocos humanos e devolver ao Senhor seus filhos pródigos; pois todos vocês são filhos Dele, partículas indestrutivas e divinas Dele originadas. Vendo-os perdidos na intransitável selva da ignorância, escravizados pela carne, cruéis e cheios de vícios, os grandes tutores da humanidade enviaram-lhes um dos seus leais servos, armado de cruz e amor, para orientá-los ao caminho da verdade. E a minha vinda não será inútil: não estou sozinho, já tenho discípulos fiéis que transmitirão meus ensinamentos a seus irmãos e prosseguirão com a minha causa, se eu perecer.

— O que você diz, mestre! Você, que é benfeitor de tantos sofridos, perecerá? Seria horrível! O que será de nós sem os seus ensinamentos? Nós não teremos condições de continuar a sua causa! – exclamou Khaspati com lágrimas nos olhos, abraçando-se ao seu consagrador.

Supramati afagou a cabeça abaixada do discípulo.

— A causa de salvar a alma da morte de ignorância e descrença não raro é paga com a vida. Mas isso não tem a menor importância; a semente da verdade por mim plantada, a libertação dos grilhões seculares de ateísmo brutal por mim preconizada a meus irmãos, sobreviverão à minha existência carnal. Enquanto que vocês, meus filhos, não deverão ter medo ao ficarem sem os dirigentes. Invoquem os mentores que habitam as montanhas em retiro espiritual e eles lhes trarão, em profusão, o pão e o vinho espirituais que alimentarão as suas almas.

— Por que é que então eles não apareceram até agora para nos iluminar e curar? – atalhou, visivelmente desgostoso, um dos jovens discípulos.

— Evite julgar sem fundamento aquilo que você não entende – admoestou Supramati. – Como saber? E se o aparecimento deles tivesse ocorrido antes da hora certa e provocasse morte indolor? Eu vim para preparar-lhes o caminho, lançar as bases de um empreendimento que mais tarde será desenvolvido por meus irmãos. Serão eles que reativarão a sua antiga fé, restabelecendo aquilo que foi deturpado ou esquecido por séculos. E depois, se for necessário, aparecerão outros e sustentarão a verdade. Seu caminho será iluminado por fachos de luz. Assim como eu, eles cumprirão seus desígnios – compartilharão com seus irmãos da verdade e da luz, por sua vez obtidas de outros.

A observação de Supramati embaraçou Khaspati.

— Agradeço, mestre, na próxima vez serei mais cuidadoso e vou me conter para não fazer conclusões por demais apressadas.

Capítulo V

Era com grande satisfação que Supramati observava os rápidos progressos de seus discípulos, cujas habilidades pessoais começaram a se revelar claramente. Enquanto um se interessava exclusivamente pela música, outro – pelo estudo da força oculta dos planetas -, e um terceiro – pelas maravilhas do céu estelar. Só num único juntavam-se todas as aspirações, sem exceção, de estudar a misteriosa e poderosa força da vontade, essa grandiosa alavanca de forças cósmicas, força-motriz que governa os elementos da natureza. A vontade, sendo desenvolvida e disciplinada, representa a força semelhante aos próprios elementos da natureza.

Agora Supramati em companhia de seus discípulos saía às vezes da gruta fazendo curas em povoados e cidades circunvizinhas, eventualmente pregando e incutindo nos seus ouvintes a necessidade do amor a Deus para que nas provações e sofrimentos da existência se buscasse Nele ajuda e apoio.

A fama que cercava o homem sobrenatural acabava por protegê-lo e ninguém ousava detê-lo pela violação insolente da lei que proibia até pronunciar o nome de Deus.

Assim, convenientemente, todos silenciavam, enquanto que, à surda, os inimigos do mago tornavam-se coesos e seu número crescia rápido.

Nas primeiras fileiras estavam os médicos, que se julgavam prejudicados em termos de dinheiro, além de feridos em seu amor próprio "de cientistas". Não menos descontentes eram todos aqueles que achavam mais cômodo não serem constrangidos por uma norma de moralidade, consciência ou dever, visto que o próprio conceito de Deus e Suas leis eram odiados por se tornarem um freio de suas desorganizadas e animalescas paixões. E o número desses adversários transformava-se numa legião.

Supramati, que lia a alma humana e os pensamentos alheios, via obviamente a hostilidade crescente, sem dar-lhe, entretanto, qualquer atenção, prosseguindo com as curas e as pregações.

Certo dia, ao voltarem de uma visitação dentro de uma floresta, o mestre e os discípulos sentaram-se exaustos para descansar e comer um pouquinho. No bosque cerrado, coberto de arbustos e vegetação rasteira, Supramati divisou atrás de um amontoado de ramos quebrados um monte de ruínas.

— Vêem aqueles restos de templo destruído? Espero que ele seja reerguido e, sob a sua abóbada, soem os cânticos sagrados; e que a prece conjunta atraia aos crentes as poderosas e renovadoras ondas da bem-aventurança divina.

— Mestre, você realmente tudo sabe e enxerga o passado, caso contrário como iria adivinhar que aquelas ruínas disformes eram outrora um dos mais majestosos templos em nosso país! – exclamou Khaspati surpreso.

— Todos evitam este local, porque durante a destruição do santuário aqui aniquilaram um grande número de sacerdotes que nele buscavam um esconderijo – continuou o jovem discípulo. – Dizem até que o lugar está encantado, mas ninguém se atreve a lembrar o fato temendo punição.

— Que tempos horríveis foram aqueles! Espero que jamais se repitam – afirmou um dos jovens presentes. – Mas, diga-me, mestre, voltará novamente o sacerdócio, quando por fim se restabelecer a adoração a Deus?

— Sem dúvida. O ofício requer sacerdotes e eu suponho que vocês, meus amigos, assumirão esse mister grandioso e difícil em função de sua responsabilidade – respondeu sério Supramati.

— Não pensem que tudo correrá sem luta – continuou ele. – O Bem sempre tem seus adversários, pois as trevas odeiam a luz.

Do sorvedouro sairá um monstro de mil cabeças da descrença e dúvida, cobrindo tudo com seu cuspe venenoso em nome da "ciência".

O monstro, obviamente, atacará o templo e tentará de tudo para abalar seus alicerces; mas uma das atribuições dos guerreiros da fé é a defesa do santuário, que representa a idéia da Divindade e é para a humanidade uma inesgotável fonte de salvação da alma e do corpo.

Ai daqueles sacerdotes iniciados que permitirem que se profane, humilhe ou rapine o tesouro a eles confiado.

Um sacerdote é o primeiro cultor de Deus – um intermediário direto das forças divinas do mundo invisível. Um mistério singular envolve os servidores do altar – foco de luz para o qual desce e onde se concentra o poder Divino.

Sua vida deve ser casta e seus pensamentos dirigidos para o céu, pois ele é o vaso dentro do qual é vertida e do qual é distribuída para os mortais a bem-aventurança da salvação.

Ai do sacerdote que sendo impuro de alma e corpo ousar aproximar-se do altar para apreender a luz Celestial;

ele apenas a obscureceria e macularia, dela privando os que buscam ajuda e salvação.

É grandiosa e sublime a missão do sacerdote – cultor verdadeiro de Deus. Sua tarefa é preservar no coração e praticar todas as verdades por Ele propagadas de modo que o crente olhe para esse agente da luz de baixo para cima.

Não se esqueçam, meus filhos, que o declínio da religião começa a partir do momento em que na alma do homem se insinua desdém ao sacerdote de Deus. Da mesma forma que um pastor é responsável por todas as ovelhas do rebanho, o pastor do rebanho do Senhor deverá conhecer a alma de suas ovelhas.

Khaspati inclinou-se e beijou a mão de seu guia.

— Jamais, honrado mestre, esqueceremos as suas palavras e pediremos a Deus que Ele nos transforme em verdadeiros sacerdotes, como você acabou de nos descrever.

À medida que aumentava o número dos seguidores, Supramati agia cada vez mais abertamente. Fazendo suas pregações até na capital, ele conseguiu juntar os crentes em comunidades que se reuniam para fazer preces conjuntas e usavam no pescoço pequenos crucifixos de madeira, feitas de árvore aromática, distribuídos por seu mestre adorado.

É evidente que todos os inimigos de Supramati – e eram numerosos – espumavam de ódio ao verem sua impunidade. Alguns membros do Conselho Monárquico exigiam abertamente nas reuniões a detenção do feiticeiro e seu julgamento pela Corte, visto que sua insolência crescia dia a dia, enquanto que suas "tolas" pregações ameaçavam provocar distúrbios e pôr abaixo as leis vigentes.

— Se a maioria do Conselho optar pela detenção, eu não me pronunciarei contra – respondeu Nikhazadi. – Reflitam bem, entretanto, antes de sua decisão, tomando o cuidado de se certificar de que a detenção do homem que salvou da morte centenas de pessoas não resulte em distúrbios que vocês tanto temem. O desconhecido dispõe para as curas de indiscutíveis e poderosos meios, e qual de vocês poderá garantir que amanhã mesmo não terá que recorrer à ajuda do curandeiro?!

Um silêncio fez-se na sala. O último argumento era irrefutável e a decisão final foi adiada.

Entretanto, esse adiamento enfureceu os mais intransigentes; então, eles resolveram agir abscônditos e eliminar o "feiticeiro" a qualquer custo. Nesse ínterim, a ocorrência de um fato novo fortaleceu a sua intenção ignóbil.

Após ter visto Supramati, Vispala ficou acometida por uma ardente e desvairada paixão por ele, própria das pessoas daquele mundo pervertido. Todas as noites ela se dirigia com Medkha para a beira do penhasco para espiar o mago, enquanto este conversava com seus discípulos, tocava ou cantava. Como enfeitiçada, ela não conseguia despregar os olhos do belo semblante de Supramati, iluminado por insólita luz azul-claro que parecia irradiar-se dele. Sua paixão insana ia crescendo a cada dia. Aproveitando a visitação da cidade pelo mago, Vispala conseguiu passar-lhe uma mensagem. Em sua carta, ela declarou-lhe o seu amor desmedido, dizendo que o elegia para seu esposo, o que lhe daria direito ao trono.

"Meu avô não possui sucessor de sexo masculino e eu sou a sua única herdeira – dizia ela na carta – e o meu esposo será o rei, porque eu tenho direito de dar ao povo um monarca, sem poder, entretanto, governar eu mesma".

Essa mensagem, assim como a segunda do mesmo gênero, ficou sem resposta e conseqüentemente Supramati deixou de aparecer na esplanada à noite.

Vispala achava que ia enlouquecer. Dia e noite ela só pensava no profeta desconhecido; o sangue lhe fervia nas veias e os planos – um mais arrojado que outro – fervilhavam em sua cabeça excitada.

Certa vez, ela conseguiu aproximar-se do mago quando este estava na cidade. Pelo visto Supramati não a havia notado, mas, no instante em que ela quis tocá-lo com a mão, sentiu um forte choque que a arremessou para o lado, como se por uma rajada de vento.

Vispala perdeu o sono e o apetite e caiu em tal desespero que acabou ficando doente. As longas e contínuas emoções provocaram uma daquelas terríveis doenças de fundo nervoso, contra as quais os médicos não conheciam a cura. A jovem perdeu a visão e convulsões horríveis contorciam-lhe os braços e as pernas.

Nikhazadi ficou desesperado e mesmo o povo compartilhava de seu infortúnio, pois todos gostavam demais da encantadora mulher. Em virtude disso, à gruta dirigiu-se um séquito de representantes das diversas classes da população. Se alguém pudesse salvar a princesa, esse era, sem dúvida, somente Supramati.

O mago prometeu visitar Vispala e ordenou aos seus discípulos que orassem na sua ausência. Dirigiu-se então ao palácio onde foi imediatamente levado ao aposento da enferma.

Terrivelmente deformada pelo mal, Vispala estava deitada no leito. Supramati olhou penalizado para aquela criatura, vítima do contágio de suas próprias radiações impuras que perecia em plena juventude.

Seu sensual e perturbado amor causava-lhe aversão, mas... não era para desprezar os seus irmãos inferiores que ele viera para este mundo. Ele devia amá-los, burilar os diamantes brutos e com exemplos de pura afeição enobrecer o sentimento sugestionado onde, apesar de diversas sombras a obscurecê-lo, permanece, ainda assim, um sentimento sublime, chamado amor.

Supramati notou, ao primeiro olhar, a fétida e pegajosa névoa que envolvia, como um gelatinoso invólucro, o corpo da doente. Seres asquerosos atraídos do além pela sua paixão carnal rastejavam por seu corpo e sugavam-lhe a vitalidade feito sanguessugas. Supramati ordenou que os deixassem a sós e, quando todos se retiraram, ele encheu com água uma pequena bacia e colocou dentro dela o anel que retirou do dedo.

A água tornou-se azulada com tonalidade prateada. Molhando uma toalha na bacia, Supramati esfregou com ela o rosto, as pernas e os braços da jovem. Enclausurando a doente num círculo mágico, ele persignou-a e, quase imediatamente, o círculo por ele desenhado acendeu-se em fogo e circundou o leito com uma chama multicolor.

Crepitando e lançando fagulhas, o fogo do espaço começou a absorver a negra e pegajosa atmosfera que envolvia Vispala. Assobiando e contorcendo-se em turbilhões os abjetos seres iam se espatifando por todos os cantos ou acabavam sendo devorados pelas chamas. Aos poucos, a nuvem escura foi desaparecendo e deu lugar a uma maravilhosa luz vermelha que preencheu todo o aposento, iluminando o corpo de Vispala deitado exânime. Enquanto as forças renovadoras trabalhavam, ela perdera os sentidos.

Agora, do interior do corpo da enferma começaram a se desprender nuvens de fumaça preta, rapidamente absorvidas pela luz vermelha.

Cessado o fenômeno, Supramati molhou uma outra toalha que parecia salpicada com pó de diamante, passou por todo o corpo da doente e cobriu-a.

Em seguida, pegou a harpa, sentou-se junto à cabeceira e começou a tocar.

Jorraram sons de extraordinária harmonia e o quarto encheu-se de um suave aroma. A maravilhosa luz pareceu apagar-se, sendo substituída por um lusco-fusco violeta. E neste fundo escuro de ametista surgiram seres transparentes, como se urdidos daquela mesma névoa, rodeando o leito da princesa que jazia imóvel. Suas formas aéreas oscilavam ao ritmo da maravilhosa harpa e as mãos transparentes deslizavam pelo corpo imóvel de Vispala. Aos poucos, as visões começaram a embaçar-se e dissiparam-se dentro da névoa.

Enquanto isso, Supramati prosseguia a tocar e em seu rosto congelou-se a expressão de alegria extasiada. Neste momento, quando mais uma vez ele conseguira devolver à vida um ser sofrido e condenado à morte, ele deliciava-se com os frutos de seu trabalho. O deleite, produzido pela melodia, o dom de ordenar aos poderosos agentes dos aromas e cores, encheu-lhe o coração de felicidade e gratidão.

Entregue aos seus pensamentos, Supramati não percebeu que Vispala abrira os olhos e, levantando-se devagar, observava-o com olhar tímido e amoroso.

Ela se sentia recuperada mas todo o seu ser passou por uma surpreendente transformação. A impetuosa e voraz paixão que dilacerava seu coração havia desaparecido dando lugar à compreensão do abismo que a separava do ser superior por ela amado, e essa conscientização apresentou-se a ela com toda a clareza.

Ao mesmo tempo, todo o seu íntimo encheu-se de infinita gratidão e felicidade profunda em poder vê-lo ali, junto dela.

Descendo da cama, ela ajoelhou-se diante dele e, levantando as mãos em prece, murmurou com a voz embargada:

— Mestre, como eu posso agradecer-lhe por ter me salvado a vida?

Supramati parou de tocar, abençoou-a e, reerguendo-a, disse-lhe docemente:

— Não é a mim que você deverá agradecer, mas a Deus, seu Criador e Pai Celeste. Seja digna da recuperação de sua saúde espiritual e carnal que lhe foi concedida. Não se esqueça de que no calabouço carnal arde uma chama imortal que lhe mostrará o caminho do farol que ilumina, apóia e protege tudo o que existe.

Ele levantou a mão e apontou para uma cruz clara que no ar brilhava feito um diamante.

— Você, benfeitor de todos os infortunados, ensine-me a grande ciência: crer e amar, não com o corpo mas com o coração! – murmurou Vispala.

— Creia em seu Criador; tenha fé em Sua misericórdia; ame-o com todo o seu ser e você encontrará o caminho da salvação. À medida que sua alma for se purificando, você aprenderá a amar com o coração e dominará as impuras paixões carnais. E agora, vá aos braços de seu avô, que passou por muitos sustos e sofrimentos durante a sua enfermidade.

Vispala segurou impetuosamente a mão de Supramati e encostou-a aos lábios, em seguida levantou-se e correu aos aposentos do rei, onde este, rodeado por alguns acólitos, esperava receoso pelos resultados da cura. O rei ficou profundamente feliz ao ver a neta totalmente sadia e, quando ele e seu séquito quiseram agradecer ao mago, este já havia sumido.

Ao alvorecer do dia seguinte, o rei Nikhazadi foi à gruta expressar sua profunda gratidão pela cura de Vispala. O velho rei estava muito emocionado. Ele ficou um longo tempo conversando seriamente com o mago, após o que, como já predissera Supramati, ajoelhou-se humildemente ante o altar, professando a Divindade e pronunciando o nome do Qual era proibido por lei.

A cura da herdeira da coroa causou uma enorme repercussão e a popularidade do mago aumentou ainda mais, na mesma razão, praticamente, cresceu o ódio de seus adversários. A gota d'água foram os boatos de origem desconhecida que começaram a correr no meio do povo.

À boca pequena, é verdade, mas em todos os lugares corriam os rumores sobre o futuro do rei, pois Nikhazadi já estava velho e o seu fim estava próximo, em virtude do que, na opinião geral, Supramati deveria ser o seu sucessor.

— Poderia a princesa escolher para esposo alguém melhor que esse benfeitor de todos os sofredores? – falava-se na sociedade. – Ele é jovem e belo; sua origem, claro, é obscura mas pelo menos a princesa é de estirpe nobre. Além do mais, ele é pobre – mas isso apenas comprova o seu desinteresse, pois do contrário... fosse ele mais prático... poderia ser a pessoa mais rica do planeta. Quanto não lhe pagariam por salvar um ente próximo e querido da morte certa?

A conclusão que se tirava dessas conversas era de que seria preferível que o futuro monarca fosse esse homem bondoso, belo e sábio.

Mas se os anseios do povo em ter em Supramati o seu rei eram enormes, a simples possibilidade de tal combinação provocava uma verdadeira tempestade oposicionista e trazia às suas hostes pessoas bastante influentes. Dentre esses, havia alguns jovens que por sua origem e elevada posição nutriam esperanças de serem eleitos por Vispala. Sua paixão pelo belo mago já não era um segredo e com isso as aspirações nacionais poderiam lograr êxito.

O meio mais certo de prevenir os aborrecimentos seria eliminar o perigo, e, assim, numa reunião secreta, os inimigos decidiram acabar com ele custasse o que custasse.

Dando-se seqüência à conspiração, Supramati foi surpreendido por um atentado à sua vida quando saía de uma fazenda, onde acabara de tratar do gado acometido por uma doença malévola. Um golpe desfechado às pressas não acertou, contudo, seu peito, pegando apenas o ombro. O malfeitor tentou fugir, mas acabou sendo detido e trazido pelos pastores indignados. Verificou-se em seguida que ele era uma das pessoas que Supramati havia salvado da morte.

Com toda certeza a multidão o teria linchado, não fosse a interferência do mago, que afirmou que ninguém tinha o direito de puni-lo, pois ele próprio perdoava o culpado.

Não obstante, o criminoso teria sido morto por um dos adeptos mais fervorosos de Supramati, caso ele não prevenisse o patife, ajudando-o, inclusive, a fugir.

O segundo atentado foi bem mais engenhoso e para cuja consecução foi escolhido um animal.

Era uma fera que habitava os pântanos – meio-leão, meio-touro -mas de extraordinária força e astúcia. Medindo menos que o touro que habitava o planeta, tinha uma juba parecida com a de leão. O uru – como era conhecido o animal – tinha três chifres retos e afiados, feito punhais, uma enorme goela cheia de dentes fortes e suas patas mais pareciam com os pés de macaco.

A domesticação desse animal era impraticável, mas o público sempre gostou de assistir as lutas desses urus, muito em voga antigamente. O fato que tornava o espetáculo ainda mais interessante é que esse animal era difícil de ser pegado, além do que era uma raça em extinção. Naquela dia acabavam de trazer do pântano duas daquelas enormes e excepcionalmente ferozes feras, sendo escolhida para dar cabo traiçoeiramente de Supramati.

As feras eram mantidas em jaulas de ferro, guardadas num galpão aberto. No instante em que o mago atravessava a rua, acompanhado por dois discípulos e uma grande multidão, um dos animais escapou da jaula e cego de fúria, atiçado com os gritos de perseguição, partiu para cima do mago, prestes a pegá-lo com os chifres. O perigo era inevitável e mortal. A fera enraivecida voava em direção de Supramati, enquanto a multidão em pânico se espalhava por todos os cantos.

Subitamente, porém, a dois passos de Supramati o animal estancou bruscamente, cheirou o ar e virou-se em direção de um dos discípulos; Supramati, neste ínterim, levantou a mão e o uru caiu com as patas dobradas, como se tivesse recebido uma forte pancada na cabeça. Os espectadores ouviram pasmados o mago pronunciar umas palavras desconhecidas, estranhamente repetidas por todos, tocando em seguida a harpa.

Ao ouvir a música, o uru, como se encantado, aproximou-se vagarosamente de Supramati e deitou-se a seus pés. O mago acariciou-lhe a cabeça, deu-lhe um pedaço de pão, tirado do bolso, e o animal começou a comê-lo. Continuando a tocar e a cantar a meia-voz, Supramati foi ao galpão seguido do uru que obedecendo a seu comando entrou submisso na jaula.

— Da próxima vez sejam mais cuidadosos e não deixem a jaula aberta. Eu não sou o único a andar pela rua e quantas pessoas inocentes poderiam ser vitimadas em meu lugar – advertiu calmamente Supramati aos guardas, visivelmente embaraçados...

Esse acontecimento originou um tremendo barulho e ao mesmo tempo uma insatisfação na população que começava a pressentir um atentado contra a vida de seu benfeitor.

Os conspiradores sossegaram, suspendendo por algum tempo seu intento sanguinário. Odiando ainda mais seu "inimigo", decidiram esperar por um momento oportuno enquanto iam arregimentando mais partidários.

Pouco depois, Nikhazadi teve morte súbita. O velho rei era muito amado e seu falecimento provocou comoção geral. Somente aqueles que o acusavam de fraqueza e de haver permitido as pregações de Supramati alegraram-se com o fim do monarca.

Para Vispala foi um golpe muito duro. A conscientização de estar sozinha no mundo atormentava-a.

Durante todo o período do luto, ela passou totalmente enclausurada, cercada apenas por poucas amigas recém-convertidas.

Enfim chegou o dia em que, segundo a lei, Vispala deveria anunciar aquele que ela escolhia para seu esposo e rei, visto que – conforme já foi dito acima – ela mesma não poderia governar, mas tinha o direito de eleger um monarca dentre a juventude de alta nobreza.

O Conselho de Estado estava todo reunido quando Vispala chegou e com humilde dignidade ocupou o assento monárquico, anunciando que a única pessoa que ela considerava digna no mundo de suceder ao seu querido e inolvidável avô era Supramati – o benfeitor nacional que devolvera a saúde e a vida para milhares de pessoas.

O embaraço dos presentes era evidente.

— Sua escolha, rainha, contraria a todas as leis – replicou o presidente do Conselho, recuperando-se do choque. – Você quer eleger para ser nosso rei uma pessoa que é, sem dúvida nenhuma, digna disso. Entretanto, sua origem é uma incógnita; é pertencente a uma raça totalmente diferente e desconhecida, o que poderá contaminar os seus descendentes com sangue talvez impuro, inferiorizando a sua antiga e gloriosa dinastia, da qual você é a última representante. Pense sobre isso, nossa amada rainha, e não decida nada sem uma reflexão amadurecida.

— Eu analisei tudo isso antes de vir para cá e a minha decisão é irrevogável – obtemperou firmemente Vispala. – Sei também que o Conselho poderá acatar ou não a minha opção. Suas conclusões podem até ser justas, ainda que, a meu ver, as inúmeras boas ações de Supramati sirvam de melhor exemplo para confirmar sua nobreza. Eu estou pronta para submeter-me à decisão do Conselho; mas, em caso de recusa, abro mão de todos os meus direitos hereditários ao trono e vou me retirar para a vida particular. O Conselho e o povo que escolham seu rei, segundo as suas leis e buscando o bem-estar da nação. Daqui a três dias vocês me darão a resposta.

Deixando os conselheiros em total perplexidade, Vispala saiu da sala e voltou aos seus aposentos.

Uma acalorada discussão tomou conta da sala. As opiniões divergiam: uns nem ao menos quiseram ouvir a opção Supramati; outros receavam perturbações em caso de recusa, levando em conta o amor que o povo tinha pela jovem rainha – de um lado, e a sua adoração pelo profeta que promovia as curas – de outro.

Os ânimos se acirravam. Os inimigos do mago brandiam que com a subida ao trono desse desconhecido "feiticeiro" iriam começar novos distúrbios religiosos, pois era evidente que ele iria querer restabelecer o antigo culto, recolocar o símbolo outrora rejeitado – a cruz – e exigir que se reverenciasse Deus esquecido, sem o Qual se vivia otimamente graças às "sábias leis".

Os opositores contra-argumentavam dizendo que já havia muitos anos seus ancestrais viveram com fé em Deus e os tempos eram melhores, as leis menos cruéis, mais justas e que, de qualquer forma, segundo o vaticínio, a fé branca deveria renascer.

Para acalmar os ânimos exaltados, um conceituado dignitário propôs que fosse escolhido um candidato ao trono e que atendesse a todas as condições, pondo fim às altercações inúteis.

No início, tal proposta foi aceita unanimemente, mas na hora de escolher, o espírito partidário, a ambição pessoal e as paixões se esquentaram a tal ponto entre aquela gente que crescera em meio a total egoísmo, que ninguém acabou sendo escolhido.

Numa reunião cansativa, irritante e nervosa, convocada pela maioria dos votos, decidiu-se enfim enviar uma comitiva a Supramati com a proposta da rainha, abstendo-se da votação muitos dos que preferiram a opção pelo desconhecido em prejuízo aos seus pares cuja ascensão poderia afetar a sua própria vaidade.

Em vista dessa decisão, logo após o meio-dia daquele

mesmo dia a comitiva, composta dos mais altos dignitários, partiu para a gruta.

Calmo e pensativo, ouviu Supramati o exposto e só esboçou um sorriso quando começaram a lhe descrever todas as honrarias que por ele esperavam. Respondeu-lhes condignamente que a proposta era demais importante para que pudesse tomar a decisão sem analisá-la e pediu à comitiva que esperasse até o dia seguinte por uma resposta definitiva.

Ao ficar sozinho, ordenou que os discípulos se retirassem para a gruta pequena, ajoelhou-se frente ao altar, mergulhando numa prece exaltada.

Todo seu espírito aspirava impetuosamente unir-se a seus mentores e obter deles um conselho – deveria ele assumir tal responsabilidade?

Já fazia muito tempo que seu espírito purificado estava livre de qualquer sombra de ambição, mas, nesse instante, ele não sabia se a sua ascensão ao trono seria desejável e útil para sua missão. Todo seu espírito ansiava por um conselho ou qualquer instrução visível de seus dirigentes.

Subitamente, a conhecida e querida voz de Ebramar soou em seus ouvidos, como se fosse uma remota e suave música:

— Vá adiante sem vacilar, valoroso filho da luz. Para alcançar seus objetivos você deverá aceitar a coroa do poder, dando lugar, talvez em seguida, ao martírio.

Supramati orou muito e quando se levantou estava calmo e decidido, sabendo o que tinha a fazer.

Ao alvorecer, Supramati juntou os seus discípulos e, anunciando que ao se tornar o rei devia deixá-los, deu as últimas instruções.

Apertando as mãos de cada um dos discípulos e fazendo longas preces, Supramati os abençoou e deu para cada um pequeno crucifixo de madeira.

— Em qualquer lugar que vocês, meus amigos, venham a se estabelecer, ergam o símbolo da salvação e da eternidade em três dimensões: altura, largura e profundidade. Este sublime sinal, sinete do próprio Deus – a Cruz -, deve ficar nas portas de suas casas e em suas mãos. Com ela, vocês irão curar as doenças, expulsar os demônios, domar as tempestades e prevenir as catástrofes. Mas não se esqueçam de que a miraculosa força desta misteriosa arma funcionará apenas concorde com a fé e o amor a Deus de vocês; quanto mais forte for a fé, tanto mais terrível será a força da cruz.

Preguem e, principalmente, provem com as ações o seu amor a qualquer criatura, pois o amor elimina o ódio e a delinqüência, dignifica o homem e aumenta suas forças em centenas de vezes. Amem a Deus mais que tudo, e, em todo o ser vivo, amem a faísca divina que o anima.

Capítulo VI

Quando no dia seguinte a comitiva retornou, Supramati anunciou que havia concordado em aceitar o poder governamental que lhe conferiam, sendo, no mesmo instante, coberto de cumprimentos lisonjeiros e servis e manifestações de alegria dos dignitários presentes. Mal podiam eles desconfiar que o olhar perspicaz do mago lia seus corações hipócritas, seus pensamentos hostis e invejosos e as intenções traiçoeiras.

Porém os belos e claros olhos de Supramati nada revelaram. Ele retribuiu amistosamente os cumprimentos, deixou que eles o vestissem num curto traje branco, bordado a ouro, e numa capa azul, colocando sobre sua cabeça uma grande coroa de ouro com incrustações de pedras preciosas. Feito isso, ele dirigiu-se ao palácio real.

Na parte superior da escada, Supramati era aguardado pela noiva. Abalada pelas emoções pelas quais passara, Vispala ergueu timidamente seus olhos cheios de lágrimas, fitando-o amorosamente e, quando ele com um sorriso afável pegou-lhe mão, beijou-a e pronunciou algumas palavras carinhosas, seus olhos brilharam de alegria e radiante de felicidade ela dirigiu-se com ele para a sala do banquete.

O casamento foi marcado para seis semanas depois, no entanto as rédeas do governo foram passadas, de imediato, às mãos do novo rei; após presidir pela primeira vez a reunião do Conselho, Supramati retirou-se aos seus aposentos.

Para auxiliá-lo em seus serviços pessoais, Supramati convocou dois de seus discípulos – fato que lhe criou novos inimigos. Os cortesãos, achando que tais funções eram seus direitos inalienáveis, foram preteridos por "capricho" desse "forasteiro" que ousou preferir pessoas tão ignorantes e míseras como ele próprio.

Supramati sabia que seu ilusório reinado não seria longo, assim, tratou de aproveitar o melhor possível o tempo que tinha para introduzir transformações e lançar as bases da religião que fizesse o povo se voltar para o Criador, há tanto tempo renegado.

Graças às suas ações enérgicas conseguiu, enfim, revogar a revoltante lei que condenava os doentes à morte e, mais tarde, suprimir outros dispositivos legais menos importantes, porém igualmente cruéis e injustos.

A muito custo dissimulando o descontentamento, ouviam os dignitários esse homem, totalmente estranho, falando-lhes de misericórdia, perdão, bondade, para depois, com a mão "ousada" – como eles diziam – derrubar o sistema sócio-político do Estado há muito tempo existente. Boas ou más... a essas leis todos se habituaram e a maioria tinha interesse em sua manutenção.

O descontentamento das classes privilegiadas crescia com a arregimentação de novos adeptos. Supramati parecia não se dar conta do fato, prosseguindo em seu afã de transformações. Diariamente, dedicando a Vispala algumas horas da noite, ele passava-lhe ensinamentos e desenvolvia-lhe a mente.

Já cônscia de sua inferiorioridade em relação ao esposo eleito, a jovem rainha aspirava chegar até ao nível do seu desenvolvimento intelectual. Ela suplicava para Supramati iluminá-la e incutir nela a doutrina por ele professada e, naturalmente, não havia discípula mais dedicada, convicta e fervorosa que ela.

Entrementes, começaram a correr no meio do povo os mais vis e alarmantes rumores a respeito do novo rei. Em primeiro lugar, acusavam-no caluniosamente de bruxaria, com a ajuda da qual ele teria assassinado o velho rei e enfeitiçado a sua herdeira para usurpar o poder. A harpa, com o auxílio da qual Supramati promovia as curas, seria também uma arma de feitiçaria. Sem dúvida nenhuma, ele havia aparecido na condição de um perigoso agente dos "montanheses" que tencionavam restabelecer com sua ajuda os velhos preconceitos e bruxaria, punidos com a morte. Os rumores tomaram tal intensidade, que os amigos de Supramati acharam por bem alertar Vispala sobre uma revolta em processo de preparação.

Supramati estava trabalhando quando sua noiva, lívida e trêmula, entrou correndo no gabinete. Com voz engasgada, ela lhe transmitiu o que acabara de ouvir.

— Eu sei de tudo – disse calmamente Supramati, fazendo-a sentar-se.

— Sabe... e não faz nada para evitar o perigo mortal que o aguarda?

Caindo de joelhos, ela estendeu-lhe as mãos e implorou:

— Fuja, Supramati, esconda-se até que seus inimigos sejam eliminados. Eu saberei desmascarar e punir os miseráveis e, depois que eles forem lançados ao fundo do abismo, você poderá voltar desimpedido.

Supramati apressou-se em levantá-la e falou-lhe balançando a cabeça:

— Que belo exemplo eu daria em vez de pôr em prática os meus ensinamentos. E você, acredita realmente que eu seja um feiticeiro?

— Não, absolutamente! Mas você tem tantos inimigos que o odeiam...

— Você deveria entender que as grandes verdades que eu professo e que devem se enraizar em vocês provocam a fúria dos habitantes do inferno e aqui eles encontram, infelizmente, instrumentos que servem para seus objetivos nas pessoas pervertidas, ainda que inconscientemente. Não seria digno de minha parte fugir do destino, esconder-me covardemente e reaparecer após o perigo ter passado. Acalme-se, Vispala, eu nada temo: só acontecerá aquilo que terá de acontecer.

Triste e com maus presságios na alma, a jovem rainha retirou-se.

Encorajados com a aparente estupidez e inoperância de Supramati, os conspiradores tornaram-se mais ousados e enérgicos e, sentindo-se bastante fortes, decidiram fixar o dia do casamento real para a consecução de seu plano. Mas, apesar de todos os esforços, Supramati contava com muitos partidários entre a gente simples e, sobretudo, na classe trabalhadora. Os conspiradores decidiram misturar nas iguarias que seriam servidas na solenidade um narcótico muito forte. Assim, os defensores de Supramati iriam cair no sono e não atrapalhariam a execução do plano e até que eles acordassem, dando-se conta do que estaria acontecendo, seu amado profeta já não estaria entre os vivos.

Chegou, finalmente, o dia do casamento. A cerimônia civil foi festejada com pompa e logo depois o casal percorreu em cortejo as ruas da cidade, animadamente ovacionado pelo povo que, em seguida, espalhou-se por diversos locais da cidade, onde foram preparadas diversões, comida e presentes. No palácio do rei já estava preparada uma mesa com duas cadeiras para os recém-casados e num jarro de ouro de fino acabamento foi posto um caro vinho envelhecido.

Supramati estava tranqüilo, já a rainha aparentava tristeza e preocupação...

Assim que se sentaram, Supramati inclinou-se ao ouvido da jovem esposa e sussurrou:

— Não beba desse vinho, caso contrário você entrará num sono perigoso.

— É veneno? – indagou ela, assustada.

— Não, é um soporífero muito forte – respondeu Supramati, fingindo beber e retribuindo os brindes dos convidados.

A festa estava em pleno apogeu. Aproveitando o barulho da música e das conversas, Supramati novamente se inclinou no ouvido da esposa e disse em tom carinhoso mas firme:

— Junte toda a sua coragem, Vispala, e arme-se de sentimento de dignidade de mulher e rainha. Aproxima-se um momento difícil – ele apertou-lhe fortemente a mão. – Vão nos separar e a minha hora, provavelmente, chegou...

— Então morrerei junto com você! – murmurou em mesma voz baixa Vispala, tremendo como vara verde.

Supramati fez um sinal de desaprovação.

— Não, viva para manter e continuar com a minha missão. Lembre-se de mim com amor. Ainda que eu lhe seja invisível, sempre responderei ao seu chamado...

Ele foi interrompido pelo barulho e gritos de fora e à sala adentrou uma numerosa multidão de homens armados, liderados pelo antigo pretendente à mão da princesa.

— Peguem esse bruxo que com sua torpe feitiçaria apoderou-se do trono, matou Nikhazadi e cegou o coração da rainha! – brandiu ele, apontando para Supramati em pé, agarrado com força por Vispala.

Formou-se na sala um barulho infernal. Os partidários

de Supramati lançaram-se em sua defesa, travando uma luta em volta do pedestal real. Mas, como os revoltosos estavam em maior número e ainda encontraram na sala seus correligionários, saíram-se vitoriosos e o líder dos conspiradores subiu no pedestal.

Nesse ínterim, Supramati tirou a coroa de rei e disse calmamente:

— Para que toda essa luta? Eu não estou me defendendo.

— Isso não tem a menor importância. A questão agora não é essa ou aquela, mas sua defesa diante da Corte – argumentou o líder dos revoltosos rindo.

Vispala soltou um grito abafado, pôs-se de joelhos e começou a implorar, em prantos, a soltura do esposo.

Supramati levantou-a rapidamente e disse em seu ouvido:

— Envergonhe-se de implorar a piedade!...

Por uns instantes, sob a influência da poderosa força do mago, Vispala pareceu acalmar-se e Supramati aproveitou o momento para beijar e abençoá-la.

Na hora de levarem o rei deposto, ela novamente agarrou-se a ele, mas foi separada bruscamente do esposo, perdeu os sentidos e retirada do local.

Uma Corte Suprema provisória, composta dos inimigos mais ferrenhos do profeta reuniu-se às pressas no salão nobre do Conselho.

Postado em pé diante desse areópago, que efervescia de hostilidade e paixões, Supramati observava triste e pensativo as feições embrutecidas de seus invejosos juizes, que não haviam dado o necessário valor a um ser superior, jogado pelo destino à mercê deles.

Perplexo e desconfiado, observava o presidente aquela névoa azulada que envolvia Supramati, porém, recompondo-se rapidamente, gritou ensandecido:

— Defenda-se, atrevido usurpador, contra as terríveis acusações que pesam contra você. Usando de seus sortilégios, você ousou restaurar em nosso planeta o símbolo da cruz, rejeitado há muitos séculos. Você teve a coragem de conclamar Deus por nós renegado, adoração ao Qual é proibida sob a pena da morte. Você seduziu as multidões para contato criminoso com o mundo invisível, descortinou o véu que encobre as discórdias e outros mistérios funestos. Com sua música estranha e aromas venenosos, retirados do éter, você encanta e seduz pessoas... a tal ponto, que acabou por seduzir o coração da nossa rainha... e ela, contrariando as leis em prejuízo de muitos pretendentes merecedores, elegeu você para esposo e rei – um forasteiro de origem obscura. E agora, confesse, antes de tudo, quem é você – pessoa de raça ignota e estranha? Onde você nasceu? Quem são seus pais? Onde você aprendeu essa ciência maléfica que utiliza para aniquilar-nos, pois não há dúvida de que sua doutrina provocará uma guerra interna.

Supramati ouviu quieto a maledicente acusação do seu juiz e, quando este silenciou, respondeu calmamente:

— Eu sou filho da luz. Meu Pai é também o Pai de vocês. Eu fui gerado pela mesma faísca divina que deu vida a vocês e os meus poderes sobrenaturais são a conseqüência da supremacia de um sábio sobre um ignorante. Uma pessoa cega e ignara é escrava das contingências e de todos os infortúnios que lhe sucedem. Um sábio prevê acontecimentos futuros e consegue prevenir suas conseqüências.

— Que sábio então é você, que não pôde prever os nossos intentos e suas conseqüências bastante duras – ironizou, arreganhando os dentes um dos pseudo-juízes.

— Engana-se, Ragaddi. No mesmo dia em que curei o seu único filho, eu já sabia que você estava participando de uma reunião, onde se discutia a minha morte. Quem de nós dois estava semeando discórdias? Isso, contudo, não vem ao caso: estou aqui pela vontade de meus mestres para semear entre vocês o amor e a fé. A luz com que eu iluminei as trevas já não se apagará mais. A minha missão está cumprida. Façam agora o que têm de fazer: quebrem as correntes que me amarram a este mundo. Este é o destino do profeta – marcar com o próprio sangue os ensinamentos por ele pregados.

— Você ficou bem mais dócil, grande bruxo. Por que não se defende com sua bruxaria? Se você consegue transformar animais selvagens em dóceis cordeiros, por que, então, não se utiliza dos poderes de que dispõe? Ou será que lhe falta a harpa e todo o seu poder está exatamente naquele talismã?

— Não lhes é indiferente onde está o meu poder, uma vez que, de qualquer forma, eu não quero utilizá-lo? Repito, façam o que têm de fazer, matem o profeta para que o seu sangue purifique essa ímpia atmosfera.

— Então, não vamos perder mais tempo para não atrapalhar a "purificação da atmosfera" – atalhou jocosamente o presidente – e proferiu a sentença pela qual Supramati deveria ser crivado de flechas e em seguida queimado.

— Ao alvorecer, sua sentença será executada e quando o vento dispersar suas cinzas e nada sobrar de você, nós arrancaremos pela raiz todos os seus equívocos semeados – acrescentou ele com expressão de ódio mortal.

Com a mesma tranqüilidade, Supramati deixou que fosse acorrentado e levado a uma masmorra subterrânea onde ficou trancafiado.

Ao ficar sozinho, deitou-se sobre um monte de palha, colocada no canto. Como suas vestes luxuosas e festivas contrastavam com aquele cenário subterrâneo, lúgubre e bolorento!

Enquanto refletia, foi acometido por um estranho estado de ânimo.

Ele ouvira que a iniciação suprema exigia o sacrifício do adepto como prova da vitória sobre o corpo e si mesmo... Mas, sendo imortal, conseguiria ele morrer?

É certo que ele se encontrava num outro mundo, de outra composição química, onde a matéria original do planeta talvez não produzisse o efeito normal. No primeiro atentado contra sua vida, ele fora ferido e até sofrera com o ferimento ainda que suas cicatrizes tivessem fechado com excepcional rapidez.

Em caso da morte ele ficaria separado carnalmente de seus mestres, como, por exemplo, de Ebramar e conseqüentemente seria privado da possibilidade de ir para um novo planeta, para onde os seus irmãos iriam como legisladores... Onde então e de que forma ele aplicaria os conhecimentos por ele adquiridos?

Sem dúvida, por meio da ciência os mestres poderiam juntar uma matéria nova em seu corpo astral, mas isso já seria algo inusitado, ou seja... o futuro estava incerto e o caminho nem sequer estava traçado nem claro...

Supramati ficou constrangido ao sentir uma certa angústia, um peso parecia oprimir seu espírito, sua cabeça tonteou levemente. Pareceu-lhe que o ar se tornava escasso e, possuído por uma fraqueza repentina, recostou-se na parede. Nesse estado semiconsciente ele ouviu vozes remotas:

— Para que você abandonou o refúgio do Himalaia? Para onde o levou sua sede insaciável da perfeição?... Buscando uma glória imaginária e vã de se tornar um profeta, você deverá agora morrer e ficar no meio do caminho. Os mestres por você venerados enganaram-no simplesmente, empurrando-o para as provações que liquidarão com seu corpo, enquanto os frutos da recompensa serão colhidos por outros. E que fim horripilante espera o seu corpo perfeito e espiritualizado! O vento o dispersará em átomos que irão parar no caos...

Arrepios perpassaram por todo o corpo de Supramati. De repente, ele se sentiu como se lhe atravessassem agulhas afiadas, causando-lhe uma terrível dor. Perto dele foi acesa uma fogueira, alastrando um calor insuportável, e as labaredas arrastavam-se em sua direção e lambiam-lhe os pés que estremeciam sob o fogo...

Uma voz chistosa murmurava-lhe no ouvido:

— Está sentindo como as flechas traspassam-lhe e as chamas devoram o seu corpo? Você tem poderes de acalmar os elementos da natureza, entretanto isso lhe foi negado...Veja, você não ousa utilizar seus conhecimentos para se defender! Que maldade! Ha-ha-ha!...

Do horror diante dos sofrimentos inumanos que o dilaceravam, um suor gelado cobriu o corpo de Supramati; alguma coisa estremecia, rebatia-se e indignava-se dentro dele.

Com um olhar vago observou a fogueira que parecia estar desaparecendo sob um abismo que se abria. E acima da voragem, à semelhança de uma nuvem negra, drapejava o funesto cúmplice Sarmiel – o Dragão da dúvida – acompanhado por uma comitiva de monstros, gerados pelas trevas e que normalmente cercam os homens escravizados pela carne. Lá rastejavam o asqueroso e o infame pavor, as degradantes fraquezas que paralisam os homens, e a angústia opressiva diante do desconhecido...

O Dragão junto ao limiar – sinal da dúvida – é um inimigo tenebroso. Espreitando as fraquezas carnais, ele se aproxima decidido do filho da luz como a um simples mortal. Do degrau inferior da escada da perfeição até o fim do muro do grande enigma que esconde o destino final da alma humana, o Dragão da dúvida insiste em acompanhar as almas, retardando a sua ascensão e envenenando com gosto amargo o mérito da vitória.

Poderoso, tal qual uma intempérie furiosa, lança-se o

terrível monstro sobre as almas, tanto pequenas como as grandes; essa inevitável sombra de tudo que é existente – uma sombra fatídica tanto para um ser prodigioso, como para um homem comum.

Em todo momento difícil de desilusão e sofrimento, a voz diabólica murmura:

— Fique sob a minha proteção. Eu lhe darei tudo. Libertá-lo-ei dos conhecimentos e da consciência que o atormentam. Dispersarei diante de seus olhos os equívocos que o fazem perecer...

A fraqueza de Supramati aumentava cada vez mais. Dores insuportáveis dilaceravam-lhe o corpo e as idéias embaralhavam-se. A despeito de tudo, ele compreendeu o perigo e, pelo esforço estranho da vontade, sacudiu a fraqueza da desilusão que dele se apoderara, e a repugnante dúvida a espreitar-lhe furtivamente, ressurgindo o poderoso e puro espírito. Sim, a dúvida mostrou-se um terrível e covarde inimigo. Não foi à toa que os seus mentores o preveniram desse traiçoeiro e voraz pântano, dentro do qual ele poderia sucumbir, tornando inútil o trabalho em todos esses séculos.

— Meus mestres e dirigentes, não me abandonem – gritou ele fora de si, e, no mesmo instante, nas trevas do submundo resplandeceu uma cruz fulgurante.

Supramati ergueu-se como que eletrizado. Uma pesada rocha parecia deslizar-lhe das costas e levantando o braço ele ordenou:

— Afaste-se e desapareça, criatura do inferno! Pode tentar-me, mas não me aprisionar. Com fé e amor, eu entrego o meu destino nas mãos dos meus dirigentes e a alma – ao meu Criador. Que seja feita a Sua vontade!...

Ele deixou-se cair de joelhos e começou a rezar tão fervorosamente que não notara as correntes caindo-lhe dos braços e das pernas, logo desaparecendo qualquer tipo de dor, e a voragem com as nuvens negras sumiu junto com os trovões da tempestade.

Subitamente, o subterrâneo iluminou-se de uma suave luz prateada e diante de Supramati apareceu o superior da irmandade do Graal. Suas vestes pareciam tecidas de diamantes e o manto, que lhe caía dos ombros, perdia-se na escuridão feito uma névoa de prata. Nas mãos ele segurava o cálice, adornado com a cruz.

— Nosso Senhor envia-lhe o seu sangue divino para fortificá-lo e ajudá-lo a levar a cabo a missão iniciada. Tome da fonte da vida eterna.

Feliz e repleto de fé e comoção, Supramati tomou do líquido purpúreo que se espalhou em corrente ígnea por suas veias, fornecendo-lhe forças e um sentimento de indizível tranqüilidade.

A visão desapareceu e ele começou a orar com tal entusiasmo, que o espírito foi arrebatado da Terra e se elevando às esferas da harmonia e paz...

A guarda armada que entrou no calabouço tirou Supramati de seu estado de êxtase, mas a luz ofuscante que envolvia o prisioneiro deixou todos em pânico.

O chefe da guarda ordenou, vacilante, que Supramati o seguisse, enquanto que os seus comandados olhavam, assustados, as correntes caídas no chão.

A despontante aurora envolvia o planeta com a alvacenta luz dormente. O prisioneiro foi levado a um pequeno pátio adjacente, cercado por altos muros, a porta atrás foi trancada. Mal ele deu alguns passos, da sombra destacou-se uma mulher, envolta num cobertor, e que se lançou, em prantos, de joelhos diante dele, agarrando-o.

Era Vispala. Supramati se ergueu e beijou-a, tentando consolá-la, feliz por vê-la mais uma vez.

— Deram-me a permissão de despedir-me de você, mas eu não quero sobreviver a você. Não tenho forças! É por demais terrível perdê-lo no momento em que nos unimos para sempre. Eu compreendo toda a minha insignificância diante de você, mas para o amor não existe distância. Por mais que eu seja mísera, eu o amo mais que a vida...

As lágrimas sufocaram-na.

Supramati ergueu a sua cabecinha caída olhando carinhosamente nos seus olhos cheios de lágrimas.

— Você está certa. O amor puro que eu lhe ensinei não conhece fronteiras e, espiritualmente, você não poderá separar-se de mim, porque seu amor por mim nos uniu indissoluvelmente para todo o sempre. Esta união divina sempre levará até mim o seu pensamento e lhe trará a minha resposta. Pois, então, não me amargure nesta grandiosa hora com suas idéias criminosas de suicídio. Tal fato me afastaria ainda mais de você. Pelo contrário, viva e honre a minha lembrança com atos de misericórdia, trabalho profícuo, difundindo ensinamentos, e toda a alma perdida que for orientada por você ao Criador será para mim um presente precioso.

Uma fé jubilosa brilhou nos belos olhos de Vispala.

— Eu vou viver, Supramati, para tornar-me digna e aproximar-me de você – um ser maravilhoso que Deus, com sua graça, deu-me a oportunidade de conhecer e amar. Todo o meu resto de vida, eu dedicarei para difundir os seus ensinamentos.

Ela abraçou Supramati e beijou-o, estremecendo no mesmo instante.

— Seus lábios estão secos, meu querido, a sede o atormenta! Esses monstros não lhe deram nem água... Eu pressentia... Tome!

Ela tirou do bolso uma suculenta fruta vermelha e a deu a Supramati, que realmente estava com sede. Ele saboreou a fresca e aromática fruta; segurou, por uns instantes, na palma de sua mão o caroço, grande como uma maçã, e, em seguida, curvando-se, enterrou-o no solo.

— Para marcar este momento de minha gratidão pelo sentimento bondoso de sua intenção em fortalecer-me, eu vou deixar aqui uma árvore, cujos frutos servirão como fonte de saúde para pobres e deserdados. E agora reze comigo.

Ele estendeu as mãos sobre o local onde semeou o caroço e de seus dedos jorraram feixes de luzes multicolores; das palmas das mãos começaram a desprender-se nuvens de vapor que caindo sobre a terra eram absorvidas pelo solo. Ele pareceu transformar-se. De seus olhos espargiam-se luzes ofuscantes e, de algum lugar, ouviu-se uma música surpreendentemente melodiosa.

Vispala, genuflexa e com o coração palpitando, olhava extasiada para o fenômeno que se passava diante dela. Ela sentiu a terra estremecer, partir-se e viu a primeira haste crescendo a olhos vistos, vindo a tornar-se uma impressionante árvore jamais vista.

Seu tronco alvo era fosforescente e translúcido, de forma que através de sua casca podia-se ver fluindo a seiva vermelha.

Supramati baixou os braços e dirigindo-se a Vispala disse-lhe:

— A árvore florescerá e dará frutos o ano todo. Eu a abasteci de benévolas propriedades medicinais e todo aquele que dela se aproximar com fé e amor nela encontrará a saúde do corpo e da alma. E agora, minha querida, adeus, ou melhor – até breve. Virão me buscar agora – disse Supramati, erguendo Vispala, infeliz e emocionada.

Ele a beijou, abençoou e, tirando de si uma cruz, colocou-a no pescoço de Vispala.

— Esta cruz lhe servirá de apoio e proteção. Lego para você também a minha harpa que foi escondida por meus discípulos. Vocês a colocarão no primeiro templo que for erguido a Deus. Minhas idéias e a vontade estarão gravadas no instrumento e suas cordas soarão, quando necessário, produzindo somente os cânticos de paz, fortalecendo a todos moral e fisicamente.

Ele foi interrompido pelo barulho da porta se abrindo com a chegada de uma escolta armada. Dois soldados levaram a rainha sincopada, enquanto que os outros escoltaram Supramati, calmo e feliz, como se fosse a uma festa e não para ser executado.

Não longe de seu cativeiro, um pequeno grupo de discípulos e amigos leais aguardava no caminho para despedir-se de seu benfeitor. O chefe da escolta, cedendo às súplicas, deixou que eles se aproximassem do condenado. Supramati os beijou e abençoou um por um e em despedida disse em tom firme:

— Em vez de chorarem, contemplem a minha morte. Mais de um de vocês terão de marcar, provavelmente, com o próprio sangue a verdade por mim propagada. Preparem-se, pois, para suportar condignamente essa hora.

A troco de um cruel escárnio, a fogueira foi armada exatamente naquele local, diante da caverna, onde habitava Supramati. O meio pelo qual se faria a execução parecia sugerir que o próprio era mais forte do que o abismo fatal, do qual ele conseguira salvar milhares de pessoas. A correnteza agitada no fundo do precipício jamais bramara com tal intensidade nem espumara com tal fúria. Parecia que ela se apossara de ira contra a monstruosa injustiça que seria perpetrada pelos homens.

Supramati não ofereceu resistência quando foi amarrado ao poste. Seu semblante cintilava com profunda, tranqüila e exultante fé. Nada agora conseguia abalar a tranqüilidade de sua alma: fora vencido aquele terrível e asqueroso monstro – a dúvida – que se avizinha de qualquer pessoa prestes a morrer, constrangendo e obscurecendo o sublime momento em que se resolve o enigma da vida. O mago, sem qualquer arrependimento, ia ao encontro da morte carnal para renascer na luz eterna.

Quando o fogo acendeu crepitando, sua alma encheu-se de prece jubilante, e à medida que ela ia ascendendo à morada da luz, ia desaparecendo e afastando-se dela o mundo visível. Ele não sentia as flechas perpassando-lhe o corpo nem o sangue jorrando dos ferimentos. Seu sangue tinha um aspecto claro e luminoso e não denso e pesado, tal como ele corre nas veias de homens comuns. O invisível abriu-se diante dele e entes translúcidos cercaram Supramati, enquanto no ar, saturado de suaves aromas, soava a música das esferas.

Subitamente, o céu cobriu-se de nuvens negras, um gigantesco raio ofuscante dissipou a escuridão, a terra tremeu e as pessoas precipitaram-se ao chão. Uma estrela purpúrea partiu da fogueira e feito seta ascendeu às alturas, perdendo-se nas nuvens.

Instantes depois, da gruta do profeta jorrou, bramindo, uma espumante corrente agitada de água azulada que se precipitou no abismo, carregando o fogaréu...

Mais tarde, verificou-se que no local onde antigamente havia uma nascente mineral e um reservatório, a terra havia formado uma larga fenda, da qual justamente jorrou a corrente de água da cor de safira, como que salpicada de fagulhas fosforescentes...

Vispala, trazida do calabouço, logo recuperou os sentidos. Sem retornar ao palácio, cobriu o rosto com um véu e seguiu a procissão macabra. Encontrando no caminho um grupo de discípulos e amigos, Vispala deteve-os e implorou que eles insurgissem o povo para salvar o rei e benfeitor.

Por mais quimérica que fosse a esperança, todos os seus amigos – sobretudo dois deles – agarraram-se a essa possibilidade de salvar o mestre e lançaram-se a diferentes cantos da cidade. Entretanto, sob o efeito do elixir soporífero, a população dormia sem suspeitar que naquela hora seu amigo e protetor estava sendo levado para a terrível execução. O torpor, contudo, já começava a passar e a notícia sobre o acontecimento aturdiu e provocou na cidade uma ira furiosa.

Atendendo ao chamado da rainha, uns dirigiram-se às pressas para o penhasco, enquanto outros partiram para o ataque das casas dos membros do Conselho Monárquico – inimigos de Supramati – e acabaram por liquidá-los.

Era impossível descrever o desespero da multidão que viera ao abismo e convenceu-se de que tudo já estava acabado.

Os primeiros que chegaram com Vispala e Khaspati ainda puderam ver, por cerca de um minuto, o profeta envolto em chamas, o desencadeamento da tempestade, uma estrela ígnea partindo ao espaço e, por fim, uma forte corrente, vindo da gruta, levando da plataforma os últimos vestígios do torpe assassinato ali perpetrado.

No início a multidão ficou pasma, vindo a seguir um ímpeto de desespero furioso; as pessoas arrancavam os cabelos, rolavam na terra, ainda que seus gritos irados e gemidos fossem abafados com o bramir do furacão.

Mas, se por um lado a disposição dos adeptos de Supramati era tão latente, os inimigos do profeta, que se juntaram em número considerável, não estavam dispostos a permitir que o povo os justiçasse sumariamente. Travou-se uma luta sanguinária e Vispala teve muita dificuldade de evitar o pior. De joelhos na ponta do abismo ela orava, dando a impressão de nada ver ou ouvir.

— Rainha, tente acabar com essa carnificina – conseqüência da primeira verborréia do bruxo justiçado – gritou um dos conselheiros.

— Foram vocês que iniciaram a discórdia, portanto são vocês que terão de acabar com ela – respondeu com desprezo a rainha.

Mas, voltando-se para Khaspati, perguntou se o mestre não o havia instruído, em caso de sua ausência, de que forma as paixões humanas poderiam ser acalmadas.

Khaspati pensou um pouco e disse:

— Vamos depressa à caverna. Lá se encontra escondida a harpa do mestre. Certa vez ele me disse que fazendo uma prece fervorosa e pronunciando-se algumas palavras em idioma estranho – as quais ele me ensinou – a harpa produziria sons, como se por ele tocados e que seriam ouvidos por todos, pois nessa harpa foram gravadas a sua voz e a música.

Rapidamente, usando de subterfúgios, eles alcançaram a margem oposta e subindo pela difícil escadaria em função da água escorrendo da gruta, vieram parar dentro da mesma. Retirando do esconderijo a harpa de cristal, Khaspati com Vispala foram até a esplanada.

Do lado oposto os combates continuavam, mas a tempestade já havia passado.

Após uma prece fervorosa, Khaspati levantou a harpa, pronunciou palavras misteriosas e uma nuvem azulada envolveu o instrumento. A impressão de Vispala é que ela via seres de contornos vagos e transparentes.

De repente, oh, milagre! As cordas soaram suavemente, acompanhando a voz aveludada e forte do mago em seu canto maravilhoso. À medida que o surpreendente canto progredia, as paixões exaltadas dos beligerantes iam se acalmando, a luta cessou e a multidão caiu perplexa de joelhos. Quando o canto cessou, o povo calmo e pensativo dirigiu-se à cidade, onde a narrativa sobre o ocorrido causou uma grande reação.

No dia seguinte, os membros do Conselho de Estado que conseguiram se salvar reuniram-se e pediram que Vispala indicasse um regente até que ela pudesse se tranqüilizar e escolher um novo esposo e rei.

— Eu não quero governar. Meu infortúnio só irá terminar com a minha morte – respondeu ela decidida.

Não havia nada que pudesse convencê-la do contrário.

Vispala retirou-se à caverna, onde habitava Supramati, e ali ergueu o primeiro templo à Divindade, como já tinha sido profetizado pelo velho sacerdote, o último cultor do santuário.

Sucedeu-se um período de revoltas. Os adeptos do ateísmo tentaram estabelecer a ordem antiga, mais "cômoda", entretanto os últimos acontecimentos exerceram um efeito positivo sobre a população.

A morte de Supramati produziu uma reação muito forte nas almas. O número dos seguidores da doutrina do profeta crescia a cada dia e para isso contribuíam as maravilhosas curas feitas na gruta. Verificou-se ser milagrosa a água que jorrava da nascente e os devotos vinham em multidões de todos os lugares para ali buscarem ajuda ou ouvirem as pregações de Vispala e dos discípulos do mago venerado.

Alguns meses após a morte de Supramati, foi reerguido o templo na floresta e logo depois muitos outros. A luta contra o ateísmo não acabou de vez, pois o mal havia se enraizado muito profundamente, entretanto as bases haviam sido lançadas: um archote da fé foi aceso e o caminho a Deus foi reencontrado...

Amarrado ao poste da fogueira que deveria acabar com Supramati, este não pensava sobre seu corpo, prestes a ser abandonado sem dó, nem sobre o fogo devastador. Sua alma, repleta de fé, amor e aspiração a Deus, mergulhava em êxtase.

Com uma impressão vaga de que seu corpo, derretendo num oceano de chamas, aliviava-se de um enorme peso, pareceu-lhe que ele foi erguido por uma forte rajada de vento e em sua volta giravam, carregando-o, cinzentos e irreconhecíveis seres.

Ainda com menor nitidez, ele sentia-se atravessar voando, em velocidade estonteante, as camadas de nuvens, indo cair num abismo insondável, perdendo a seguir os sentidos... Sons doces e excepcionalmente suaves despertaram-no.

Ele ainda não tinha dado conta do que lhe sucedera:

ondas de harmonia embalavam e sustentavam-no, enquanto seu olhar exausto vagava pelo cenário conhecido do jazigo de Hermes, como sempre iluminado por uma luz azul-prateada.

Subitamente, a memória voltou-lhe e ele se sobreergueu. Estava dentro do misterioso sarcófago, aonde foi posto para cumprir sua missão. Rodeado por fachos de luz ofuscante, acima de Supramati pairava o grandioso fundador primevo do mundo – Hermes Trismegisto.

Agora Supramati conseguia suportar aquela luz e olhar para o semblante maravilhoso do protetor do Egito Antigo.

A visão radiante estendeu-lhe os braços, que pareciam urdidos de luz, e Supramati pôs-se de pé:

— Venha aos meus braços, meu querido discípulo, e aceite a recompensa por seu trabalho – pronunciou a voz melodiosa, mas como que abafada pela distância. – O primeiro facho de mago você recebeu por ter vencido a "fera" interior; o segundo – por ter adquirido os conhecimentos, e o terceiro – por amor à humanidade e a Deus até a morte.

A mão transparente tocou a cabeça de Supramati e em sua testa entre um facho de luz azulada e outra verde brilhou uma terceira – uma luz púrpura de matiz dourado. Ele sentiu na testa um ósculo da visão e, em seguida, a imagem de Hermes dissipou-se na névoa azulada.

Uma corrente de forças vitais e energéticas tomou conta de Supramati e ele com olhar de alegria radiante examinou o jazigo.

E lá estavam reunidos os hierofantes, Ebramar, cavaleiros do Graal, e, entre eles, Dakhir, também com olhar luminoso, também com três fachos de luz da coroa mística dos magos.

Supramati saltou rapidamente do sarcófago e atirou-se aos braços de Ebramar, o qual, com lágrimas nos olhos, apertou-o contra o peito.

— Querido filho da minha alma! Que momento de felicidade você proporcionou a mim!

Logo depois, todos os presentes abraçaram e felicitaram Supramati. O encontro mais emocionante foi com Dakhir – seu fiel companheiro no espinhoso caminho da perfeição.

Quando a emoção inicial se acalmou, todos os presentes caíram de joelhos e numa prece fervorosa agradeceram ao Senhor por tantas graças recebidas.

Ao fim da breve oração, ambos os heróis do evento, foram levados a uma sala onde estava preparada uma modesta comemoração.

A misteriosa habitação dos magos tinha, naquele dia, um aspecto de festa. Em todo lugar viam-se grinaldas, os discípulos enfeitaram o chão com pétalas de flores e durante o repasto belíssimas vozes de jovens adeptos alegraram as visitas com cantos.

Às mesas, conversavam animadamente. Pelo visto, os espíritos dessas extraordinárias pessoas estavam repletos de satisfação. Ebramar estava feliz e orgulhoso de ambos os filhos heróicos, frutos do seu conhecimento. Eles, por sua vez, experimentavam um indescritível deleite ao sentirem que foram dignos das tarefas a eles incumbidas e cheios de amor e gratidão aos sábios e pacientes mentores que deles fizeram o que agora eram.

Após o almoço, Dakhir e Supramati souberam que Ebramar os levaria para ficar no Himalaia para descansarem num dos palácios de iniciação até que eles fossem chamados para cumprirem a última missão na Terra – condenada à morte e seu berço original.

Dakhir e Supramati agradeceram genuflexos ao hierofante por tudo aquilo que adquiriram e aprenderam sob seus auspícios.

Em seguida, eles se despediram dos hierofantes, de Siddarta e de todos os membros da irmandade.

Uma hora depois, uma nave espacial já os levava junto com Ebramar ao Himalaia para o descanso, até que, segundo o lema dos magos: Avante à luz!... eles empreenderiam uma nova jornada.

Capítulo VII

O Himalaia esconde em suas entranhas rochosas inúmeros segredos surpreendentes. Lá, por centenas de quilômetros, feito uma teia, estende-se uma rede de galerias, sendo que algumas dão em vales ignotos com seus belos palácios de iniciação. Umas dão acesso a templos e cidades subterrâneas e outras, finalmente, levam a gigantescas grutas, onde, nos baús, nas gavetas das mesas e nas estantes estão arquivadas as coletâneas dos mais diversos escritos históricos. Qualquer uma delas teria girado a cabeça de um cientista moderno que tivesse a felicidade de poder dar uma olhadela no desconhecido sorvedouro do passado. Lá estão compilados os arquivos materiais do planeta, os mapas e a história dos continentes desaparecidos com os povos que neles habitavam. Tudo aquilo está redigido em peles de animais, papiros, folhas de palmeiras e em placas de barro ou de metal. Mas... nenhum pé profano jamais pisou o solo daqueles esconderijos enigmáticos, nenhum olhar indiscreto jamais pudera vislumbrar as maravilhosas obras artísticas e a história da humanidade terrena ali coletadas...

No mundo subterrâneo reinava um movimento incomum. Ao principal e maior templo daquela surpreendente cidade subterrânea, dirigiam-se silenciosamente numerosas procissões. Pelas galerias vinham, em pares, jovens mulheres em longas túnicas transparentes e sob capas multicoloridas: verde-claro, azul-celeste, vermelhas, violetas e brancas. Suas cabeças eram enfeitadas por coroas de flores luminosas. Majestosas e em silêncio, iam chegando, subindo pela escadaria e adentrando uma ampla gruta com colunas, decorada com estátuas de deuses e deusas. O fundo da sala, em forma de semicírculo, era fechado por uma espécie de cortina metálica, pesada porém flexível, e a seu lado havia dois largos degraus de pedra, onde se acomodaram as mulheres que acabavam de chegar.

Por diversos caminhos vinham novas e novas procissões. Entraram jovens em trajes orientais e turbantes de musselina; em seguida, serpenteou-se um longo cordão de cavaleiros em armaduras prateadas, elmos alados e largas capas brancas. Esses eram seguidos por mulheres da irmandade do Graal, e, no peito de cada uma, via-se, bordado a ouro, um cálice, adornado por cruz. Logo após, apareceu o cortejo dos filhos de magos – de ambos os sexos – com pequenas harpas douradas e outros instrumentos musicais. Depois entraram mulheres magas de beleza realmente angelical, com vestes brancas e véus compridos, salpicados como que por um pó de diamante.

Todos que entravam, perfazendo alguns milhares de pessoas, acomodavam-se em massa no templo e tão logo todos ocuparam seus lugares, da galeria, aberta em frente da cortina, apareceu a procissão dos magos. Eles estavam envoltos por uma larga aura de cor dourada e o número de fachos sobre suas cabeças indicava o grau de iniciação alcançado. No peito de cada um brilhava uma estrela mágica.

Quando os representantes da grandiosa ciência se postaram em semicírculo diante da cortina abaixada, esta abriu-se em duas partes expondo um estrado de alguns degraus, e todo o salão iluminou-se com uma suave luz azulada.

No estrado, presidia o areópago dos magos superiores: deles, principalmente de suas cabeças e até de suas vestes, irradiava-se uma luz ofuscante, mas uma névoa esbranquiçada cobria-lhes as feições. Aquele que se localizava no centro irradiava de sua fronte seis fachos e dirigia o areópago.

À medida que a cortina se abria, começou-se a ouvir uma música de indescritível harmonia e beleza. O mago-mor levantou-se e abençoou os presentes, após o que todos, em coro, cantaram um hino e, em seguida, concentraram-se em uma breve oração. Depois, o mago-mor aproximou-se da beira do estrado. Era impossível ver-lhe as feições, mas a voz sonora e metálica chegava melodiosa e nitidamente até as últimas fileiras.

— Meus irmãos e filhos! Une-nos, hoje, a chegada do grande momento. Aproxima-se o fim do planeta que habitamos. Morre a nossa Terra, a mãe de todos, que nos alimentou e que foi a escola de nossos anos juvenis e na qual nós passamos difíceis provações na longa ascensão à luz.

Neste caso, a nossa Terra obedece somente a uma lei geral, pois tudo que nasce terá de morrer, e tendo servido de abrigo para bilhões de gerações humanas, o planeta está esgotado; seus nutrientes já acabaram e ela já não pode oferecer aos seus filhos ingratos nada mais que a sepultura.

Chamo a humanidade de ingrata e até de cega porque ela, impiedosamente, explorou a mãe que a sustenta, sugou a medula de seus ossos e acabou com o equilíbrio de forças que lhe forneciam a vida; por fim, afrontou-a com crimes e desonestidade, cujas conseqüências são catástrofes caóticas que acabarão com ela bem antes do limite que ela poderia e deveria alcançar.

Esse momento que se aproxima deverá preocupar sobretudo a nós, imortais, que vivemos da vida do planeta. Nós teremos que abandonar a Terra que nos serviu de berço, mas não será o nosso túmulo. Romperemos com milhares de vínculos que nos atam a ela e procuraremos um outro mundo para o nosso lar. Lá, meus irmãos, nós seremos mortais e tiraremos o invólucro que o nosso surpreendente destino ordenou que portássemos.

Entretanto, eu os chamei não só para anunciar a catástrofe que se aproxima, mas também para falar sobre a última missão que teremos de empreender nesta Terra moribunda, para o que, pela derradeira vez, teremos de entrar em contato com os mortais. É de conhecimento de vocês que, presentemente, foi encarnado um grande número de almas de tipo bem específico. São todos aqueles que por suas ações, exemplos e invencionices contribuíram para a devastação do planeta; são todos aqueles que rejeitaram, cometeram sacrilégios e combateram o Pai Celeste, destruíram os templos e profanaram os altares; são todos aqueles que com seus sofismas, distorções da verdade, seduziram seus próximos, ensinando-os a desprezar a lei e a crença. Finalmente, são os dirigentes dos Estados, os quais, em vez de dignificar, purificar e disciplinar os povos bestificados, em vez de preservar e apoiar as leis de moralidade, que asseguram o equilíbrio, entregaram aos estúpidos ou criminosos o poder de prejudicar, roubar dos pobres ou barganhar a justiça e os interesses populares. A lei implacável do Karma levou e juntou todos estes criminosos que se venderam ao Satanás, no local de seus delitos, para que eles participem da catástrofe que eles prepararam. Nesse juízo final, previsto por profetas inspirados, eles serão obrigados a prestar contas por suas vítimas assassinadas e degeneradas, por sangue derramado dos inocentes que alimenta o inferno. Que castigo terrível será – assistir e sentir a agonia do mundo, ser testemunha de fenômenos terrificantes – anunciadores da catástrofe, quando o invisível será o visível e o pavor dominará até os mais corajosos. Que o seu destino se cumpra e o seu Karma os alcance!

Mas entre as multidões criminosas, que serão punidas por seus atos, encontram-se almas escolhidas que resistiram contra as tentações que as cercavam, pronunciando-se corajosamente pela verdade, suportando escárnios e perseguições dos malfeitores e, não obstante a hostilidade praticamente geral, desprezo e insultos, levam corajosamente a luz para a região das trevas.

A fé em Deus jamais se apagou em seus corações, jamais eles rejeitaram o Criador em busca de efêmeras vantagens terrenas mesmo sendo menosprezados, abandonados e perseguidos; no entanto vocês, magos, identificarão esses humildes trabalhadores – com coração puro e espírito ardente – e preparar-lhes-ão um lugar de honra no novo mundo, para onde estamos indo. É grandiosa a tarefa que lhes é incumbida neste importante momento. Vão, meus irmãos, irmãs e filhos. Propaguem a verdade, apóiem os fracos, consolem os sofredores, pois a misericórdia é o nosso dever e os conhecimentos lhes darão meios poderosos para prestar esse auxílio. Mas sejam cuidadosos na escolha dos que irão ao mundo novo, onde nós deveremos semear a religião e os conhecimentos por nós mesmos adquiridos, bem como ensinar as leis divinas e estabelecer as leis humanas. Acautelem-se de levar, quem quer que seja, contaminado por crime ou abusos sanguinários, com o cérebro envenenado por hostilidade hereditária à Divindade e Suas leis.

Essas instruções gerais são suficientes para traçar-lhes o caminho. Vão, então, cumprir com a missão difícil mas sublime. Que o Criador os oriente, ensine e fortaleça!

O grande hierofante calou-se e durante alguns minutos reinou um silêncio profundo. Os belos e espiritualizados semblantes daqueles estranhos seres que viviam, pode-se dizer, fora da humanidade, estavam tristemente concentrados. Tudo o que lhes sobrou de humano sofria naquele momento da separação próxima daquela Terra, onde eles haviam nascido, e com a qual estavam unidos por milhares de difíceis e felizes lembranças no caminho da ascensão.

Pela última vez, ouviu-se a voz do hierofante:

— Até logo, irmãos e irmãs! Que cada um vá para o lugar que lhe foi indicado para sua atividade! Na grande hora, nós os encontraremos com as hostes que cada um trará consigo.

Ele abençoou os presentes. Todos entoaram uma prece, a cortina metálica fechou-se atrás do areópago dos magos e, em seguida, a multidão dispersou-se pelas galerias do labirinto subterrâneo.

Nada mudou no belo vale, onde era o palácio de Embramar. Como antes, lá estava o verde exuberante dos pomares, silenciosamente murmuravam os chafarizes e numerosas floreiras alegravam a vista e enchiam o ar de doces aromas.

No terraço, junto à mesa com escritos, estava sentado o sábio. Não estava trabalhando, mas envolto em pensamentos, apoiando a cabeça nas mãos.

Embramar parecia mais belo que antes. A suave luz prateada que se irradiava dele envolvia toda a sua figura como se por uma leve névoa, enquanto em seus grandes olhos negros brilhava tal força e ardor, que era difícil suportar-lhe o olhar.

Subitamente, o rosto de Ebramar iluminou-se de um sorriso alegre e bondoso. Ele levantou-se e foi ao encontro de três pessoas que se aproximavam do terraço. Todos estavam em trajes brancos e longos de magos, na cabeça de dois brilhavam três fachos de luz, na de outro – só havia um.

— Bem-vindos, Dakhir e Supramati, meus queridos irmãos! – saudou Ebramar, beijando-os calorosamente.

Depois, abraçou carinhosamente o terceiro, abençoando-o.

— Narayana, filho pródigo, finalmente você me proporcionou a felicidade, tornando-se ajuizado, aproveitando sensatamente o tempo e até merecendo o primeiro facho de nossa coroa imortal.

— Eu não estou menos feliz ao ouvir, finalmente, um elogio seu. E você, meu querido mestre, trabalhou mais ainda; tornou-se tão luminoso, que para fitá-lo, da mesma forma que o sol, são necessários óculos azuis ou vidro escuro – respondeu Narayana, visivelmente alegre e feliz.

Embramar não conseguiu conter o riso.

— Incorrigível até no papel de mago. Posso imaginar que companhia original ele nos trará!

— Mulheres excepcionalmente lindas que deve se tentar salvar da morte. Elas serão necessárias no novo planeta e vocês sabem que sou mestre na arte de conquistar corações femininos.

— Estou vendo que você não esqueceu esse ramo da ciência e vai nos proporcionar um surpreendente e raro espetáculo: um mago no papel de Salomão com seu harém – observou maliciosamente Dakhir.

— Fazer o quê! Mesmo no novo planeta, até o rei Salomão será útil – replicou, cheio de bonomia, Narayana. – Mas, no presente momento, eu sou apenas um mago e estou muito feliz em estar com vocês – completou ele.

Todos se sentaram à mesa e iniciou-se uma animada e amigável conversa. Falou-se da iniciação de Narayana e esse contou do seu trabalho, acrescentando depois:

— Bem, chega de falar de mim. Eu ainda não os felicitei, meus queridos amigos, pelos terceiros fachos que adornam suas testas. Essas difíceis medalhas vocês ganharam durante a excursão aos planetas vizinhos? A viagem foi boa?

— De qualquer forma, bem elucidante! – respondeu Supramati.

— E bem sensível – acresceu Dakhir.

Narayana desatou a rir.

— Gozador! Acho que até foi espetacular! Reconheça, Supramati, você, às vezes, achava que atravessar os limites da pior das provações era "coisa fácil". Nivara me contou que aqueles miseráveis estavam prestes a queimá-lo vivo e você já estava na fogueira.

— É verdade. Mas a fé não me abandonara nem no calabouço nem, até, na fogueira. Eu acreditava que a provação suprema, imposta para o mago pelos dirigentes, é a morte pelas convicções – respondeu Supramati, sério e pensativo.

— Eu passei por momentos surpreendentes na fogueira – acrescentou ele. – Eu não quis apelar para qualquer encantamento que pudesse evitar o que iria acontecer e concentrei-me, apenas, numa prece ardente. Subitamente, senti uma agradável e refrescante brisa que me envolveu e não deixou que a fumaça encostasse no meu rosto. Em seguida, fui iluminado por uma nuvem vermelha, como que salpicada de raios, enquanto a terra e o ar estremeciam com os estrondos de trovões. A fogueira se afastava dos meus pés e depois pareceu derreter e sumiu; e eu fui erguido por um furacão e num turbilhão tépido levado ao espaço. Perdi os sentidos, recuperando-os já aqui, no meu lar.

— Ha-ha! – Imagino o susto da coitada da multidão que ousou queimar um mago! – E você, Dakhir, parece que, também, quiseram liquidá-lo – afirmou Narayana.

— Bem. Eu também tive que travar uma luta cruenta com a sacerdotisa-mor de um templo satânico – muito bonita por sinal – e por sua ordem eu fui jogado no precipício.

— Aposto que ela se apaixonou por você e o perseguiu de ciúmes. – observou Narayana, piscando maliciosamente. – E o que aconteceu a ela?

— Ela perdeu o juízo e se lançou no mesmo precipício, achando que eu lá havia perecido.

— Brrr! Que paixão "infernal"! Mas, falando francamente, eu fico surpreso com a apatia dos iniciados de lá. O que eles pensavam ao verem seus visitantes, os magos da Terra, torturados e até prestes a serem mortos? E eles dormiam tranqüilos em vez de cuidar e de protegê-los da selvajaria daqueles animais – indignou-se Narayana.

Ebramar, que ouvia em silêncio, sorriu.

— Modere sua ira, meu filho. Os iniciados, nossos vizinhos, não têm culpa alguma por parecerem ter dormido no ponto, enquanto torturavam e estavam prontos a executar Supramati e Dakhir. Não, eles agiram de comum acordo conosco, e os nossos dois magos durante essa provação – reconheço ser difícil até para estes – deveriam, necessariamente, ficar sozinhos e merecer o terceiro facho de sua coroa. Assim sendo, você também deveria saber que os imortais não têm acesso à morte comum.

— E agora eles irão, como eu, "descansar" placidamente e estudar a sociedade contemporânea – disse rindo Narayana.

— Acredito que esse descanso não seja longo e ainda menos prazer nos proporcionará aquela gente degenerada. Mas onde, mestre, nós podemos colher as informações sobre a situação atual da Terra, antes de pisarmos nela? – perguntou Supramati.

— Nivara pediu-lhe a honra de iniciá-los na vida moderna. A propósito, ele o adora, Supramati, e espera, impaciente, um encontro com você – respondeu Ebramar.

— Eu já o vi e inclusive tive uma breve conversa com ele; o que me relatou da sociedade atual é bem nojento. Posso até lhes passar algumas informações prévias – anunciou Narayana animado.

— Isso não deverá surpreendê-lo, meu filho. Não se esqueça de que estamos na véspera do fim do mundo. É parecido com o fim de um grande reino que o inimigo passa a ferro e fogo e tais catástrofes são sempre antecedidas e acompanhadas de vários horrores – observou Ebramar.

— Sim, sim, já por demais desconjuntaram-se nossos queridos contemporâneos. Nivara contou-me como eles renegaram Deus. Não há mais lugar para o altar do Criador e o símbolo da expiação já não preserva a humanidade. Significa que não há mais cristãos e a conseqüência desse estado de coisas é que todas as leis foram eliminadas, com exceção de uma – a lei do mais forte. Pela mesma razão, não há mais juízes nem prisões; qualquer delito ou ato cruel é tolerável e não é punido, pois eles são vistos como resultado da liberdade pessoal.

Guerras internas, vinganças cruéis, perseguições selvagens – são fenômenos normais. O sangue jorra, mas ninguém se importa com isso. Só não se mexe com fortes e poderosos por medo de represálias.

— A que belo mundinho teremos de ir – observou Dakhir.

— Sobraram alguns Estados, Repúblicas ou Impérios ou algo assim? Existem artes e algum tipo de templo? – indagou Dakhir, após um breve silêncio.

— Somente os templos de Satanás, nos quais o povo bestificado venera as suas paixões e vícios. Quanto às artes, essas são cultivadas, pelo visto, em suas formas mais baixas; o ideal dos artistas é a fealdade em todas as suas formas e a obscenidade que vai além dos limites do cinismo.

— A julgar pelo que você diz, foram eliminados todos os lugares sagrados – estremeceu Supramati.

— Certamente! Acabaram com todos os lugares sagrados onde os profanadores conseguiram penetrar – observou Narayana. – Mas, Nivara contou-me que ainda existem os arquicristãos, ainda que em número bastante reduzido. Eles são perseguidos feito criminosos e se escondem, mas são inspirados por uma excepcional e jubilante força de espírito. São pessoas de fé inabalável e coragem heróica e que conseguiram preservar da profanação diversos ícones maravilhosos e os santuários excepcionalmente venerados, que foram escondidos em cavernas inacessíveis. O segredo desses locais isolados é inviolável, apenas os crentes de verdade têm acesso para ali orarem e renovarem suas forças junto ao foco de luz e calor divinos.

— A propósito, Nivara relatou-me um caso surpreendente em Lourdes. É um local venerado em função de muitos milagres que lá ocorrem e que provocou um excepcional ódio por parte dos asseclas do anticristo. Finalmente, foi decidido acabar com a gruta sagrada e a fonte, sendo a primeira explodida e a última aterrada.

Para perpetrar tal profanação, um verdadeiro exército de ímpios dirigiu-se ao local, mas, no caminho, o céu cobriu-se de nuvens escuras, o calor tornou-se escaldante e o ar densificou-se a tal ponto que era difícil respirar. Seguiu-se um terremoto e um furacão terrificante; da terra brotaram correntes de lava que encobriram os atacantes; e, quando a tempestade se acalmou, todos viram que no local da antiga gruta havia um imenso lago e no meio dele erguia-se um solitário rochedo em forma de ilha. A água do lago ficou com sabor salgado e amargo, cheia de betume como no Mar Negro; o ar se tornou saturado de evaporações sulfúricas. Enfim, a área se transformou num deserto por todos evitado.

E eis que, certa vez, uma jovem pastora descobriu no rochedo uma galeria natural que descia no fundo do lago e levou-a à gruta da Virgem Santíssima, que escapou incólume de forma verdadeiramente inconcebível e como se tivesse sido transferida para lá por mão benfazeja. A fonte milagrosa continuava, como antes, pura como cristal, e jorrava pela areia.

Quando a notícia desse milagre se espalhou, os adeptos de Satanás quiseram tentar de novo acabar com o lugar sagrado, mas desistiram de sua intenção, pois vários deles ficaram asfixiados na galeria devido a gases venenosos.

Baixou o silêncio e Dakhir com Supramati mergulharam em pensamentos sombrios. Mas, Ebramar que os observava, para mudar o assunto, disse brincando:

— Bem, meus filhos, não sonhem, por enquanto, sobre as delícias de sua excursão. Logo vocês verão as pessoas, as coisas, a terra exaurida, cuja fertilidade é mantida apenas artificialmente por eletricidade – o que levará, também, ao golpe derradeiro e mortal.

— A propósito do derradeiro golpe. Será que você não poderia nos mostrar a frota aérea que nos levará ao nosso novo lar? Tenho conhecimento que as naves estão sendo construídas por hierofantes e magos superiores e estou ansioso por vê-las! – exclamou Narayana.

— A frota não está pronta totalmente, mas eu gostaria de convidá-los para verem aquilo que eu construí e que está quase pronto. Só temos de subir um pouco – respondeu Ebramar sorrindo.

— Oh, agradecemos, agradecemos! – Vamos com você até as esferas se for necessário! – exclamaram os três com tal entusiasmo que Ebramar desatou a rir.

— Vamos, amigos, eu lhes servirei um jantar na nossa nave de campanha.

Ele levou-os a um laboratório e abriu uma estreita portinhola, artificialmente camuflada de tal forma que era impossível suspeitar de sua existência. O laboratório dava na montanha e através de um pequeno corredor eles entraram numa pequena sala, esculpida dentro da rocha, no teto da qual subia um tubo escuro e embaixo dela havia um elevador. Quando todos os quatro entraram nele, Ebramar acionou os mecanismos e a máquina, com velocidade estonteante, partiu para cima. O elevador parou na plataforma de rochedo escarpado, onde se achava amarrado um barco espacial no qual os magos adentraram.

— Agora – disse Ebramar – nós vamos para onde nunca esteve um ser vivo ou mortal : à perdida e inacessível geleira.

Um minuto depois, o barco espacial estacionou numa imensa geleira, cercada por escuras e pontiagudas escarpas.

No meio desse vale, coberto de neve, como se afundado numa névoa alva, divisava-se um objeto comprido que brilhava sob a luz pálida do luar feito um cristal lapidado.

Olhando de perto, era uma imensa nave espacial de forma alongada, feita de um material fosforescente estranho e transparente, semelhante a um cristal. Na ponta da nave havia uma única entrada. Quando Ebramar acendeu as luzes, verificou-se que o seu interior era composto de três ambientes e numerosos camarotes, pequenos mas confortáveis, de luxuoso acabamento.

Em cada camarote havia uma janela, feita do mesmo material que a nave, não muito fino. A janela podia ser fechada por uma cortina, feita de um material tão flexível como o gás, mas impermeável como couro, o que foi demonstrado por Ebramar aos seus convidados. Em todos os lugares, nas salas e nas cabinas, havia suportes com largos vasos da mesma substância de cristal.

— Nos porões existem compartimentos para as necessárias provisões e coisas que os viajantes levarão consigo.

— E o que eles levarão consigo? – interessou-se Supramati.

— O que há de mais valioso, aquilo que está preservado nos laboratórios, bibliotecas herméticas e nas obras de arte para efeito de amostra. Tudo isso deverá ser levado, pois será necessário para erguer novos palácios de ciência e iniciação.

— Será que existe aparelhagem que possa levantar no ar todo esse peso colossal! – observou Supramati.

— Mais tarde eu lhe mostrarei, pois ainda não terminei a construção desses aparelhos que nos levarão, e você poderá convencer-se de que eles são capazes de levantar e carregar um peso praticamente ilimitado.

Por enquanto, a relação de tudo que deverá ser levado em cada nave está pronta para que não se esqueça de alguma coisa indispensável ou não se carregue a mesma coisa duas ou três vezes. No momento devido, quando todos os viajantes estiverem reunidos, esta porta se fechará hermeticamente e nós vamos respirar somente a essência original, que será acesa em todas as trípodes.

Assim conversando, eles entraram na nave, mas Dakhir pediu ainda mais explicações, enquanto Supramati parou para esperá-los e, baixando a cabeça, mergulhou em tristes pensamentos. Tudo que lhe restava de "humano" e "terreno" agitou-se naquele minuto e ele sentiu o coração apertado por uma angústia indescritível... Pois, no momento em que ele atravessasse pela última vez aquele limiar e atrás dele se fechasse a porta da nave espacial, desmoronar-se-ia, sob os seus pés, aquele mundo em que ele havia nascido, vindo desaparecer essa extraordinária obra do Criador, com o seu imenso e maravilhoso passado...

Nesse instante, ele sentiu no ombro uma mão e levantando a cabeça encontrou o olhar profundo de Ebramar, que com seu brilho luminoso penetrou nos seus olhos rendidos pela tristeza.

— Não encasquete, Supramati, e chame para auxiliálo a sensatez. Você é oprimido pelo porvir, porque você vai presenciar o fim do mundo pela primeira vez.

Mas chegará o tempo em que, como uma andorinha, você voará facilmente de um mundo para outro, de esfera a esfera, e vai se acostumar a assistir a morte de um planeta, como por exemplo, a morte de uma célula num organismo qualquer.

Aquilo que lhe parece agora tão importante e comovente nada é no grandioso Tudo do universo.

— Olhe – e ele levantou a mão – para a via láctea, onde se revolvem milhões de sóis com seus sistemas planetários. Os mundos pululam ali, feito poeira no raio solar; no entanto, em cada um desses átomos do espaço, nascem, vivem e morrem gerações humanas. Somente a nossa profunda ignorância, em todos os aspectos, e o egoísmo mesquinho ofuscam-nos.

Ficamos assustados e trememos, achando que acontecerá algo que possa revirar o universo. Na realidade não acontecerá nada disso: apenas se apagará um dos inúmeros átomos do grande infinito.

Supramati levantou a cabeça e admirou a abóbada celeste como que salpicada de ouro e brilhantes. Àquela altitude, o ar era excepcionalmente transparente e as estrelas, no azul-escuro do céu, luziam com brilho surpreendente.

Subitamente, de uma parte do céu, cintilou um feixe de faíscas que se espalhou como um foguete explodido. Por instantes, as faíscas brilharam com uma luz rubra, redemoinharam e apagaram-se.

Um enigmático sorriso apareceu nos lábios de Ebramar.

— Por um acaso, Supramati, teria você ouvido algum barulho ou estouro? Sentiu alguma coisa, ao menos um movimento do ar? Não?! No entanto, esse redemoinho faiscante indicou-nos o fim de um mundo, cuja existência nós presenciamos de longe.

— Sim, meu filho, a grandiosidade e a insignificância são conceitos relativos; nós somos grandes perante nossos próprios olhos. Uma formiga, talvez, também se considere "grande" acomodada no seu montículo aos pés de uma alta montanha e apenas compreenderá a sua nulidade no momento em que for subir ao topo da mesma. Assim somos nós – seres frágeis – poeirinha insignificante do espaço, apesar dos fachos dos magos que nos coroam. A única coisa de que a gente poderia se gabar, sem ficar vermelho, é que somos apenas úteis abelhas na grande colméia do Eterno.

Supramati baixou a cabeça e cobriu os olhos com a mão. Ele compreendeu que também tinha se considerado grande e poderoso, quando na sua testa se acendeu o terceiro facho; mas as palavras de Ebramar ceifaram o orgulho do mago e o reduziram a nada. Nesse instante, ele sentiu-se insignificante, um ignorante digno de dó. Será que conseguiria ele, um dia, as remotas e vagas alturas do conhecimento perfeito? A dúvida, a amargura e o desespero – três inimigos que ele sempre considerou vencidos – desabaram, subitamente, sobre ele.

— Cuidado, Supramati, e espante para longe tais fraquezas! Fique atento, pois o inimigo está próximo! – pronunciou com rigor Ebramar com sua voz sonora e, erguendo a mão sobre a cabeça de Supramati, aplicou-lhe um facho de luz prateada.

Supramati estremeceu, olhou em volta e viu uma figura negra que lhe apareceu por trás e que, em seguida, recuou e recostou-se na escarpa em anexo. Ali, aquela sombra negra, pareceu densificar-se, iluminada por aura purpúrea e, naquele fundo sanguinolento, desenhou-se nitidamente a alta figura de Sarmiel que se fechou em suas negras asas dentadas; em seu semblante característico, desfigurado naquele minuto com uma nítida decepção – lia-se ódio, inveja e hostilidade infernal.

— Veja, esse servo do caos até ousou aproximar-se de você – disse Ebramar. – Afaste-se e desapareça, criatura do inferno, que se atreveu a declarar guerra ao Todo-Poderoso. O Eterno somente o tolera na qualidade de uma pedra experimental para almas humanas, enquanto você ousou tentar inclusive o Filho de Deus e agora espreita o puro cultor do Bem.

A figura de Sarmiel começou a derreter e, por fim, com silvo horripilante desapareceu no redemoinho de fumaça, salpicada de chamas ígneas.

— Vê como o perigo ronda sempre próximo? O tentador diabólico espera por nosso menor descuido e, somente aquele que conseguir resistir diante dele, poderá continuar a sua ascensão à luz. Os fracos, entretanto, são levados por ele ao abismo das trevas. Nunca duvide de si, Supramati, nem deprecie as virtudes de seu espírito. Por mais mísera que seja a elevação do homem, ele já está a meio-caminho da ascensão. Toda boa ação, toda oração e trabalho espiritual para o bem do próximo, toda boa intenção, o desejo de melhorar e vencer "o carnal" no homem, serão os elos da corrente salvadora que o amarram à Divindade e, ao mesmo tempo, aproximam todos os fracos e humildes em nossa associação; enquanto esta luta pelo bem lhes dará o apoio e orientará esses seres na medida de suas forças espirituais.

Um poderá levantar somente uns quilos; um atleta levanta centenas, mas isso não tem importância – não se pode menosprezar nada. A cada um é dado o necessário, pois, se num determinado momento, faltarem-lhe forças, o próprio esforço e o mérito desse esforço tem o mesmo valor.

Você pessoalmente, Supramati, não tem motivos para a desesperança – acrescentou sério Ebramar. – A ambição é inerente a qualquer um, enquanto que a ambição nobre é um sentimento digno.

Diante de sua ambição abre-se um amplo campo de trabalho e ciência. Apoiado pela luz dos conhecimentos já adquiridos, você subirá pela escada mágica que leva ao santuário do conhecimento perfeito. Com o tempo você se tornará o gênio do planeta, o protetor de todo o sistema e governará sobre os caóticos elementos primários para deixá-los em harmonia e neles criar os mundos. Você pesquisará e dirigirá as forças cósmicas; governará sobre as falanges dos espíritos superiores; sua mente será capaz de apreender e julgar; sua vontade disciplinada manterá o equilíbrio das esferas e você se tornará um servo sensato da Sabedoria Suprema.

Como forma da derradeira provação, cabe-lhe, corajosamente, transpor a última barreira que o separa de seu Criador para compreendê-LO, finalmente, em toda a Sua grandeza e infinita sapiência... Será que isso não é suficiente para satisfazer e avaliar os conhecimentos por você adquiridos? Levante a cabeça, Supramati, e abra as suas asas espirituais. Nunca olhe para baixo; lá é abismo e nele o espreitam a dúvida e os equívocos. Olhe para as alturas luminosas e as suas asas o levarão ao infinito, onde reina a harmonia.

Supramati corou levemente, seus olhos brilharam e ele estendeu as mãos em direção a Ebramar.

— Agradeço-lhe, querido mestre, jamais esquecerei este momento. Suas palavras fortaleceram-me e fizeram compreender como sempre é próximo o terrível perigo que espreita até a alma de um mago preparado. Como devemos estar sempre alertas quanto ao hábil e insistente inimigo que nos persegue!

Ebramar apertou-lhe a mão e disse em tom alegre:

— Chega de pensamentos sérios. Vamos entrar na nave espacial, onde eu lhes prometi um jantar.

Ele os levou a uma das salas, onde eles se sentaram à mesa. Ebramar tirou do armário um cesto com torradas – excepcionalmente leves, saborosas e "muito nutritivas" – acrescentou ele. Depois das torradas, ele serviu legumes, assados em massa de farinha, e geléia de frutas que eles comeram tomando vinho.

Narayana voltou ao seu humor habitual de brejeirice e todos, mais alegres, conversaram animados e calmos sobre a grande viagem.

— Seus pratos são bem aéreos e nada maus, – disse ele rindo – ainda que não se possam comparar a um jantar com javalis assados que eu, certa vez, comi no palácio do rei Richard; e com toda a certeza estes não seriam aprovados por nenhuma das beldades daquela época. Mas, para uma viagem tão longa, não se pode estocar javalis.

— Tirando o fato de que os javalis não existem mais – disse rindo Dakhir.

— Bem, nós vamos achá-los em nosso novo lar. Eu prevejo que nós nos daremos bem lá. Assim que pousarmos, eu, imediatamente, ponho para trabalhar todo o nosso pessoal, que será salvo, confiscarei os rebanhos locais e construirei um palácio – decidiu Narayana.

— Que belo pastor você vai dar! Quanto a se dar bem, eu sei que você não vai falhar! – observou em tom levemente jocoso Ebramar.

— Oh, meu Deus! Temos que lhes dar alguma ocupação! Pois, se todos vão somente partir para comes-e-bebes e pairar em volta do novo planeta, cairão em pecado. Você mesmo me disse, centenas de vezes, que o ócio é a mãe de todos os pecados. E uma vez que lá não haverá nem teatros, nem restaurantes, nem jornais e nem divertimentos de alta roda – todos começarão a morrer de tédio e terão muito prazer em trabalhar.

— Claro, claro. Estou vendo que você vai ser um administrador exemplar, querido Narayana, e assim que você dividir o planeta em nações, sem falta faremos de você um rei.

— Agradeço, Ebramar, e espero corresponder à sua confiança. E, assim, sobre mim se formará uma lenda, tal qual sobre Rama ou Hermes, de que eu fora um exemplo de sabedoria e conhecimento, e que sob o seu cetro reinou o século de ouro – arrematou, brincando, Narayana.

— Tudo isso são sonhos remotos, – acrescentou ele, suspirando – agora me preocupa o presente. – Está chegando a hora de introduzirmo-nos na sociedade e eu nem sequer tenho a idéia de onde encomendar a roupa. Talvez não haja nem alfaiates e eu terei de costurar algo, porque nesta túnica, bonita para os magos, eu não me arriscarei a comparecer num salão.

— Acalme-se, ainda há alfaiates e Nivara foi incumbido de cuidar da toalete de vocês e vesti-los de forma que ninguém suspeite de sua origem – tranqüilizou Ebramar.

— Espero que a dama do século XX que nos deixou uma descrição tão completa de nossas pessoas não tenha predito que nós iríamos aparecer com a chegada do fim do mundo. Ela tem o péssimo hábito de ser por demais precisa em seus vaticínios – disse Supramati.

— Em todo o caso, é o nosso dever de cavaleiros verificar se ela não se reencarnará nesse momento crítico. Nesse caso, ela poderá descrever-nos como legisladores e gênios do novo planeta – acrescentou Dakhir.

Todos riram.

— Santo de casa não faz milagres. Assim, também, essa pobre dama. Pois, tivessem as pessoas acreditado nas suas profecias, teriam elas se corrigido e a humanidade não estaria agora na véspera do seu fim – observou Ebramar, levantando-se.

Eles saíram e quinze minutos após estavam no gabinete de Ebramar.

Lá, eles eram aguardados por Nivara que se lançou com entusiasmo para abraçar Supramati.

Supramati abraçou-o e agradeceu pelo carinho manifestado.

— É com alegria que eu vejo – acrescentou ele –

que você trabalhou espontaneamente e já deu um grande passo à frente.

Narayana prendeu, imediatamente, a atenção do jovem adepto e começou a indagá-lo sobre as vestimentas e os costumes modernos; e como Dakhir havia se sentado e ouvia com muita atenção a conversa, Ebramar levou Supramati ao seu laboratório.

Era uma ampla sala redonda com colunas, cheia de instrumentos estranhos de forma desconhecida.

Ebramar mostrou ao discípulo uma parte do equipamento que deveria levar ao espaço a nave com os emigrantes terrestres.

Após uma conversa animada, os sábios foram a uma sala escura em anexo, iluminada apenas por uma fraca luz azulada.

Esta sala, com um teto tão alto como de uma catedral, também era de aspecto inusitado. No meio dela havia uma enorme mesa de ouro maciço e sobre ela encontrava-se um aparelho cuja visão deixava a cabeça tonta.

Diante deles parecia estar um enorme mecanismo de relógio; pequenos discos de cristal ou de metal e rodinhas brilhantes de diversos tamanhos giravam velozmente e espargiam faíscas multicolores.

Longos e finos, como cabelo, ponteiros corriam pelos discos e, dos compridos tubos, alargados nas extremidades, saíam fitas fosforescentes, que se desenrolavam em espiral, subiam e desapareciam na escuridão da abóbada. Tudo isso resfolegava, rangia e tremia, enquanto pequenos martelos tilintavam o ritmo feito sininhos. Nas bordas da mesa havia uma série de botões coloridos que se ligavam através de fios elétricos ao mecanismo.

— Você já conhece, parcialmente, o mecanismo desse telégrafo, ainda que não o tenha visto em operação – disse Ebramar, mostrando ao seu discípulo os detalhes do aparelho e explicando o seu funcionamento.

— É com auxílio desta máquina que nós mantemos contato com os santuários de iniciação dos planetas do nosso sistema e conversamos com os hierofantes dos mundos remotos.

O princípio de funcionamento é idêntico ao telégrafo sem fio; basta saber controlar as ondas vibratórias e captar a direção desejada. Todos os santuários do nosso sistema se acham em permanente contato, pois uma mesma construção cósmica mantém entre nós o equilíbrio mútuo.

É totalmente desnecessário e até perigoso entregar este segredo às multidões. Se os profanos conhecessem os nossos recursos de comunicação com as humanidades vizinhas, por certo se tornariam valentes, sonhariam em conquistar os novos planetas e até intentariam apoderar-se de nossa frota espacial; em seguida, tomariam o nosso lugar na jornada – finalizou Ebramar com sorriso de bonomia.

— Você está certo, mestre. Os antigos hierofantes tinham razões sólidas para cercar de segredo a sua ciência. As terríveis forças dos elementos da natureza em mãos despreparadas trazem mais o mal que o bem; a enormidade das descobertas, mal empregadas ou empregadas para o mal, foi justamente o que contribuiu para a devastação do nosso planeta bem antes do prazo para ele estabelecido – disse suspirando Supramati.

— Diga-me, mestre, – acrescentou ele um minuto depois – teremos nós a permissão de utilizar lá os nossos conhecimentos para arrumar a nossa vida, parecida com a atual?

— Sem dúvida. Para o nosso trabalho e estudos devemos ter um abrigo calmo e confortável; mas nós, naturalmente, não abusaremos de nossa ciência e a envolveremos, como de hábito, por um segredo impenetrável.

Capítulo VIII

Uma hora mais tarde Supramati conversava em seu quarto com Nivara, o qual abriu sobre a mesa uma grande cesta com roupas, colocando-as sobre o sofá.

— Está claro que você quer me enfeitar pessoalmente, caro Nivara. Francamente, a necessidade de trocar a minha túnica branca, leve e confortável, por esta ridícula roupa moderna é praticamente um castigo – observou Supramati.

— Sim. Eu considero uma honra servi-lo e com prazer serei seu secretário, meu caro mestre, enquanto que o adepto mais novo, designado para você, poderá ser o meu auxiliar – disse Nivara olhando-o, afavelmente, com seus olhos brilhantes e alegres. Supramati levantou-se e apertou-lhe a mão.

— Bem, vamos vestir a fantasia. Vejo que já abriu a sua loja – acrescentou, rindo.

— Primeiramente a malha de seda negra, a peça principal do vestuário, já que não se usam mais camisas. Não tema, a malha não vai desbotar, pois é de primeira qualidade; entretanto imaginei que você poderia não se sentir bem vestido de negro e trouxe também uma malha de cor branca, muito fina, que não irá constrangê-lo.

— Agradeço, você antecipou-se ao meu desejo. Confesso que não me apraz esta "pele negra" – respondeu Supramati vestindo a malha.

— E aqui estão as botas. Atualmente elas não são feitas de couro; os rebanhos de gado são muito raros para calçar toda a humanidade, mas veja que ótima imitação – resistente e elegante.

Supramati calçou as botas e fechou o largo cinto de couro; Nivara fez um grande laço com o cachecol de seda em seu pescoço e passou-lhe um chapéu de abas longas, uma carteira e um relógio, preso a uma corrente de ouro e guardado no bolso da cintura. Em seguida, Nivara vestiu-o com uma sobrecasaca sem mangas, feita de um tecido negro, muito macio, fino e brilhante como cetim; o forro, bastante espesso, parecia veludo. Não possuía colarinho, nem punhos.

— E quanto aos meus cabelos? Será que o corte "à la girafe" já saiu de moda? – perguntou Supramati, curioso.

— Oh! Há muito tempo. Agora usam cabelos soltos, sem preocupar-se com seu tamanho; somente os homens é que deixam os cabelos crescerem até os ombros. Seu corte estará de acordo com a moda.

Supramati foi até um grande espelho e mirou-se curioso se estranhando. A vestimenta não lhe agradou; tinha algo de excêntrico e impudente devido às suas linhas bem soltas. Mesmo assim, Supramati estava muito bem; a malha realçava a sua alta e esbelta figura, conquanto as espessas mechas de cabelo escuro lhe dessem um ar juvenil. É claro que nenhum simples mortal poderia desconfiar que aquele homem bonito e jovem, com olhar flamejante, era um mago de três fachos de luz, em cujos ombros repousavam tantos séculos. Entretanto, um observador mais atento e, principalmente, mais sensível, perceberia que nas profundezas daqueles olhos claros se escondia algo que fazia daquele homem um ser totalmente diferente dos outros seres mortais.

Supramati estava experimentando o chapéu, quando entraram Narayana e Dakhir vestidos como ele, acompanhados por Niebo e três jovens adeptos de escalão inferior, designados para serem secretários, ajudantes ou mensageiros dos magos. Narayana estava bem alegre. Exibia-se e fazia palhaçadas com a sua vestimenta extremamente apertada e os grandes olhos brilhavam com malícia e jactância. Ele apresentou os três adeptos a Supramati, explicando que cada um daqueles belos jovens tinha, no máximo, duzentos anos de idade.

— São ainda crianças. E agora, vamos despedir-nos rapidamente de Ebramar e partir. Precisamos apressar-nos para chegar à estação antes da partida do trem – disse ele.

— Então voltaram a utilizar as estradas de ferro?

— Não, Vossa Alteza, – apressou-se em responder um dos jovens secretários. – Agora utilizamos os rapidíssimos e confortáveis trens aéreos.

Após se despedirem rápida e efusivamente de Ebramar, os magos e a sua corte tomaram o trem aéreo e logo adormeceram com o sono dos mortais.

Quando foram acordados, o dia já raiava. Mal acabaram de se lavar, o trem parou perto de um enorme e estranho edifício, feito inteiramente de metal e vidro.

Era uma série de maciças torres quadrangulares, com altura equivalente à da torre Eiffel, separadas por grandes vãos.

Em seu interior havia elevadores para viajantes e bagagem, restaurantes, bilheterias etc. Tudo funcionava automaticamente e pouco interessava aos nossos magos.

Os topos das torres eram interligados por uma enorme ponte metálica, que era um atracadouro junto ao qual, amarrado por pontes aéreas, balançava no ar algo parecido com uma enorme serpente.

De fato, o trem aéreo parecia uma serpente. Tinha-se a impressão de que a cabeça escancarava uma goela gigantesca em cujo interior rugia, soltando faíscas, um enorme aparelho elétrico; sob o ventre do monstro aéreo, localizavam-se centenas de esferas e no dorso destacava-se uma espécie de asas móveis, transparentes.

Os nossos viajantes, liderados por Nivara, embarcaram no trem por meio de uma das pontes de acesso e examinaram-no rapidamente antes de ocuparem suas cabines.

O corredor que atravessava os vagões – se assim pudermos chamá-los – era suficientemente largo para instalar, em certas partes, prateleiras com livros e, em outras, bares.

As cabines pequenas, de dois ou quatro lugares, eram baratas. As mais caras possuíam dois cômodos: sala e dormitório, mais ou menos amplos. E foi uma dessas, de dimensões maiores, que ocuparam Dakhir, Supramati e Narayana.

O local tinha todas as comodidades e luxo refinado.

— No geral, não está nada mal. Mas aconselho-os, amigos, a saírem para o corredor e darem uma olhada nas toaletes femininas – propôs Narayana, após examinar tudo com ar de especialista no assunto.

Dakhir e Supramati não conseguiram conter as gargalhadas e sugeriram que ele chamasse Nivara para servir-lhes de guia nesse passeio, mas Narayana não quis nem ouvi-los e arrastou todos quase à força.

Parando junto ao bar, eles viram aproximarem-se duas mulheres que, com a ajuda de uma máquina automática, encheram seus copos com um líquido gasoso, parecido com água gaseificada.

Ambas eram jovens e bonitas, mas Supramati achou seus trajes indecentes e deselegantes.

Uma delas, morena alta, de olhos negros, usava uma malha rósea, dando a impressão de que ela estava nua, e por cima da malha vestia algo parecido com um quimono com largas mangas, feito de um tecido cor-de-rosa com bordados prateados e forro branco. Sobre os cabelos negros, maravilhosamente penteados, havia uma boina de veludo cor-de-rosa com um fecho de brilhante.

A outra, lourinha de porte médio, vestia uma malha preta e um quimono também negro com forro azul. Uma boina azul com flores brancas cobria-lhe a cabeça.

— Também não está mal, mas, sinceramente, um pouco exagerado – observou Narayana com leve ironia, depois que as viajantes se afastaram.

— Pois é. Os vestidos antigos já não se usam mais – disse Nivara, quando todos voltavam à cabine.

— Não me diga que também as velhas usam estas ridículas e asquerosas roupas? – perguntou Supramati, sentando-se junto à janela.

— Que velhas? Já não existem mais velhas nem velhos: a ciência eliminou totalmente a velhice. Um dos últimos inventos tornou desnecessários os dentes artificiais. Assim que um dente cai, nasce outro em seu lugar...

— Da mesma forma funcionam os banhos elétricos, com diversos tipos de massagens que eliminam as rugas. Quanto aos cabelos, esses também são cultivados como grama e na cor preferida – explicou Nivara.

— Diabos! Estas pessoas estão em melhores condições do que nós. Eles aproveitam sua juventude eterna sem o fardo da imortalidade! – exclamou em gargalhadas Dakhir.

— Mas também há o reverso da medalha. Toda essa falsa mocidade artificial e ultra-intelectual é fraca, débil e nervosa, sujeita a graves doenças. De modo geral, esta é uma geração condenada – respondeu Nivara suspirando.

— Que pena! Tempos difíceis para a pobre humanidade! – observou Supramati. – E poderia ser diferente num mundo sem Deus, sem Igreja, sem leis, sem verdade; num mundo onde reina somente o culto ao "animal"? Aliás, Nivara, Narayana descreveu-nos o milagre de Lourdes e disse que ainda restaram alguns cristãos, em outras palavras, crentes. Serão muitos?

— Oh, não, são muito poucos; os cristãos formam uma seita muito pobre e perseguida. Eles vivem em lugares isolados, devastados por terremotos, em ilhas abandonadas ou em lugares subterrâneos; em outras palavras, praticamente em desertos, onde os "boas-vidas" da nossa época sequer ficariam um dia. Eles se estabelecem em lugares próximos aos antigos locais sagrados ou perto de esconderijos onde se guardam relíquias ou ícones milagrosos e muito venerados.

— Nivara, poderia nos contar sobre outros locais sagrados que ainda sobraram além de Lourdes? – perguntou Dakhir.

— Conservou-se, graças a um milagre ainda maior que o de Lourdes, o templo do Santo Sepulcro. Devo descrever-lhes este evento extremamente interessante. Vocês sabem que um local sagrado que acumula durante centenas de anos emissões de preces provoca um profundo ódio nos satanistas. Essa fonte de, diríamos, luz e calor, que renovou e fortaleceu tantas almas, não lhes dava sossego; as conversões à fé em Deus que ali ocorriam deixavam-nos totalmente enlouquecidos. E uma dessas conversões, particularmente brilhante, aconteceu com um arrependido, justamente de suas próprias fileiras. Essa foi, diria, a gota d'água.

Na reunião dos chefes luciferinos com os descrentes tanto em Deus como em Satanás, os últimos foram convencidos de que aquele ninho dos fanáticos" estava contaminando as mentes com "obscurantismo". Ficou decidido então, por unanimidade, explodir o templo e o Sagrado Sepulcro, proferindo-se na reunião toda espécie de sacrilégios e blasfêmias, impossíveis de serem repetidas.

Resumindo, o plano criminoso teve muitos partidários. Um exército armado de bombas e outros meios de destruição, entoando canções sacrílegas, à maneira dos cantos sagrados, avançou sobre Jerusalém.

À medida que se aproximavam do local, aumentava a excitação da turba bestificada. À frente da procissão era carregada a estátua de Bafomé(3), enquanto a *Rainha do Sabbat* executava uma dança despudorada; isto porque, antes de destruir o local sagrado, eles pretendiam profaná-lo, realizando ali o seu *sabbat* satânico.

A notícia da aproximação dessa tropa satânica chegou a Jerusalém, deixando os crentes horrorizados e atônitos. Eles estavam reunidos, num número relativamente grande, preparando-se para comemorar a Páscoa – um costume secular. Todos tinham uma noção perfeita por que os sacrílegos haviam escolhido, propositadamente, a santa noite para tomar e destruir o templo. Naquela época, o bispo de Jerusalém era um ancião de grande ascetismo, fervor religioso e coragem heróica.

O anúncio do perigo iminente não perturbou a coragem e a firmeza do seu espírito. Após passar a noite em preces junto ao sepulcro de Cristo, ele chamou os fiéis e, com discurso eloqüente, convenceu-os a não se acovarda-

---

(3) Para uns, teria sido o "talismã mundial do dinheiro"; no Oriente Médio (que o recebeu dos mongóis), se relacionaria com o mito do "mundo subterrâneo"; para outros, é um dos arcanos da Ordem do Templo (por coincidência, os templários se transformaram em banqueiros, após os insucessos das Cruzadas!). Acredita-se também que poderia ser a corruptela de "Maomé" – pois esse profeta representava o diabo na mentalidade medieval, e o Bafomé, um símbolo diabólico. A maioria dos esoteristas, contudo, considerou o Bafomé sob um ângulo satânico, mas não pejorativo. (Planeta Especial. Ed. Três – pg. 15) N.R.

rem nem fugirem, defendendo o lugar sagrado na medida das suas forças e deixando o resto à vontade Divina.

Suas palavras surtiram o efeito desejado e uma sensação de entusiasmo tomou conta dos devotos. Eles sabiam que pagariam com a vida pela fidelidade ao Salvador, mas seu entusiasmo não diminuía com isso. Ajoelhados e com velas acesas nas mãos, todos entoaram em coro o hino da ressurreição. Sua fé era tão ardente e o clamor a Deus, pedindo ajuda e apoio, era tão forte – que a prece conjunta se elevou feito coluna de fogo e transformou-se numa nuvem radiante sobre o templo.

Todo o templo cintilava com luz astral, mas os fiéis, mergulhados em prece, não se davam conta disso; menos ainda os satanistas, que não perceberam a imensa força invisível que se concentrou sobre o lugar sagrado que eles tencionavam destruir.

Enfim, a horda diabólica chegou perto do templo e seus gritos e cantos indecentes já se ouviam de longe. Nesse momento, os fiéis entoaram "Cristo ressuscitou!" e o casto bispo, empunhando o crucifixo e elevando os olhos para o céu rezava com fé extasiada.

E, no instante em que a *Rainha do Sabbat* com Bafomé carregado ia entrando no pátio do templo, o céu pareceu incendiar-se, a terra tremeu e abriu-se, formando enormes fendas que expeliam chamas e fumaça. Dizem que foi algo horrível; os tremores subterrâneos, alternados com o rolar do trovão, foram uma coisa inédita. A armada satânica foi literalmente engolida pelo abismo, que se abriu abaixo dela; a montanha, sobre a qual estava Jerusalém, parecia desmoronar.

O dia seguinte iluminou o horrível quadro da ira divina.

No local, onde se elevava a montanha com Jerusalém, surgiu um profundo vale, cercado de rochedos negros e desfiladeiros. A grande e exuberante cidade foi completamente destruída pelo terremoto, e os arredores, antes cheios de vegetação reduzida a cinzas, transformaram-se num deserto inóspito e estéril.

Entretanto, o mais interessante é que os rochedos, durante a catástrofe, formaram uma espécie de parede que salvaguardava e protegia a parte do templo onde se localizava o Santo Sepulcro; parecia que todo o templo havia descido junto com a terra e, descontando pequenos estragos, ele parecia nada ter sofrido.

Os fiéis que estavam no seu interior ficaram desacordados durante a catástrofe ao desfalecerem, como que asfixiados, voltando a si somente algumas horas depois.

Entre esses estava também o velho bispo que – nem bem recuperara as forças – rezou uma missa de ação de graças. A partir de então, naquele inóspito vale reúnem-se os cristãos remanescentes. Lá existem duas pequenas comunidades secretas, uma masculina e outra feminina – que passam a vida em jejum e preces, sem se atreverem, entretanto, a sair do vale ou dos limites dos muros da igreja, visto o lugar ser evitado e temido pelos cultores de Lúcifer.

— Isso significa que o mal está profundamente enraizado, já que nem a evidente demonstração do poder e proteção Divina conseguiu converter os infiéis e não os levou ao arrependimento – observou Supramati, agradecendo a Nivara pela interessante narrativa.

Pela conversa que se seguiu, eles souberam que iam para Csargrado; em seguida, Dakhir, alegando cansaço, retirou-se para o seu alojamento.

Supramati, entretanto, segurou Nivara e Narayana para continuarem a conversa sobre o passado e o futuro.

Antes do início da pregação, Supramati pretendia visitar todos os lugares onde habitavam os remanescentes fiéis a Deus. Antes disso, todos os magos deveriam comparecer à reunião do Conselho Geral, onde se reuniriam também os iniciados, designados para o trabalho naquela época difícil.

Os magos não alimentavam muitas esperanças, sabendo que a luta seria árdua e desgastante, pois os satanistas, convictos de sua impunidade, sequer desconfiavam do fim próximo do planeta. As recentes grandes descobertas suscitaram na humanidade um orgulho desmedido e os espíritos das trevas, ao apoderarem-se das massas, acenavam-lhes com as esperanças de maiores conquistas. No seu entender, a vida deveria ser uma festa total e infinita, não podendo ser estragada seja por velhice, seja por doença ou morte.

Ofuscado pelo próprio orgulho e pela louca sede dos prazeres, o rebanho humano usufruía das benesses à beira do abismo, sem suspeitar de que aqueles que o incitavam para a prática de delitos, blasfêmias e sacrilégios, passariam, antes do tempo, por colossais hecatombes que o fim do mundo lhes preparava. Quanta carne humana palpitante, quanto sangue fumegante, quanto fluido vital serviriam de repasto para as vis hienas do espaço que se alimentam de carniça!

Narayana fez uma observação a propósito e Nivara exclamou:

— Ah, como somos felizes! Que recompensa de incalculável valor receberemos pelo nosso trabalho: a possibilidade de nos transferirmos para um novo mundo e conseguirmos um final feliz para a luz da esfera superior em vez de suportarmos um terrível castigo e nos tornarmos presas dos vampiros do inferno!

— Sim – respondeu Supramati. – A misericórdia do Criador é feito a Sua sabedoria e para Lhe demonstrarmos o quanto estamos agradecidos, devemos trabalhar bem e salvar os filhos de Cristo, ratificando a parábola sobre as sete virgens sábias e as sete virgens néscias. Esta parábola se encaixa perfeitamente nos dias de hoje. As virgens sábias suportaram estoicamente as provações; seu amor a Deus não enfraqueceu e elas, resignadamente, esperaram o Juízo Final, enquanto que a fé e a prece, tal qual lamparinas sempre acesas, iluminam suas almas. Já as virgens néscias esqueceram-se de sua origem divina, renegaram seu Criador e foram envoltas pelas trevas; elas apagaram a chama celestial que conduz a Deus e ilumina o espinhoso caminho da ascensão. Pobres cegas! Que terrível castigo as espera, sem que alguma luz ilumine suas almas durante o terrível caos iminente – completou o mago, com tristeza.

A conversa prosseguiu por algum tempo sobre o mesmo tema. Narayana, sentindo que o compartimento estava abafado, lamentou que não fosse possível abrir a janela.

— No fim do trem, perto das máquinas, existe um pequeno balcão coberto e eu posso levá-lo até lá – propôs Nivara.

Logo os três estavam num estreito corredor em frente a uma larga e escancarada janela, em cujo parapeito se encostaram.

Era necessário ter uma cabeça resistente para não sentir vertigens ao olhar para fora, pois até onde se podia enxergar, nada se via além do céu e um oceano de nuvens que cobriam a Terra. Mas os imortais não conheciam o medo nem vertigens; tranqüilos e curiosos apreciavam a vista realmente empolgante que se abria diante deles.

Em todas as direções cruzavam-se naves e trens aéreos, parecendo imensos monstros serpenteando, agitando o ar com ruídos e apitos e a multidão, que se aglomerava no interior daquelas serpentes negras, amarelas ou verdes, entregava, cegamente, seu destino aos geniais mecanismos e à maestria dos mecânicos, como outrora se entregava à vontade divina.

— Que enorme passo deram as descobertas desde o tempo da nossa última excursão ao mundo! – admirou-se Supramati.

— Oh! O senhor ainda pouco viu dos inventos "milagrosos". Pode-se dizer, com toda certeza, que o homem submeteu e colocou a seu serviço todos os elementos da natureza.

A mente está apurada, enquanto que a alma divina se acha subjugada e a carne comemora a vitória; ela é senhora de tudo: reduziu o trabalho ao mínimo, nivelou o senhorio ao servo e escravizou as forças da natureza – explicou Nivara.

— Pois é. E no momento em que eles forem comemorar, considerando-se os senhores dos elementos da natureza, a caldeira trincará e contra eles se levantarão os mesmos servos com os quais eles pretendiam controlar Deus – observou ironicamente Narayana.

Após respirarem o ar fresco e frio, eles voltaram à cabine, retomando-se o assunto da permanência deles em Czargrado.

— E você, Nivara, para onde gostaria que nós o mandássemos trabalhar? Não teria preferência por um país ou povo que você quisesse salvar e proteger? – perguntou Supramati sorrindo com bonomia.

— Não, mestre, para mim a Terra toda é repugnante e os meus seres prediletos estarão melhor sob sua tutela. Por isso, meu único desejo é permanecer como seu discípulo e executivo – respondeu o jovem adepto, fitando-o com seus olhos brilhantes e gratos.

Czargrado ainda existia. Graças à sua localização inigualável, a cidade sobreviveu a todas as catástrofes que a atingiram durante os últimos séculos.

Obviamente estava mudada. Expandiu-se e adquiriu feições modernas, mas o antigo palácio de Supramati ainda resistia em pé, milagrosamente conservado apesar da idade.

Servindo por séculos de refúgio, primeiramente às vítimas do terremoto, seguido de inundação que arrasou metade da cidade e, depois, como abrigo para viúvas e órfãos. Mais tarde, quando a beneficência começou a sair de moda cada vez mais, nele foi instalado um museu pornográfico que foi destruído por um incêndio alguns dias após a sua inauguração.

Passado algum tempo, o imóvel foi comprado por um estrangeiro que lá realizou as reformas necessárias, mas que raramente residia no palácio. Aos poucos, o ponto chique de diversão da cidade mudou de local e o antigo palácio de Supramati permaneceu isolado, sem chamar mais a atenção. Os proprietários, aparentemente, não queriam alugar ou reconstruí-lo.

De repente, correu o boato de que o palácio foi comprado por um príncipe indiano, chamado Supramati, o qual, pelo visto, pretendia fixar ali a sua residência, pois o imóvel começou a sofrer obras de recuperação. Vieram alguns forasteiros, homens de tez escura, sob cuja supervisão foi feito um luxuoso mobiliário das dependências do palácio e a recuperação dos jardins. Novamente funcionaram os chafarizes, as jardineiras cobriram-se de flores e, em meio à vegetação, apareceram estátuas. Resumindo, o velho palácio ressuscitou, enfeitou-se e seu luxo passou a despertar a curiosidade da massa ociosa e bem alimentada que se interessava somente pelos assuntos alheios.

Certo dia, correu a notícia de que o proprietário havia chegado, sem ser notado, para grande decepção dos curiosos, num simples trem aéreo, acompanhado por um irmão e um primo; os boatos diziam que os três príncipes indianos eram jovens, de boa aparência e ricos – verdadeiros bilionários. Junto com eles vieram seus amigos e um séquito, formado por administradores de imensas propriedades e por três secretários.

A multidão de basbaques ficou ainda mais decepcionada quando soube que os estrangeiros não apareciam em nenhum lugar nem saíam fora dos muros do palácio, podendo ser vistos só quando saíam para passear.

Realmente, os magos evitavam, por enquanto, aparecer na sociedade, esforçando-se no estudo da língua cosmopolita, da história, costumes e quadro geral da humanidade daquela época em que deveriam iniciar o cumprimento de sua difícil missão.

O panorama que se abria diante deles, tanto do passado como do presente, deixava muito a desejar. Em alguns séculos, que se escoaram imperceptivelmente em paralelo com a sua estranha e misteriosa vida, o mundo sofreu terríveis comoções e as revoluções geológicas alteraram consideravelmente a sua geografia em alguns lugares. As transformações políticas foram ainda mais horríveis e funestas, abalando até os alicerces da sociedade.

O mal semeado generosamente e com requinte entre as massas humanas por judeus e anticristos trouxe seus frutos. Por todos os lugares se desencadeavam terríveis revoluções, solapando os costumes e arrasando tudo que ainda sobrava dos antigos preceitos que ditavam o modo de vida da humanidade. Essa devastadora crise gerou uma nova sociedade que teria sido incompreensível e repulsiva para as gerações passadas.

As alegações de falso humanitarismo destruíram todas as punições e tornaram ociosa toda a instituição de direito, com toda sua montanha de leis flexíveis, obscuras para a massa. Tudo isso não era apenas a conseqüência da ilimitada e desenfreada "liberdade de consciência", que aos poucos destronou qualquer noção de religião; já não existiam nem cadeias, Deus, nem igrejas, onde eram pregadas as "desconfortáveis" leis para as massas. Ninguém reconhecia as obrigações mútuas e cada um vivia como bem entendia, fazendo sua própria autocrítica de acordo com seus instintos animais.

Já não existiam fronteiras, exércitos e nacionalidades; formou-se um único rebanho humano, dirigido por administrações municipais comunitárias que, aliás, possuíam pouquíssima autoridade.

A população reduziu-se a um nível ameaçador, já que as mulheres se negavam a assumir as responsabilidades maternas e famílias com dois filhos eram uma raridade.

As mudanças no modo de vida não eram menores. As invenções científicas e industriais transformaram, por fim, não só a aparência da superfície terrestre, mas também os costumes, caráter, necessidades, manias e o modo de vida do formigueiro humano, eliminando praticamente o trabalho individual. Já não havia trabalhadores, restando somente os especialistas que recebiam enormes salários para trabalharem nas máquinas ou dirigirem naves espaciais.

Mas, com menos trabalho, aumentava o ócio que aos poucos se tornou uma instituição das massas. A máxima dos romanos do período da decadência "Pão e circo!" ressurgiu em proporções gigantescas; todos almejavam gozar a vida, sem freio ou descanso; e como este tipo de vida de orgias custava caro, lançava-se mão, abertamente, das mais descaradas falcatruas, sendo que por um pouco de ouro qualquer meio, indistintamente, era bom e legal.

É compreensível que em tal sociedade, consumida em vícios, vadiagem e "civilização" em franca decadência, qualquer esforço mental ficava difícil. As massas humanas eram de uma ignorância crassa que se escondia atrás de uma camada de suposta educação.

E – que estranha situação – talvez por força da lei do atavismo, o secular trabalho intelectual desta humanidade em extinção por vezes se cristalizava e, dentre a multidão ignara e insolente, surgiam pessoas geniais, as quais realizavam descobertas magníficas e com isso provocavam verdadeiras revoluções. Contudo, infelizmente, essas cabeças prodigiosas eram dirigidas com precisão pelo espírito canhoto, e tudo por eles inventado propiciava, sobretudo, para o aumento do poder maligno, a disseminação dos vícios, preguiça e sórdidas paixões.

O parasitismo, que servia de base a toda a organização social, alterou também o sistema de educação. Não havia escolas, a não ser as de primeiro grau e "cursos" especializados nos quais a juventude se formava nas matérias escolhidas e ensinadas superficialmente, isso porque, por letargia, a maioria recusava-se a trabalhar intelectualmente e com seriedade.

Restaram somente algumas instituições, onde se reuniam mentes seletas e dali surgiam grandes invenções, diabólicos mas geniais cientistas ou especialistas dignos desse nome, que supervisionavam a construção e o funcionamento de máquinas complexas. Mas esses eram minoria e todos tinham um alto conceito em sua localidade. Já a multidão se divertia com as ciências, por esporte, e ficava satisfeita com o estudo superficial de conhecimentos básicos. Satisfazia-se com a língua internacional, com a qual podia dar a volta ao mundo e ser entendida de ponta a ponta, enquanto que aqueles que ainda estudavam lingüística eram motivo de risos e considerados retardados ou maníacos.

Junto com a queda do nível moral e intelectual, começou a decadência da arte e literatura. A primeira produzia somente péssimas imitações de antigas obras de arte, adaptando-as ao gosto cínico da época e, a segunda, ainda mais miserável, limitava-se à leitura de jornais com as últimas fofocas sobre os acontecimentos diários e escândalos picantes; ninguém mais dispunha de tempo nem de vontade para ler as grandes obras. As pessoas gracejavam, curtiam a vida e divertiam-se à beira do abismo. Era um verdadeiro idílio pastoral, faltando somente – a inocência.

Para preencher a necessidade de diversão e encontrar

um substituto para a antiga literatura e leitura apelava-se para teatros. Estes multiplicaram-se tanto, que cada rua tinha o seu. Os cinemas também proliferaram como nunca. E, como sempre, eles refletiam os costumes da época. Mas a verdadeira arte dramática desapareceu; estavam na moda somente farsas grosseiras e "vaudevilles", nos quais o cinismo era levado ao absurdo e representá-las não exigia nenhum esforço dos artistas, o que era o primordial. O público rompia em gargalhadas, "matando" assim algumas horas – o que era também o primordial...

A vida transcorria em teatros, restaurantes ou templos satânicos, onde a franca depravação triunfava sobeja em incríveis orgias. Contaminadas pela gangrena da moral, as engenhosas mentes daquele tempo inventavam e procuravam paixões cada vez mais agudas, pervertidas e enervantes, isto porque os delinqüentes científicos dirigiam a humanidade. Forças malignas do ocultismo eram estudadas e aplicadas – onde somente o inferno o faria. As pessoas que perderam Deus, privadas do auxílio celeste do seu Criador, afundavam cada vez mais no mal, que os levava à morte. E então, às cegas, distraídas e desencaminhadas multidões de crias de Satanás dirigiam-se para os templos diabólicos.

E não pensem os leitores que o autor escreva isso sob a influência de algum pesadelo infernal. Se olharem de maneira crítica e fria em sua volta, perceberão claramente os embriões de todos os horrores que irão brotar profusamente no porvir. Arme-se de microscópio e bisturi, meu pensador consciente e imparcial, e sobre o verniz enganador da nossa "brilhante civilização" você encontrará os funestos embriões do fratricídio, ateísmo fanático e ócio – esse monstro que a sabedoria popular chamou, apropriadamente, de "mãe de todos os vícios e pecados".

A redução, a qualquer preço, da jornada de trabalho junto com o aumento de salários já não se tornaram palavras de ordem das massas e o objetivo dos homens em tentarem alcançá-los por todos os meios, lícitos ou não? A ociosidade que tomou conta da juventude atual levando-a a vaguear em passeatas para escapar de estudos sérios, que se espalhou, feito uma epidemia de tifo, constituiu-se naquele solo fértil sobre o qual crescerá e florescerá o grande contestador. Este conduzirá as almas ao sofrimento, a uma longa expiação e à destruição do planeta.

Nosso mundo, enfim, é minúsculo. É somente um grão imperceptível de um todo – um átomo no infinito plano do Universo. Grande é somente a idéia do mal que se manifesta em toda a sua plenitude nessa célula contaminada do corpo celestial.

Esta história, aliás, não é nova. Antes e depois de nós, nos mundos extintos e nos de futuro, aconteceu, acontece e acontecerá a mesma tragédia infernal das almas desencaminhadas, enganadas, tragadas pela voragem do sofrimento contínuo, com a expiação tão dura e amarga quanto mais revoltante for o pecado.

A compreensão das antigas tradições ficou obscura ou perdeu-se ao longo dos séculos; esta, por exemplo, é a lenda sobre o pecado original, que possui um profundo e místico sentido: a tentação através da devassidão, o inferno que incute no homem a insubmissão, que lhe promete conhecimentos fáceis e ciência maldita que aniquila as almas banindo-as do Paraíso, isto é, priva-as da ordem, paz e proteção divinas. E os homens, proscritos para um mundo de desgraças e sofrimentos, transformam-se em servidores do inferno, que os incita e atormenta ininterruptamente com desejos impuros e ensandecidos de ímpetos de praticar o mal sem trégua.

Para finalizar a descrição da sociedade na qual os magos terão de aparecer para cumprir sua difícil missão, resta sublinhar uma faceta, ainda que insignificante diante do quadro geral, mas que possui a sua curiosidade.

Quando explodiu a primeira das revoluções "niveladoras", a plebe, conquistando o poder, satisfez sua cobiça secular e o ódio reprimido, arrasando tudo o que lhe parecia privilégio nato, posição social e até riqueza.

Entretanto, sendo a igualdade absoluta nada mais do que uma utopia inatingível, que nunca poderá ser realizada por nenhuma arqui-revolução, o mal amainou a tempestade política e a sociedade rapidamente se transformou, ressurgindo daí, mas com cara nova, um velho princípio – a vaidade.

Se bem que já não existia mais a hierarquia serviçal com suas patentes e títulos honoríficos, com condecorações, nobreza ou quaisquer privilégios, mesmo assim, – oh! que cruel ironia! – existiam títulos de nobreza.

Isso aconteceu da seguinte forma. Quando tudo se acalmou, ressurgiram os ricos e os pobres e a vaidade apressou-se em compensar as antigas diferenciações: as luxuosas cruzes e magníficas fitas de condecoração que antes adornavam com tanta graça os peitos e as abotoaduras das pessoas ilustres. Recuperar tudo aquilo era difícil e arriscado, mas restava ainda uma antiqüíssima distinção, esquecida e sem dono. Essa distinção podia ser usada sem menor perigo, devido ao fato de que a liberdade de escolher um nome era ilimitada, permitindo-se trocá-lo, alterá-lo, etc, a seu bel-prazer. Os descendentes de antigas famílias nobres foram os primeiros a se arriscar voltando a ser condes e marqueses, surgindo depois tantos imitadores que nem no auge do feudalismo havia tantos "condes", "príncipes" e "barões" como nesta sociedade democrática de diferentes calibres, onde qualquer um que tivesse vontade podia autonomear-se com um título de nobreza que não lhe dava nenhum direito, mas que soava muito bem...

Por várias vezes, um triste sorriso percorreu as faces de Dakhir e Supramati quando, ao estudarem os documentos, abriam-se diante deles quadros semelhantes aos que descrevemos resumidamente; já Narayana dava sonoras gargalhadas ao ler aos amigos os engraçadíssimos episódios do passado, sobretudo a história do renascimento dos títulos de nobreza.

— Pelo jeito, não vamos receber muitas honrarias, já que atualmente ser príncipe é tão comum, quanto antigamente era ser carregador – acrescentou ele, enxugando as lágrimas de tanto rir. —

Sem que os magos se mostrassem a ninguém, os curiosos imaginavam que eles tinham muitos conhecidos, entre os quais até conterrâneos, preferindo, assim, divertir-se em sua companhia, visto que freqüentemente um grande número de veículos aéreos aterrissava nos fundos ou nos jardins do palácio e levantava vôo ao amanhecer.

Na realidade, de tempos em tempos, vinham os magos-missionários para discutir com os amigos os diversos detalhes do plano geral de ação, em diferentes partes do mundo sentenciado à morte.

No palácio de Supramati reunia-se uma seleta sociedade: homens de uma beleza sóbria, de olhar radiante e profundo, cujas cabeças inspiradas eram envolvidas por uma larga aura.

Certa noite, no quarto de trabalho de Supramati juntaram-se uns quinze magos e cerca de vinte jovens adeptos para estabelecerem, definitivamente, os locais de trabalho de cada um.

— Amigos, então está decidido que inicialmente vamos estudar o campo de batalha onde deveremos travar a luta, e visitar os locais sagrados onde se ocultam e vegetam os defensores da fé – disse Supramati.

— Certo – respondeu um dos magos. – Devemos inicialmente dirigir-nos para os locais onde a sagrada comunhão ainda ata os homens à Divindade; nesses locais os magos se revelarão aos seus irmãos e juntos organizarão reuniões para pregarem a aproximação do fim do mundo e procissões, acompanhadas de cantos sagrados, cujos sons purificarão a atmosfera.

— A nossa tarefa é árdua, mas também será difícil para os que responderem ao nosso chamado e desejarem salvar-se – observou Dakhir. – Lá, onde o ateísmo e o culto a Satanás romperam qualquer contato com Deus, somente o sangue poderá restabelecer essa união. À semelhança dos primeiros cristãos, teremos de provar a nossa fé em Deus com martírios e através do poder da fé fazê-los dignos de nos seguirem.

— Sim, esse caminho para a salvação, apesar da sua dificuldade, é inevitável. Somente aqueles que nunca renegaram Deus e não fraquejaram em sua fé, apesar de todas as provações, podem se livrar do martírio, isso se eles mesmos não quiserem aceitá-lo voluntariamente, para purificaremse e alcançarem um nível superior – explicou Supramati.

— Oba! Os satanistas também terão muitos problemas e desgostos, assim que nós perturbarmos sua doce tranqüilidade – exclamou Narayana, com brilho nos olhos. – Já estou pressentindo o momento em que as vibrações da prece conjunta e os cantos sagrados os atingirem tal qual veneno mortal, provocando convulsões, crises nervosas próximas da loucura e outras doenças psíquicas.

— Só que eles não morrerão disso – contestou um dos magos – pois deverão suportar o terrível castigo dos últimos dias que anteciparão o fim do mundo, para cuja destruição eles contribuíram com seus delitos. Os mais fracos serão deixados aqui, visto que sua presença no novo mundo seria um germe da morte. Eles experimentaram da ciência maldita, criada pelos banidos do céu para contaminarem as almas, esqueceram que os filhos da Terra devem amar e respeitar sua mãe comum, que foi seu berço e será sua sepultura, sem profanar a sua sagrada ama de leite, como faz atualmente esta geração infernal que a povoa.

— Não permita Deus que alguém caia tão fundo e tropece, pois difícil e estreito é o caminho da ascensão, e o luminoso farol da sabedoria total, que acena com o descanso para o viajante cansado, brilha de longe por entre a névoa – disse Supramati. – E esta trilha tortuosa passa entre abismos onde estão de tocaia muitas tentações. *Homo sum*(4), somos seres humanos e sujeitos a diversas fraquezas da carne e do espírito; dentro de nós se escondem milhares de desejos insatisfeitos, todas as indignações do orgulho desenfreado e o único apoio do equilíbrio do sentido é a fé em si mesma.

— Estou dizendo isto – acrescentou Supramati – para os jovens adeptos presentes. Eles devem rezar e concentrar-se para que nenhuma fraqueza os perturbe naquele vendaval do mal para onde iremos.

Após o jantar de despedida, os magos, cavaleiros e adeptos despediram-se para iniciar sua ronda preliminar antes de se reunirem pela última vez no palácio do Graal.

---

(4) Sou homem. (NR)

Capítulo IX

Dois dias depois, Dakhir viajou acompanhado de Narayana – que preferiu trabalhar com o primeiro -, enquanto que Nivara ficou com Supramati. Seguindo o conselho do fiel secretário, Supramati resolveu inicialmente visitar a cidade para examinar, pessoalmente, as novas instituições e conhecer *in loco* o que aprendera por enquanto só na teoria. Eles decidiram dar esta primeira volta na cidade durante o dia por sentirem-se mais livres, não querendo ser incomodados pela multidão, pois naquele tempo de decadência as coisas estavam de cabeça para baixo.

O Satanás adora a escuridão e abomina a luz e com isso seus admiradores também passaram a viver à noite, sendo que a maioria da população dormia de dia e se divertia à noite. Como as saturnálias, *sabbats*, orgias e sacrifícios satânicos eram realizados, preferencialmente à noite, todos os que podiam recolhiam-se para dormir ao amanhecer e levantavam-se ao pôr-do-sol. Os prédios mais altos da enorme capital tinham um relógio com um gigantesco galo negro, o qual com seu agudíssimo "co-co-ri-có" anunciava por todos os arredores a chegada da hora do encerramento das negras comemorações e o momento de descanso. O passeio pela cidade vazia e ruas com raros transeuntes deixou em Supramati uma triste impressão.

A forma dos prédios não tinha mudado, no entanto, o material de construção era diferente e, na maioria das vezes, era de vidro grosso e ferro. Utilizava-se vidro das mais diferentes cores e, qualquer que fosse a casa, ela tinha a pretensão de parecer-se com um palácio.

Conforme já foi dito, havia uma enorme quantidade de teatros, que se destacavam por suas grandes dimensões: no frontispício, grupos ou pinturas alegóricas, asquerosamente indecentes, davam uma idéia dos espetáculos que eram apresentados naqueles palcos.

Havia também grande quantidade de templos satânicos e ídolos em homenagem a Lúcifer, Bafomé e outros príncipes das trevas. Os enormes templos imitavam, ostensivamente, a pesada e maciça arquitetura das construções babilônicas. Suas portas de bronze estavam escancaradas e em seu interior via-se uma imensa estátua de Satanás, cercada de castiçais com velas pretas; sobre inúmeras trípodes fumegavam ervas e essências, cujo forte aroma cáustico era enervante, podendo ser sentido até na rua. Encontravam-se ainda as, assim chamadas, capelas, construídas provavelmente por troça, no estilo de capelas cristãs ou mesquitas muçulmanas, com seus finos minaretes ou torres góticas.

Obviamente, Supramati e Nivara não entraram em nenhum desses templos pagãos, mas, quando eles passavam ao lado de um deles, dentro do covil diabólico começou a soprar uma forte ventania, cujo bramir e ronco abafado se espalhou sob as abóbadas do recinto.

— Para conhecermos a vida real precisamos esperar pela noite. – observou Nivara. – Assim poderemos ver, também, a nova raça de serviçais: os animais humanizados – acrescentou, com repugnância.

Com a chegada da noite, da alta torre começou a tocar um grande sino e no surdo som, que serviria para acordar as pessoas para a vida e atividade, havia algo de sombrio e triste.

Desta vez, em lugar do veículo aéreo, foi colocado à disposição de Supramati algo parecido com um automóvel que Nivara dirigia com destreza por entre inúmeros veículos e pedestres que agora congestionavam as bem iluminadas ruas. Todas as casas pareciam iluminadas, em todas as torres havia enormes sóis elétricos que enchiam a cidade de luz. Em todo lugar, por ar e por terra, havia o vaivém da multidão; veículos com homens e mulheres cruzavam-se em todas as direções. Para seu espanto e repugnância, Supramati notou que a maioria das damas e cavalheiros era acompanhada por animais de tamanho inusitado, em geral pertencentes a espécies de feras selvagens, raras na época de sua última estada no mundo. Entretanto a aparência desses tigres, macacos, leopardos ou leões parecia alterada: a cabeça possuía algo de humano e a sua compleição denotava estranhas anomalias; todos eram particularmente ágeis e pareciam desempenhar o papel de criados.

— Veja, mestre, aqueles mutantes, meio-homens, meio-animais, são os criados atuais – observou Nivara. – Como os seus semelhantes não queriam mais ser serviçais, a humanidade prática criou aquilo para ser um tipo especial de criadagem.

Muitas espécies de animais serviram muito bem para essa adaptação. Estas criaturas – como já disse – meio-homens, meio animais, são muito espertas, mas perigosas pela sua selvajaria, ferocidade e raiva diabólica, apesar de serem mantidas sob severa submissão, o que não as impedia de buscar avidamente o amor humano. O ser humano possui a necessidade e o instinto de mandar e ser servido; mas quando ele inventou para os seus semelhantes a total igualdade e liberdade, pensou em criar espécies de criaturas submissas que fossem tão inferiores a ele, a ponto de temê-lo e suportar seus maus tratos e, ao mesmo tempo, suficientemente espertas para entendê-lo e servi-lo.

— Tem razão, Nivara. Para esta época satânica só faltava a espécie de seres inferiores – observou Supramati, amargurado.

No dia seguinte, Nivara propôs a Supramati visitar um renomado cientista, especialista em avatares.

— O professor Chamanov transplanta as almas dos velhos ricos para os corpos de meninos, que ele fabrica por um processo químico. É muito interessante.

— É claro, mas por que ele transplanta velhos sátiros em corpos de crianças em vez de fazê-lo em corpos adultos? E será que ele transplanta também as velhas coquetes em corpos de meninas ou apenas sabe fazer meninos? – indagou Supramati curioso.

— Não, ele fabrica ambos os sexos. É um grande químico. Vou avisá-lo de nossa visita. Ele utiliza nos avatares os corpos infantis, pois presume-se que esses corpos artificiais não vivam até a maturidade caso não tenham astral.

Poderemos visitá-lo até durante o dia, pois os clientes de Chamanov mal conseguem esperar até a noite para efetuar a “mudança”. Ele paga tão bem aos seus assistentes, que estes concordam em sacrificar algumas horas do dia em prol da ciência.

Na tarde do mesmo dia, o veículo aéreo de Supramati aterrissou no jardim de um amplo palácio. Os visitantes foram conduzidos para uma sala de recepção, luxuosamente mobiliada, onde logo a seguir apareceu o professor para cumprimentar o príncipe indiano desejoso de visitar seu estabelecimento.

Chamanov era um homem de idade madura, ombros

largos, forte, com uma grande cabeça e uma testa alta de pensador; os olhos eram bem afundados nas órbitas, mas o olhar era frio, cruel e diabólico. Transpirava muito orgulho e autoestima.

Ele recebeu Supramati desmanchando-se em mesuras e afirmações de imensa satisfação de tê-lo por visita.

— Fico contente, príncipe, com a possibilidade de mostrar-lhe neste momento um dos avatares de seu interesse. O cliente já está totalmente preparado e eu já vou iniciar a operação.

Nivara ficou na recepção, enquanto Supramati seguiu o professor. A sala de operações era ampla e equipada com diversos aparelhos; no centro havia duas mesas compridas e sobre uma delas encontrava-se um objeto coberto com lençol branco.

O professor pediu a Supramati para observar tudo por trás da cortina para não constranger o paciente e foi até a poltrona que ficava ao lado de uma mesa vazia. Lá estava sentado um homem, vestido num avental, e Supramati achou jamais ter visto em sua vida um ser tão repugnante.

Este, sem dúvida, era o moribundo e, ainda por cima, um velho que a ciência conservou com aparência jovem; mas a aproximação da morte estragou-lhe a aparência fictícia e criou algo horrível. Os cabelos negros e espessos caíram em diversas parte da cabeça formando regiões calvas, as faces do rosto afundaram e adquiriram uma cor terrosa.

Quando Chamanov se aproximou do velho nojento, este endireitou-se com muito esforço e perguntou alarmado, agarrando o braço do cientista:

— Caro professor, o senhor vai começar a operação? Tem certeza de que vai dar tudo certo?

— Sem dúvida, duque, fazemos muitas operações e todas com sucesso.

— E o senhor escolheu para mim um corpo sadio e

forte? O senhor sabe que o dinheiro para mim não é o problema e eu quero que o senhor me dê o melhor.

— Julgue o senhor mesmo as qualidades de sua "nova moradia" – disse o professor, retirando o lençol sobre o objeto da outra mesa.

Lá estava o corpo de um menino de 12-13 anos de idade; ele parecia sadio e forte, mas a extrema palidez, os olhos fechados e a total ausência de expressão no rosto, imóvel feito máscara, causavam uma estranha e opressiva impressão.

Como o senhor vê – continuou Chamanov – este corpo saiu muito bem feito, sem defeitos, forte e poderoso como um jovem carvalho. Depois de uns quatro anos, necessários para a assimilação e desenvolvimento do organismo, o senhor irá desfrutar novamente de uma vida longa e feliz. – Não tema, caro duque, tenha coragem e beba isto, é hora de começar. Quando o senhor acordar, terão desaparecido todas as suas dores atuais, tudo estará novo e a máquina começará a funcionar de modo absolutamente racional.

Ele pegou uma taça servida por um dos assistentes e estendeu-a ao moribundo, que a secou com avidez.

Após alguns minutos, ele adormeceu profundamente.

— Vamos ao trabalho – disse o professor, fazendo um sinal para Supramati aproximar-se.

Com a ajuda de seus assistentes, ele despiu o cliente e colocou-o sobre a mesa de operações, toda de cristal.

O corpo nu, parecendo um cadáver, foi coberto por uma campânula de vidro com alguns tubos que a ligavam a um dos aparelhos, e posto para funcionar. A campânula de vidro encheu-se de vapor, ocultando completamente o corpo.

— É um vapor especial e serve para abrir os poros e facilitar a saída do corpo etéreo – explicou o professor.

Depois de vinte minutos de banho de vapor, a campânula de vidro foi retirada, sendo colocado um grosso tubo de vidro, em formato de U. Uma de suas extremidades foi colocada na boca do moribundo e a outra na boca do menino. Sobre o corpo do velho foram instalados alguns pequenos aparelhos elétricos que sacudiam e esvoaçavam à semelhança de asas de pássaros; os aparelhos eram ligados a um maior, que trabalhava ruidosamente, feito uma máquina a vapor. Em seguida, os dois corpos foram cobertos com tampas de vidro.

Tudo isso já durava cerca de três quartos de hora, quando, de repente, ouviu-se um estalido, o corpo do velho contorceu-se e de sua boca saiu uma nebulosa e azulada massa fosforescente, como uma gelatina, uma chama de vela parecia refletir de dentro para fora. A massa vaporosa e esbranquiçada preencheu totalmente o tubo e, quando, a seguir, passou para a boca do menino, o tubo foi retirado rapidamente. O corpo do velho ficou com cor esverdeada e sua boca permaneceu aberta. Era sem dúvida um cadáver; cobriram-no com um lençol e levaram-no embora.

O professor, que controlava a operação, inclinou-se sobre o menino, cujo corpo tremia e se agitava como se tivesse levado um choque elétrico.

— Acredito que a operação foi um sucesso! – afirmou ele, satisfeito consigo.

— Veja, príncipe, – acrescentou, dirigindo-se a Supramati – como tudo é simples e como eram ignorantes os nossos antepassados que, para aliviar as dores ou salvar uma vida, engoliam terríveis compostos ou ainda se sujeitavam a horríveis operações cirúrgicas, deitando-se sob bisturi. Não é mais confortável tomar um novo corpo? Isso é a mesma história que o ovo de Colombo.

— Os nosso antepassados não tiveram a sorte de ter um grande sábio como o senhor, professor, que fez esta sensacional descoberta.

— Agradeço, príncipe, mas não posso tomar exclusivamente para mim a glória da descoberta; eu só consegui pôr definitivamente em prática os trabalhos de muitas gerações de cientistas.

— E quantos avatares deste tipo são realizados?

— Relativamente muitos. Tenho alunos que praticam as operações na maioria das grandes cidades; entretanto, elas custam caro e somente as pessoas muito ricas se permitem a isto.

— E quando o seu cliente voltará a si? – perguntou Supramati.

— Normalmente eles são deixados inconscientes por três ou quatro horas, conforme as circunstâncias, mas vou verificar se é possível, para atender à sua curiosidade, obrigá-lo a dizer algumas palavras agora mesmo.

Ele retirou cuidadosamente o termômetro debaixo do braço do menino e auscultou o coração.

— A temperatura está normal e o coração bate normalmente. Isto significa que podemos arriscar – disse o professor, destampando um pequeno frasco e levando-o perto do nariz do menino.

Este estremeceu e, após um instante, abriu os olhos.

— E então, duque, como se sente? – perguntou o professor sorrindo.

— Bem... mas um pouco incômodo – respondeu uma voz fraca e os olhos fecharam-se novamente.

— Ele permanecerá por seis semanas na minha clínica para que eu possa acompanhar pessoalmente a total assimilação e o incondicional repouso antes de voltar para casa.

Sem suspeitar que estava tratando com um cientista, o professor deu a Supramati uma série de explicações.

— Se quiser, príncipe, – acrescentou – eu posso mostrar-lhe a última conquista da ciência, o nosso laboratório de recriação de seres humanos. O senhor verá que nós não só triunfamos sobre a morte, mas também podemos criar a vida.

Resumindo, nós dispomos de tudo o que os nossos antepassados, devido à crassa ignorância, atribuíam ao poder de seu Deus – Criador, o Senhor do universo. Ah-ah-ah! Já não precisamos mais deste Deus nem para morrer nem para viver e também não impomos às mulheres estes terríveis sofrimentos.

Supramati agradeceu-lhe, dizendo que se interessava muito por aquelas maravilhosas descobertas e o feliz professor levou-o a outra parte do enorme estabelecimento.

Eles entraram numa ampla sala circular, sem janelas, mergulhada numa fraca e azulada penumbra. Lá havia longas fileiras de mesas, com estreitas passagens entre elas. Sobre cada mesa havia uma espécie de caixa comprida, coberta por lençol, e ligada por fios e tubos a grandes aparelhos elétricos, instalados em duas extremidades da sala.

— Os da esquerda lhe serão menos interessantes. Estes receptáculos contêm somente embriões no primeiro estágio de fermentação e formação. Veja que nós alcançamos a possibilidade de recriar o corpo humano graças a um amálgama químico dos princípios masculino e feminino. Isto ainda é o começo e a última palavra será dita quando nós conseguirmos extrair da atmosfera vital a "substância racional". Mas estou convicto de que isto acontecerá.

— O senhor está se referindo àquela substância que passou de um corpo para outro, estou certo? Será que a sua tão desenvolvida ciência ainda não encontrou a chave para a determinação da composição daquilo que o senhor chamou de "substância racional"? – perguntou Supramati.

— Infelizmente, ainda não. Só sabemos que esta substância é infinitamente diluída, diríamos, fogo rarefeito, mas até hoje a substância estranha permanece imperceptível e não pôde ser pesquisada. E agora, príncipe, veja isto.

Ele dirigiu-se a uma mesa da direita, retirou o lençol azul que cobria uma caixa de vidro escuro, girou um botão esmaltado e então Supramati notou um orifício ou uma janelinha circular na extremidade da caixa, através da qual o professor queria que Supramati olhasse.

Ele viu que o interior estava iluminado por uma espécie de luz azulada e, sobre um monte de substância gelatinosa, estava deitado o corpo de uma pequena criança, aparentemente bem formada e que parecia dormir.

Através de tubinhos de vidro, passava para o interior daquele corpinho uma leve névoa esbranquiçada, que o corpo parecia absorver; era, provavelmente, a alimentação artificial do bebê. A criança respirava bem, o organismo funcionava e a obra de arte química realmente era um sucesso.

— Os seus conhecimentos são grandes, caro professor, mas falta algo à sua obra de arte...

— O quê, por exemplo? – interrompeu animadamente o professor.

— Ela não tem alma.

— O senhor quer dizer que lhe falta "substância racional"? Mas eu já lhe falei que o segredo de sua composição ainda nos escapa. Temporariamente, utilizamos o método que acabei de mostrar. A situação torna-se ainda mais lastimável para mim, pelo fato de no ar pairarem "substâncias" semelhantes, despojadas do corpo material, cuja origem ignoramos...

— E o senhor não sabe a forma de atrai-las para estas formas humanas que faz com tanta arte? – perguntou Supramati e em seu rosto surgiu um enigmático sorriso.

Neste ínterim, ele percebeu que nos cantos escuros da sala brilhavam os olhos das larvas, espantadas pela sua presença; seus corpos escuros serpenteavam na ávida expectativa de possuir um corpo daqueles.

— Não, – lamentou-se o professor – não há como atraí-las, elas vêm por si só... são seres misteriosos. Eu também não consigo entender a razão de seu malefício, pois assim que entram no corpo recém-formado, este começa a decompor-se como se estivesse com gangrena, e em seguida... morre. Mas isso são pequenos detalhes. O importante é que a ciência está em vias de descobrir o segredo da criação do homem e nisso, sem dúvida, está a grande glória do nosso século – encerrou, orgulhosamente, o professor.

Supramati fitou pensativamente o "sacerdote da ciência", dotado de um cérebro privilegiado, que conseguiu com seus conhecimentos resolver a difícil questão da criação do corpo humano ou animal, mas que não podia dar-lhes uma vida real. Este era o verdadeiro representante da sombria e fatal ciência do fim do mundo...

— Professor, o senhor é um grande sábio e artista e, reconheço, faz jus a este nome. Entretanto, isso.. esse "algo" que o senhor procura e não consegue achar é a alma humana e essa o senhor jamais poderá recriar, pois ela é uma obra de Deus, aquele Deus, que fora arrancado do coração dos homens. A alma é a chama divina, maravilhosa e indestrutível, que tornou o senhor um grande sábio, um corajoso e incansável pesquisador. É o espírito que anima seu cérebro e o torna mais receptivo ao aprendizado de tudo.

Perca as suas esperanças de conseguir um dia submeter à análise esta centelha divina, cuja composição química sempre lhe escapa, e nem procure-a; seu segredo se resume na plenipotência de Deus. E por mais que a humanidade renegue o seu Criador, Ele existe e nenhuma sentença infernal, nenhum sacrilégio ignóbil tirará Dele uma infinitésima partícula sequer do Seu poder absoluto...

O professor franziu o cenho e, por sua vez, lançou um olhar perscrutador sobre a altiva figura do seu interlocutor e para seus grandes e brilhantes olhos azuis, cujo olhar parecia oprimi-lo. Mas a enorme autoestima superou esta impressão. Ele endireitou-se com altivez e respondeu, com desprezo mesclado de raiva:

— Príncipe, o senhor me surpreende. O senhor parece um homem esclarecido e mesmo assim acredita em Deus, ao Qual atribui um poder ilimitado. Estas convicções absurdas serviam para os povos ignaros dos séculos passados. Atualmente, quando cada um de nós pode competir com esse legendário Deus, tais idéias, o senhor me desculpe... são, no mínimo, engraçadas.

Os olhos de Supramati brilharam e a sua voz soou séria e rigorosa.

— Infeliz! O diabólico orgulho está levando-o ao abismo. O senhor ousa comparar-se ao Todo-Poderoso, que cria e controla o universo infinito! O senhor considera o seu pobre saber equivalente à onisciência e sabedoria de Deus. Pois aguarde! E quando a ira divina desencadear-se sobre esta humanidade criminosa, quando trovejarem à sua volta os elementos descontrolados, aí então o senhor compreenderá que, diante do Todo-Poderoso, o senhor é um mísero átomo ou uma partícula de pó que a tempestade levantará e levará embora. Pense e envergonhe-se desse seu orgulho ridículo e indigno de um sábio autêntico.

O professor empalideceu. A ira e a autoestima afrontada lutavam dentro dele contra uma sensação estranha de uma repentina e indefinida conscientização de que a pessoa diante dele representava uma força, cujas dimensões estavam além do seu entendimento.

— O senhor considera o meu saber desprezível – disse ele, após alguns instantes. – Talvez o senhor, usando dos seus conhecimentos, possa colocar uma alma neste corpo?

— Não posso. Eu, tal como o senhor, também não tenho o poder de criar uma alma. Eu ainda posso atrair um espírito do éter e obrigá-lo a animar este corpo, mas este espírito seria uma larva ou um espírito errante e sei que fazê-lo seria perigoso e sem propósito.

O senhor também poderia. Mas saberia o senhor dizer qual seria a duração dessa força vital, se ela possuiria tudo o que seria necessário para as ações do espírito e se possuiria, em sua composição química, tudo para que a assimilação do astral e da matéria fosse completa? Quanto a isso o senhor nada sabe.

O professor baixou a cabeça. Ele – um pesquisador – sabia que ainda faltava muito para aperfeiçoar a sua obra e nesses muitos anos de trabalho concentrado ele não conseguiu nem capturar nem pesquisar esta misteriosa centelha psíquica que o indiano chamava de "fogo celestial".

— Quem é o senhor, estranho, que possui uma fé absoluta em Deus, há muito esquecido por todos? – perguntou ele, após pensar por instantes.

— Sou um missionário dos últimos tempos, pois se aproxima a hora da destruição e a humanidade surda e cega está dançando sobre um vulcão que irá engoli-la.

O professor balançou a cabeça e sorriu.

— Epa! O senhor é um profeta do fim do mundo?! É uma estranha fantasia, príncipe, para um homem jovem, bonito e rico, e que além disso parece instruído.

— Mesmo que isto lhe pareça estranho, o fim do planeta está próximo. A própria humanidade antecipou este tempo, quebrando a harmonia e o equilíbrio dos elementos. As pessoas chegaram ao momento crucial e em sua arrogância levantaram a sua ímpia e sacrílega mão até contra o santuário de Deus.

Não vou negar que possuo conhecimentos. O Eterno arma com a força da ciência os servos submissos e fiéis, que sobem passo a passo a escada do aperfeiçoamento para a luz, e todo o conhecimento adquirido é utilizado somente pela vontade Divina – respondeu Supramati, despedindo-se do cientista.

Esta visita deixou uma péssima impressão em Supramati que se condoía de ver os equívocos em que havia caído uma mente tão notável. Ele recordava aquela cabeça e a testa proeminente, característica de pensador, que não harmonizava com o olhar impiedoso e a cínica expressão animalesca que costuma existir em pessoas que varreram de sua alma o "ideal", dando liberdade ao "animal" que se esconde no ser humano para dirigir suas ações...

Entretanto, este encontro também despertou em Supramati o desejo de saber como estava a saúde daquela estranha humanidade, saber que tipo de doenças a afligiam e como eram tratadas. Esta questão interessava sobretudo àquele que um dia era o médico Ralf Morgan.(5)

Ao ser informado do seu desejo, Nivara sugeriu-lhe visitar um médico que gozava de alta notoriedade. Na sociedade, ele era considerado esquisitão e quase maníaco, pois estudava línguas antigas, Nivara contudo via-o como um autêntico cientista. O médico, tendo sido previamente avisado da visita de Supramati, recebeu-o muito polidamente e levou-o diretamente para um grande terraço, anexo ao gabinete, decorado por plantas trepadeiras.

O doutor Rezanov era um homem ainda jovem, magro e de tez pálida, sério e calmo e grandes e pensativos olhos que denotavam inteligência.

— Estou ao seu dispor, príncipe, e considerarei um prazer fornecer-lhe, na medida do possível, as informações que quiser – disse ele, quando ambos se instalaram nas confortáveis poltronas de bambu. – O que o senhor deseja saber especificamente?

— Ah! Muita coisa, doutor, e por isso temo abusar de sua amabilidade. Por exemplo, como o organismo humano suporta esta vida antinatural; como assimila este excesso de eletricidade e outras substâncias que servem para os organismos fortes e saudáveis e não para pessoas bestificadas e com nervos em frangalhos, como as que o senhor trata?

---

(5) Nome de Supramati no "Elixir da Longa Vida". N.E.

Que tipo de doenças e epidemias provoca este estado de coisas, como vocês as tratam e se a mortalidade é alta?

— Tem razão, este é assunto bastante amplo, alteza – respondeu sorrindo o doutor. – Mas tentarei, inicialmente, transmitir-lhe o quadro geral e depois detalharei os pontos que mais lhe interessarem.

Devo dizer que, em geral, a higiene deu um gigantesco passo à frente. O asseio tornou-se uma lei obrigatória e a eletricidade, com seus poderosos choques, destruiu os focos infecciosos. Desta forma desapareceram por completo as epidemias, tipo peste bubônica, cólera, tuberculose, etc. – tão letais nos tempos antigos. E mesmo assim, infelizmente, a humanidade não ficou nem mais forte nem mais imune e a raça atual que povoa a Terra é nervosa, anormal e fraca.

Houve tal miscigenação étnica que hoje é praticamente impossível achar uma pessoa de raça pura para se poder determinar que tipo de pessoa ele é – se é alemão, italiano, árabe ou russo. Restaram somente as denominações das nacionalidades, mas já não existem diferenças raciais características.

Estou convencido de que semelhante amálgama de elementos tão diferentes é fatal para a humanidade; isto porque não só cada raça, mas cada povo possui suas particularidades psíquicas entre as demais, as quais, devido às freqüentes miscigenações, são perdidas e causam às vezes o aparecimento de seres muito estranhos e, por fim, levam a humanidade à extinção total.

Esta é a situação atual da sociedade, composta inteiramente de pessoas anormais, e o mal, cujo florescimento presenciamos agora, tem origens bem antigas. Veja, eu tive a paciência de estudar as línguas antigas, atualmente substituídas pela gíria internacional, e li as obras contemporâneas àquele passado remoto. O estudo demonstrou a profundidade das raízes da principal doença que nos aflige e que se chama "demência". Imagine que ainda no século XX havia a tendência de explicar muitos sintomas como doenças do cérebro. Um cientista italiano daquela época, chamado Lombroso, considerava que todas as pessoas geniais são psiquicamente anormais e que todos os crimes são produto de loucura. Mas o que naquele século era ou parecia ser somente um paradoxo, atualmente se transformou em triste realidade. E a população de todos os recantos do mundo é composta de loucos, de maior ou menor periculosidade.

O senhor me parece surpreso, príncipe? Mas continuo a sustentar o meu ponto de vista. Eu também sou louco como os outros; em muitos aspectos, meu cérebro não é normal.

É extremamente curioso estudar o início da demência social, não considerada sequer uma terrível e perigosa epidemia psíquica e que se revelava de diferentes formas. Inicialmente surgiu uma especulação descontrolada, a corrida pelo ouro e a especulação no mercado de capitais, que enriqueciam ou empobreciam em poucos dias, e por vezes, em horas, abalando até as bases do sistema nervoso das pessoas. Os jogos de azar tinham o mesmo resultado. Depois, esta mesma ânsia de novas sensações suscitou a loucura por todo o tipo de esportes: bicicletas, automóveis, aviões, competições de velocidade, etc.

À medida que aumentava a força do mal, surgiu a epidemia de assassinatos, suicídios, vícios antinaturais, orgias e loucuras eróticas. As revoluções, com suas explosões cruéis e sangrentas, matanças sem motivo, hecatombes humanas, excitavam as paixões e o espírito da destruição apoderou-se das massas. Foi declarada guerra ao Criador, profanaram Seus templos, mataram Seus cultores e tudo isso era feito sob a égide da suposta "liberdade". Isso era realizado por hordas de dementes, que não se assumiam, muitos deles eram considerados pessoas inteligentes.

Infelizmente, entre as pessoas que permaneceram sãs,

não apareceu uma mão suficientemente firme e enérgica e uma mente bastante poderosa para estancar a gangrena. Deixaram-na desenvolver-se e ela apoderou-se do mundo. Com uma indiferença e apatia, para mim absolutamente incompreensível, a sociedade contemporânea permitiu estes fatos, assistindo a todos os atos antinaturais e além de não reprimi-los, não trancafiou aqueles loucos em hospícios. Resumindo, não tratou dos doentes por todos os meios possíveis para provocar neles uma reação salvadora. Desta maneira, surgiu, cresceu e disseminou-se pela face da Terra esta "grande neurose" fatal, tal qual o pior dos venenos e ninguém reagiu energicamente contra o frenesi da liberdade, orgia e negação.

A grande invasão dos "amarelos" provocou uma certa reação, mas por pouco tempo; o mal estava profundamente enraizado e renasceu em seguida ainda mais forte. E novamente ficaram indiferentes todos aqueles que podiam e deviam influir. Esta psicose incendiou todo o mundo e queimou tudo de fio a pavio na escada social. Ninguém a combatia e todos se limitavam a olhar e admirar a grandiosa visão desta fúria descontrolada, sem vontade de refletir sobre o perigo e dando-lhe nomes soberbos e pomposos.

A sociedade atual surgiu como conseqüência disso tudo... O professor calou-se, balançou a cabeça pensativo e suspirou profundamente.

— Lamento, príncipe, por ter-me empolgado pelas minhas reflexões – desculpou-se, após um minuto de silêncio e enxugando a testa com a mão.

— Oh! É absolutamente natural que o senhor reflita; tudo o que disse é por demasiado triste para não se pensar demoradamente – argumentou Supramati, suspirando.

— Pois é, para entender o presente eu estudei minuciosamente o passado dos povos e cheguei à seguinte questão: será que estamos no limite da existência da Terra, ou pelo menos, na véspera de alguma terrível catástrofe que irá alterar a aparência do nosso mundo? A humanidade atual está, indubitavelmente, condenada à morte. São pessoas antinaturais, como plantas sem raízes, ou ainda, uma vegetação artificialmente cultivada para que floresça e, terminado o florescimento, seque por falta de seivas vitais.

Tudo em nossa volta indica caduquice. A terra, antes tão fértil, está se tornando cada vez mais estéril e depauperada e o deserto avança ao redor; o clima ficou tão alterado, tanto que, às vezes, parece que as estações climáticas se misturaram; a mortandade cresce a níveis assustadores, a taxa de nascimentos continua a cair e está claro que não serão as pessoas fabricadas pelo doutor Chamanov que nos darão uma raça com físico e moral poderosos.

Com exceção de um número extremamente limitado de cientistas que ainda trabalham e gostam da ciência, todos os outros fogem do trabalho intelectual, nada querendo da vida além de prazeres e satisfação de suas luxúrias e instintos animalescos.

Por vezes, eu lamento amargamente pelo passado, com a sua crença em Deus Criador, com suas castas, amor à pátria, ambições e até, se quiserem, guerras – sangrentas, é claro – mas cheias de glórias e heroísmos. Naquela época a vida era melhor do que agora, sem guerras... E por quê? Porque foram inventadas armas terríveis e com tal poder de destruição que durante as últimas guerras destruíam-se, com gélida impiedade, cidades inteiras com todo o seu conteúdo e até exércitos inteiros.

— Eu estou percebendo, doutor, que dentro do senhor está ressuscitando um firme princípio de atavismo – sorriu Supramati. – Aliás, eu estou inteiramente de acordo com o senhor: antigamente se vivia melhor. Mas agora, tenha a bondade de contar, que tipo de doenças provocou o estado atual da sociedade; o senhor diz que já não existe cólera, peste bubônica, difteria. O que temos em seu lugar?

— As doenças são sempre conseqüências das causas que as provocam. Antigamente, a cólera e a peste bubônica surgiam pela falta de higiene, por um lado, e pela inexistência de sua cura, por outro. Hoje, a constante excitação do sistema nervoso e o excesso de eletricidade provocam o adoecimento dos centros nervosos, letargia e debilidade geral do organismo.

Nós combatemos estas doenças, fazendo o doente adormecer artificialmente por algumas semanas ou até meses, despertando-o somente para alimentar-se. Desta forma, prescrevendo um repouso incondicional, nós damos descanso a todas as funções do corpo e recuperamos as forças do doente. Os doentes também são mandados para as montanhas, na região das neves, onde o ar ríspido e fresco os renova. Já os que sofrem de excesso de eletricidade são enterrados em terra fresca até o pescoço ou recebem banhos especiais. A medicina que existia nos séculos passados já não existe. Mas ainda é utilizada a homeopatia; depois, apelou-se para as plantas medicinais; os óleos vegetais também são muito utilizados em todas as doenças epidérmicas. Eis o resumo, príncipe, da situação física e moral da humanidade.

Para o que ainda é necessária esta festiva turba "intelectual", que gastou a sua energia nervosa, cansada de viver, com o cérebro em frangalhos e aparentemente destinada à extinção? Só o futuro dirá! Mas, repito, estou convencido de que estamos nos aproximando de alguma catástrofe.

Supramati olhou curioso para o semblante inteligente do jovem cientista, um dos últimos representantes da ciência desta Terra moribunda, coberta de destroços dos impérios caídos e templos derrubados, tomada pela esterilidade e pelo sombrio culto da escuridão e do mal, como um indicador da tendência humana.

Após conversarem sobre algumas questões que o interessavam, Supramati despediu-se. O ar da cidade oprimia-o e parecia-lhe infectado; somente em sua casa ele se sentiu bem.

Durante o jantar ele transmitiu a Nivara a sua conversa com o jovem médico e opinou que deveriam esforçar-se para salvar aquele trabalhador que seria útil no novo mundo, já que em sua alma parece que ainda estavam acesas algumas fagulhas do bem.

— Oh! Muitos ainda se converterão e se arrependerão quando chegarem os dias de horror, após a luz divina deixar de iluminar a Terra e os homens não terem nem com que se aquecer. É claro que então será tarde demais. Entretanto, mestre, tem razão, o doutor Rezanov merece ser convertido ainda a tempo.

Capítulo X

Após alguns dias que foram gastos em passeios pela cidade e seus arredores ou dedicados a diversas visitas, Supramati decidiu visitar alguns locais sagrados remanescentes, entre os quais, primeiramente, Jerusalém. O relato de Nivara sobre a estranha e maravilhosa catástrofe, ocorrida naquele local, despertou nele um vivo interesse.

Quando a nave espacial alçou o vôo sobre a capital, Supramati olhou pensativo e tristonho para a cidade, inundada pela luz elétrica.

— Quando eu voltar para cá novamente e sobre o meu palácio brilhar a cruz fulgurante, delimitando o abrigo dos magos-missionários, então começará a dura e decisiva batalha da "luz contra as trevas". Quantos triunfarão e quantos sucumbirão, só Deus sabe – pensou ele, suspirando.

Jerusalém mudou muito. O monte, onde certa vez Davi construiu sua cidade fortificada, partiu-se ao meio em conseqüência do terremoto e aquela parte onde ficava o Santo Sepulcro arreou, formando uma gigantesca depressão, em cujo interior agora ficava o velho santuário.

Diversos destroços do solo acumularam-se em volta da rocha, formando uma espécie de muro de proteção do profundo vale e lá, em volta do templo, enegrecido pelo tempo, localizava-se uma cidadezinha cristã. Não era grande e constituía-se de pobres casinhas de fiéis servos de Cristo em meio a uma densa vegetação de ciprestes e figueiras.

Além dos limites do muro rochoso, a terra parecia abandonada e somente em alguns lugares ao longe viam-se campos ou hortas com rala vegetação.

Esses lugares causavam uma indescritível tristeza. Os satanistas evitavam-nos devido aos péssimos episódios e, se eventualmente, viam-se por lá, acabavam por sentir um mal-estar prolongado; além disso, um incompreensível medo interior afastava-os de lá.

As rochas que cercavam o vale estavam tão povoadas quanto a cidade. Em cada grande fenda, em cada minúscula caverna, vivia um ermitão, passando a vida em jejum e preces.

Em todos aqueles abrigos havia um crucifixo ou uma imagem do Salvador e uma lamparina acesa; os olhares de seus habitantes denotavam aquela fé ardorosa e infinita que movia montanhas.

Junto ao portão, formado naturalmente pelo desabamento de rochas que impediam qualquer outro acesso ao vale, havia um velho de guarda. Ele também servia de guia aos peregrinos estrangeiros que chegavam para rezar ou para fugir de perseguições.

Supramati e Nivara declinaram agradecendo seus serviços de guia e dirigiram-se ao templo. Infelizmente, nada havia restado da antiga grandiosidade e riqueza: sob as antigas abóbadas imperava uma escassa meia-luz e o traje dos sacerdotes era tão simples e pobre como os adornos da igreja. O ofício era realizado por um velho bispo, vestindo um traje de tecido branco. Desde há muito tempo as missas eram celebradas de maneira contínua, dia e noite a fio os fiéis aguardavam na fila sua vez de assistirem ao santo ofício. A falta de lugar era um resultado da danificação de algumas partes do templo pelo desabamento da rocha, que acabou ruindo de vez, salvando-se apenas uma parte do templo onde ficava o Santo Sepulcro, que escapou ileso.

No intervalo, após a celebração da missa, Supramati aproximou-se do bispo e pediu permissão para conversarem a sós. Ambos dirigiram-se à cela do padre e conversaram longamente. À tarde do mesmo dia, uma estranha multidão encheu o templo. A população da cidade e dos rochedos reuniu-se ali a pedido do bispo.

Quando se abriram as portas do santuário, apareceu Supramati acompanhado do bispo. Pela primeira vez diante de simples mortais, ele ostentava o traje de cavaleiro do Graal e a sua cabeça estava envolta em uma ampla aura.

O povo que enchia como uma massa compacta todos os cantos do templo caiu de joelhos, imaginando estar diante de um santo vindo do Céu.

Quando, por ordem do bispo, todos se levantaram, Supramati aproximou-se dos degraus do púlpito e começou a falar. Em palavras eloqüentes descreveu a situação do mundo, pintou o quadro de desgraças e a bestificação da humanidade que, esquecendo a sua origem divina, deixou-se dominar pelo espírito do mal.

— E agora, irmãos, – continuou – estão chegando os tempos profetizados: o fim do mundo se aproxima. Nos terríveis minutos, de acordo com a profecia, o invisível se tornará visível, um julgamento será feito e as ovelhas puras serão separadas das impuras, conforme está nas escrituras. Aqueles que nunca declinaram da fé e honraram a Deus, os que sempre permaneceram unidos pelo luminoso e invisível elo com seu Criador, receberão naquele minuto uma recompensa pela sua lealdade. Eles verão Jesus e os espíritos do planeta, que os iluminarão com a luz celestial, e ouvirão a rigorosa condenação das hordas diabólicas de sacrílegos e sedutores que cegaram e desencaminharam tantas almas, quebrando tantos laços entre o Deus-Pai e seus filhos.

É claro que para o Eterno Todo-Poderoso seria fácil quebrar e aniquilar o espírito rebelde que se considera tão poderoso junto com suas hordas de partidários, mas o Senhor deu-lhes a liberdade de opção, pois o mal é o obstáculo que testa o bem e a tentação do mal é o teste supremo para a alma. Vocês, irmãos, são considerados "fiéis" ao Senhor, vocês preservaram a sua fé Nele, foram os incansáveis guardiões do altar e de seus divinos sacramentos. Em suas almas, vocês mantêm acesa a chama sagrada que ilumina o tortuoso caminho dos homens ao seu Criador, e entoam o sacramentado hino da Ressurreição. Até o dia de hoje, vocês permaneceram firmes, suportando a pobreza e as perseguições destes tempos difíceis, quando Satanás hasteou sua bandeira sobre altares profanados e insolentemente ofendeu o Criador e Suas leis. Agora, irmãos, resta-lhes cumprir o último dever nesta Terra condenada à morte.

Vocês devem abandonar este abrigo onde realizam as suas preces e sacramentos para novamente aparecer entre as pessoas e combater o mal. Vocês deverão pregar a palavra de Deus e conclamar as pessoas para o arrependimento e as preces, dizer-lhes da aproximação da hora, quando não haverá mais tempo para a salvação. Vocês deverão ser corajosos e nada temer, nem a morte, pois vocês irão lutar pela salvação das almas humanas, e cada alma salva será um tesouro de inestimável valor que vocês depositarão aos pés do Eterno. A responsabilidade que lhes cabe é sublime e difícil; o reino pecaminoso está findando; as hordas satânicas já tentaram e destruíram um número demasiado de almas; seus templos serão arrasados e purificados com sangue que os mártires derramarão voluntariamente. Respondam-me, meus irmãos, vocês se consideram suficientemente fortes para travar este grandioso combate, sem recuar diante de nenhum sacrifício e contribuir para a vitória da luz Divina sobre a escuridão do mal?

Enquanto Supramati falava, a multidão, aos poucos, ia ficando de joelhos, sem perder de vista o maravilhoso e inspirado rosto do orador, que, em seu traje alvo e com sua aura prateada sobre a cabeça, parecia-lhes um espírito das esferas. Quando ele se calou, ouviu-se em resposta uma exclamação uníssona, todos estendendo as mãos em sua direção.

— Sim, nós queremos lutar e colocar as nossas forças e a vida para salvar nossos irmãos!... Ajude-nos, Senhor, a lutar pela glória do Seu Nome – ouviram-se centenas de vozes. Os rostos de todos transpiravam coragem e energia; uma fé ardente espelhava-se nos olhares e uma inesperada beleza interior parecia transfigurar a aparência de todos.

Com o encerramento da missa, todos os presentes comungaram, jurando lutar contra Satanás, sem recuar diante de qualquer perigo. Em seguida, Supramati falou novamente.

— Irmãos e irmãs! Resta-me dizer-lhes que no momento em que no céu surgir uma cruz resplandecente, a gruta do Santo Sepulcro acender-se feito lume e os sinos começarem a tocar sozinhos, significará que chegou a hora de entrar em sagrado combate, armados de cruz e de sua inabalável fé. E até chegar este momento, rezem, preparem-se e juntem toda a força moral de que puderem dispor.

Encerrando a última prece, os fiéis se dispersaram, enquanto Supramati, Nivara e os sacerdotes reuniram-se na cela do bispo para discutir a situação de Jerusalém e de outras comunidades cristãs da Palestina. Nesta reunião, Supramati soube que nas montanhas, nos arredores do Sinai, formou-se uma verdadeira cidade subterrânea.

Um andarilho do deserto encontrara, por acaso, grandes cavernas que formavam labirintos, logo ocupados por cristãos fugidos das perseguições. Lá eles erigiram igrejas, moradias, cemitérios e abriram novas passagens, cuidadosamente encobertas e conhecidas somente pelos fiéis. Nesses inacessíveis abrigos eram guardadas as relíquias mais veneradas, ícones milagrosos e todos os santuários que conseguiram ser salvos da ira sacrílega dos satanistas. Lá vivia uma população incomum e asceta, imbuída de enérgica fé, que passava o tempo em jejum e ininterruptas preces. A região parecia dividir-se em duas camadas: na superfície imperava o furioso satanismo, enquanto que nos subterrâneos ouviam-se cânticos sagrados, celebravam-se missas e festas religiosas. Por um estranho capricho do destino, foi exatamente nas catacumbas que cresceu e adquiriu sua inabalável força a fé cristã; e agora ela novamente se preparava para ressurgir das profundezas das cavernas, tão límpida e forte como ao nascer, para receber um novo, porém último batismo através do sangue dos mártires.

Isso tudo foi contado a Supramati pelos sacerdotes, lembrando um deles que alguns anos atrás, nas cavernas formou-se uma pequena comunidade feminina, cuja prioresa era uma jovem moça, tão benevolente e devota, que foi escolhida para a função por unanimidade.

— Essa é uma criatura incomum – continuou o ancião. – Sua inteligência e força de caráter não condiz com a sua idade. Seus pais eram crentes e pertenciam a uma antiga família cristã, mas, infelizmente, sucumbiram às tentações e caíram no satanismo. No entanto Taíssa, contando na época 10 anos, permaneceu firme na fé e fugiu de casa. Sua fuga foi particularmente milagrosa. Diz-se que um anjo a havia conduzido para cá numa pequena e frágil canoa. A seu pedido, ela foi introduzida na comunidade que atualmente dirige. A sua enorme fé e a vida exemplar sempre encantaram e surpreenderam as colegas; além disso Taíssa possui um espírito sagaz e tem visões. Ela está convencida, por exemplo, de que sua vida é uma provação suprema ou uma missão e parece estar sempre à procura de algo ou esperando alguém.

Ao ouvir o relato, Supramati sorriu. Ele sabia quem era aquela moça que, através das provações, sustentada por amor inabalável e fé consciente, abria o caminho em sua direção.

Em seguida a conversa mudou de assunto e concentrou-se na personalidade de um homem que preocupava demasiadamente os fiéis. Eles viam nele a encarnação do próprio mal e a mais perigosa das criaturas que já existiu na face da Terra. Supramati já ouvira falar dele em Czargrado e convenceu-se de que a sua extrema influência sobre as mentes aumentava a cada dia. Entretanto, Supramati não conseguiu vê-lo, pois Shelom Iezodot – era esse o seu nome – residia então numa outra cidade e estava retornando de uma viagem de inspeção pelo mundo, pois considerava-se o senhor do planeta. O seu poder ilimitado sobre as pessoas, sob todos os aspectos, praticamente, dava-lhe o direito de assim ser chamado. Interessado em ouvir a respeito daquele homem opiniões, partidas de simples mortais, Supramati pediu que lhe contassem tudo o que se referia a ele.

A origem do Shelom Iezodot era misteriosa e já cercada de lendas e, dessas, a mais verossímil, era a que dizia ser ele um filho bastardo de um judeu bilionário que o adotou e o fez seu herdeiro.

Ele próprio se autodenominava de "filho único de Satanás", acrescentando zombeteiro parecer-se com Cristo, chamado de Filho de Deus. No mais, deixava que as pessoas falassem o que bem entendessem. Vindo da Ásia ainda moço, cheio de energia e diabolicamente belo, ele iniciou a sua escalada triunfal. Praticava "milagres", transformava pedras em ouro, realizava curas milagrosas, desencadeava e acalmava tempestades, invocava demônios. Em outras palavras, ele parecia mandar na natureza e aparentemente possuía tesouros inesgotáveis, a julgar pela quantidade de ouro que jogava aos punhados no ar e distribuía para todos os que dele se aproximavam. Um dos sacerdotes, que havia visto Shelom, disse que o seu semblante tinha realmente algo de enfeitiçador e o seu olhar inegavelmente subjugava e dominava.

— Então, irmão Supramati, já que você diz que a derradeira hora está chegando, não seria esse homem o profetizado "Anticristo"? – indagou preocupado o ancião.

Supramati nada respondeu e despediu-se em seguida. Ele pretendia viajar para o Sinai ao amanhecer e visitar o mundo subterrâneo, que servia de abrigo ao exército de Cristo.

Foi com grande inquietação que Supramati entrou nas galerias subterrâneas onde os cristãos perseguidos juntaram e esconderam dos sacrílegos os seus valiosos tesouros. O abrigo das mulheres, que viviam sós, estava totalmente separado do abrigo dos homens solteiros e possuía entradas independentes. As famílias ocupavam prédios especiais naquela enorme cidade subterrânea. Supramati e Nivara hospedaram-se na residência de uma família que lhes pediu que aceitassem a sua hospitalidade. O dono da casa – um jovem e entusiasmado devoto – mostrou-lhes as cavernas.

Cheios de surpresa eles admiraram os ambientes talhados pela própria natureza e as amplas igrejas, altas como catedrais, onde estavam guardados os tesouros espirituais salvos da destruição.

Uma mulher que tinha uma parente na comunidade dirigida por Taíssa ofereceu-se para conduzir Supramati até lá, visto ser ele um profeta que preconizava o fim do mundo. A entrada de Nivara não foi permitida. Devido aos boatos caluniadores, disseminados pelos satanistas sobre as mulheres cristãs, não era permitida a entrada de nenhum homem e, somente nas grandes festividades, em comemoração ao nascimento e morte de Cristo, permitia-se a entrada de um sacerdote octogenário para a celebração do ofício.

Através de galerias tortuosas com celas de cada lado e cavernas de diversos tamanhos, Supramati penetrou junto com a sua acompanhante na igreja da pequena comunidade onde se reuniam as freiras – se é que se poderia chamá-las assim. Era uma grande caverna com paredes cobertas por estalactites e uma abóbada muito alta que se perdia na penumbra. Em seu interior, numa elevação de alguns degraus estava erigido o altar e sobre ele a estátua da Virgem Santíssima, em tamanho maior que um ser humano; em seus braços abertos Ela segurava o menino Jesus, como se o mostrasse aos fiéis; em sua volta agrupavam-se figuras de santos muito venerados nos tempos antigos. No altar, coberto por uma toalha de brocado prateado, havia uma antigo cálice de ouro. De cada lado dos degraus enfileiravam-se vinte mulheres, trajadas de branco, com longos véus sobre a cabeça, que cantavam um hino à glória da Virgem Santíssima e do Salvador.

Todas eram jovens e belas. O canto harmonioso de vozes jovens espalhava-se pelo templo como sons de órgão. Contudo, a atenção de Supramati foi atraída para uma delas, também trajada de branco, com um véu transparente na cabeça; somente uma cruz de ouro que pendia do seu peito distinguia-a das outras. Ela estava genuflexa no último degrau, de mãos juntas e olhar pregado na imagem; sua voz – maravilhosa, sonora, forte e aveludada – sobressaía-se de todas as outras.

Era uma jovem de uns dezoito ou dezenove anos, tão frágil, branca e transparente, que parecia sem vida: os longos cabelos, loiros e ligeiramente ondulados desciam até o chão e os grandes olhos azuis eram claros e límpidos como os de uma criança.

Terminada a oração, a acompanhante de Supramati aproximou-se da irmã e informou-a da chegada do extraordinário visitante. Todos se apressaram em se aproximar dele, mas Taíssa chegando a dois passos de Supramati de repente parou, estremeceu e arregalou os olhos ao fitar o mago. Num ímpeto caiu de joelhos, pôs as mãos sobre a cabeça e murmurou.

— Eu o conheço. Você é o enviado das forças superiores e aparece em minhas visões, mas... não consigo lembrar o seu nome...

Supramati colocou a mão sobre a sua cabeça, levantou-a e disse carinhosamente.

— Seu coração me reconheceu. Eu vim para dizer que a sua provação final está próxima. Ao enfrentá-la com dignidade e superada a última barreira, aí então lembrará o meu nome e o passado. Mas agora eu devo dizer algumas palavras para você e suas companheiras.

Ele descreveu a situação do mundo, apontou o seu fim próximo e explicou que os fiéis teriam pela frente uma grande e decisiva luta, cuja finalidade era de arrancar das forças do mal aquelas almas que ainda poderiam ser salvas.

— Até agora, irmãs, vocês preservaram suas almas da sordidez que as cerca – acrescentou. – Entretanto, é mais fácil preservar a pureza e a fé no retiro, longe de quaisquer tentações, do que no meio de pessoas devassas, sob a ameaça de infâmias, perseguições e, bem possível, até da própria vida. E é neste formigueiro, caras irmãs, que eu espero ver o seu puro, forte e invencível exército, resgatando as almas das tramas diabólicas.

As irmãs, repletas de fé e submissão, juraram usar todas as forças para permanecerem à altura da vocação. Já Taíssa parecia transformada. A fé exaltada e a grande firmeza iluminaram-lhe o belíssimo rosto levemente ruborizado de excitação e os olhos azuis encaravam Supramati com uma expressão inexplicável.

— Eu enfrentarei a última provação, vencerei as dificuldades e Deus me apoiará e abrirá os meus olhos espirituais – murmurou ela, e uma energia inusitada manifestou-se em sua voz.

Os olhos de Supramati flamejaram de alegria. Ao abençoar as moças, ele sugeriu que elas rezassem constantemente e retirou-se.

A visita às cavernas agradou muito a Supramati. O ar dali era bem diferente e lembrava o dos palácios do Himalaia. Ele se sentia bem e passava longo tempo nas grutas onde estavam guardados antigos talismãs da humanidade em martírio: relíquias de santos e ícones milagrosos, diante dos quais as pessoas expunham, por séculos, as puras inclinações da alma e obtinham graças incontáveis. E o poder dos grandes e invisíveis benfeitores não enfraqueceu nem um pouco depois de expulsos de luxuosos templos e obrigados a descerem às escuras galerias subterrâneas: eles continuaram a pedir ao Céu para que fossem perdoados os pecados e os crimes dos cegos, que se insurgiram contra o Poder Supremo que controla o Universo.

Supramati rezava por horas a fio, pedindo a esses espíritos elevados para que o apoiassem, inspirassem e lhe enviassem a compreensão para torná-lo um verdadeiro e submisso pregador da "palavra divina".

Ele era um mago, formado no laboratório de seus mestres, armado de enorme saber: ele sabia governar sobre os elementos da natureza, compreender e dirigir os grandes motores cósmicos da máquina planetária, mas... Mas, durante o tempo dessa longa ascensão, ele foi completamente afastado do redemoinho humano e, ao conhecer o complicado mecanismo do infinito, desaprendeu a compreender aquele microcosmo, que se chama alma humana. Ele esqueceu aquilo que se esconde no coração humano: a luta e a tempestade, a maré alta e a maré baixa, a queda e o queixume deste minúsculo e peçonhento inseto chamado "homem". Individualmente, esta partícula racional nada representa com a sua mísera vaidade, orgulho, egoísmo e espírito rebelde; já aos bilhões, ela se revela como uma devastadora nuvem de gafanhotos que corrói o planeta, rodopiando e saltando entre o Céu e o abismo... E Supramati, numa prece fervorosa, pediu a todos os benfeitores aflitos, cuja grande misericórdia não se exauriu ao contato com as chagas humanas, para que o ensinassem a entender os pecadores, ser condescendente no seu julgamento e conduzi-los com amor ao Pai Celeste.

Os seus mentores transformaram o pobre Ralf Morgan num mago de três fachos de luz: com amor e paciência corrigiram, purificaram e inspiraram cada meandro de sua alma. Fizeram de um moralista aleijado, com sentidos brutalizados, um ser elevado, capaz de ver, sentir e entender o desconhecido. Chegou a hora de pagar esta dívida de amor, devolvendo aos mentores aqueles bens que lhe deram com tanta profusão. Em profunda submissão, o mago ficou genuflexo diante dos espíritos elevados cheios de divina piedade, que abriram mão do sossego de sua bem-aventurança pessoal e, voluntariamente, acorrentaram-se à Terra, auscultando, incansavelmente, todas as lágrimas e amarguras com que os aflitos vinham à sua presença, pedindo, feito crianças, tudo de que a vida lhes privara: saúde, bens terrenos, perdão dos pecados e delitos.

— Ensinem-me, mestres supremos, a amá-los e compreendê-los da forma como vocês amam e entendem estas criaturas criminosas que renegaram a Deus. Não me permitam esquecer que eu sou fraco e cego diante do segredo do coração humano para que o orgulho do conhecimento nunca empane a minha visão espiritual e eu cumpra, condignamente, a difícil missão de levar a luz do Criador para aquelas gerações humanas que estarão sob a minha guarda no novo mundo.

E na escuridão das cavernas acendiam-se grandes focos de luz; os espíritos benfeitores vinham até o mago, olhando-o com amor e condescendência, ensinando-lhe a difícil arte de entender a alma e prometendo-lhe ajuda e apoio. Nesta atmosfera de luz e calor o corpo de Supramati enchia-se de novas forças. Todo o seu íntimo estremecia de amor sagrado à humanidade e a desordem moral desta parecia-lhe menos repelente apesar de seus vícios, crimes, cegueira e hostilidade fratricida. Através de toda aquela imundície, ele vislumbrava o brilho da "fagulha divina", o sopro imortal do Criador, que nenhuma sordidez conseguia aniquilar ou apagar e que espreitava em toda a sua primitiva pureza, agitava-se até no coração cruel de Satanás. E esta dádiva do Céu jamais alguém conseguira tirar de um ser criado por Deus.

Após algumas semanas de vida em isolamento, preces e ascese, Supramati deixou a cidade subterrânea e, com as forças renovadas, regressou a Czargrado.

Desta vez ele apareceu na sociedade e os magníficos salões do seu palácio ficaram cheios dos mais elegantes, ricos e famosos representantes da sociedade. A multidão festiva, leviana e ignara, examinava com avara curiosidade os valiosos tesouros artísticos reunidos em grande quantidade naquela casa luxuosamente mobiliada, com muitos serviçais, o que já era absolutamente inusitado e incrível na época de "igualdade" geral, quando o serviço era feito por máquinas ou animais.

As mulheres estavam completamente caídas pelo encantador e belo homem, que se destacava de todos. Entretanto, apesar de toda a ousadia e despudor das damas "do fim do mundo", alguma coisa no olhar severo e no sorriso enigmático de Supramati constrangia-as e mantinha-as a uma respeitável distância.

Mas, além do grande interesse que despertou a personalidade do encantador príncipe indiano, a cidade estava tomada de curiosidade e cheia de mexericos por ocasião do retorno à capital de Shelom Iezodot, acompanhado por uma numerosa e ilustre corte que ele sempre arrastava consigo.

No local do antigo templo de Santa Sofia, que mais

tarde foi transformado em mesquita, o filho de Satanás construiu um enorme palácio, aproveitando ao máximo as velhas paredes. Parte do palácio, onde ficavam os restos da igreja, servia de aposentos privativos de Shelom e Iskhet Zemuman – uma estranha mulher que nunca o abandonava e que despudoradamente se autodenominava mãe e esposa do rei do Universo. Nos anexos do prédio foram preparadas residências para a corte, sacerdotes satânicos, mulheres e outros monstros morais que participavam das incríveis orgias e repugnantes sacrilégios, divulgados em todos os lugares onde se estabelecia Shelom e seu asqueroso estado-maior. Tudo o que tinha sido venerado pelo velho mundo pagão e cristão foi emporcalhado e profanado por esses monstros dos últimos tempos.

As notícias, transmitidas avidamente, diziam como, um por um, os países iam se submetendo, voluntariamente, a Shelom Iezodot, visto ninguém possuir tantos bens terrenos como ele e distribui-los com tanta magnanimidade. Em todas as casas, onde estivera Supramati, não se falou de outra coisa e, aliás, contavam que em todas as regiões que se submetiam a ele Shelom deixava seus sátrapas, cuja obrigação era supervisionar o bem-estar da região, para o que eles distribuíam ouro aos necessitados; promoviam festividades e orgias satânicas, e deviam exterminar, onde quer que fosse, tanto os fiéis como tudo que se referia à antiga fé. Para auxiliar neste trabalho tão útil, junto a cada sátrapa era indicado um conselho com um número ilimitado de membros. Entretanto, para conseguir receber o título de conselheiro deveriam ser realizados, explicitamente, "sete pecados capitais", pelo menos um assassinato e algum sacrilégio inédito e picante. A cidade de Czargrado, conforme se dizia, fora escolhida por Shelom como sua capital.

Chegou finalmente o dia em que o terrível e misterioso homem chegou à cidade. Ainda na véspera, a multidão exaltada começou a encher as ruas e com a chegada da noite surgiu, cercada pela frota aérea da corte, o iate espacial negro, com incrustações de ouro e iluminado por uma brilhante luz vermelho-sangue. Era a nave que levava Shelom. Feito um espírito das trevas, ele desceu do espaço para instalar-se na capital escolhida.

O chegada de Shelom foi comemorada com procissões de satanistas e sacrifícios, massacre de algumas pessoas publicamente reconhecidas como fiéis e orgias que superaram, por seu despudor e inauditos sacrilégios, tudo até então. Mas Shelom não se limitou às comemorações e condecorações; ele iniciou também as reformas econômicas e a primeira delas causou uma satisfação geral. A população ficou isenta de pagar passagens de trens aéreos; em troca disso, foi estabelecido um pequeno imposto anual único, que permitia a qualquer um viajar gratuitamente por todo o mundo.

"Isso porque – explicava em sua lei o novo patriarca da Terra, – não se podia cercear a liberdade das pessoas, obrigando-as a permanecerem num único lugar, pois elas podiam querer mudar-se para outros lugares e o transporte aéreo era de todos, assim como o próprio ar".

Capítulo XI

Duas semanas após sua chegada, encontramos Shelom Iezodot sentado em seu aposento. Era uma sala de proporções médias, as paredes forradas em tecido preto com desenhos em vermelho, os móveis eram de madeira preta, os encostos decorados com cabeça entalhada de bode e estofados em tecido vermelho de seda. Lâmpadas elétricas vermelhas inundavam o quarto com a luz cor de sangue. Shelom estava sentado à mesa numa larga poltrona de espaldar alto, ouvindo atenciosamente o que lhe dizia um dos conselheiros, que, de pé e gesticulando muito, fazia um relatório com ardor inusitado. Uma estrela negra em seu pescoço apontava o grau elevado de sua hierarquia satânica.

O czar do mal era um homem jovem, muito alto e tão delgado, magro e flexível, que os movimentos de seu físico, coberto de malha negra, lembravam uma serpente. As feições do rosto, ainda que fossem anguladas, eram regulares; os olhos – grandes, cinzentos, com forte matiz esverdeado, encimados por sobrancelhas, que quase se juntavam no intercílio, – fosforesciam de tal forma, que pareciam ser os de uma fera selvagem.

Por trás dos lábios carnudos, vermelhos feito sangue, luziam afiados dentes brancos; os cabelos negros, densos e encaracolados e a barbicha acentuavam ainda mais a tez pálida e cinzenta do rosto. Em resumo, ele poderia até ser chamado de belo, não refletisse a sua fisionomia todos os vícios e as aspirações ímpias e se o seu olhar não fosse tão gélido e ao mesmo tempo tão selvagem e até cruel.

Ao lado de Shelom, numa cadeira mais baixa, estava sentada uma mulher de beleza fascinante. A malha que a vestia, contornando as maravilhosas formas, deixava a descoberto o pescoço e os braços da alvura de marfim. Suas feições lembravam um camafeu antigo; grandes olhos negros e sombrios brilhavam por detrás dos cílios vastos, como se iluminados por uma luz interna; a pequena boca vermelha denotava volúpia; os elegantes cabelos negros, excepcionalmente densos, desciam abaixo dos joelhos; um aro largo de ouro, decorado com a cabeça de bode com olhos de esmeraldas, sustentava-lhe a vasta cabeleira negra. A mulher era, no sentido literal da palavra, de beleza diabólica e a encarnação autêntica da sensualidade, como se criada para provocar as paixões e seduzir as pessoas para o sorvedouro, de onde ela mesma havia saído.

— E então, Madim, você acha que o hindu é perigoso? – inquiriu Shelom, afagando a barbicha e olhando com um sorriso zombeteiro para o homem que acabara de lhe fazer o relatório.

— Sim, considero meu dever chamar sua especial atenção para ele. Esse homem, provavelmente, saiu de uma toca secreta de antigos cristãos e está cercado por uma atmosfera tão nauseante que, quando passa com o seu secretário ao lado de nossos santuários, naqueles parece desabar uma tempestade. Sua casa está cheia de empregados, no entanto nenhum deles se interessou em conhecer os nossos nem participar de nossas cerimônias. Conforme eu já havia relatado, o príncipe Supramati aparece na sociedade e organiza recepções luxuosas, mas sabe-se que seu relacionamento com todos é muito discreto e o que é mais extraordinário – ele não tem nenhuma amante.

— Precisamos arrumar-lhe – zombou Shelom.

— Isso não será fácil – preocupou-se Madim. – Tanto mais, porque Maslot, nosso grande vidente e astrólogo, disse-me que essa pessoa, juntamente com algumas outras, foi enviada por nossos inimigos e vai causar-nos diversos aborrecimentos. Já me passaram a informação de que o hindu conversou com o doutor Chamanov, dizendo-lhe que o fim do mundo estaria próximo e que ocorreriam catástrofes medonhas, fome, terremotos e ninguém sabe o que mais...

Shelom Iezodot desatou numa sonora gargalhada.

— Teremos de tirar de Maslot o seu título de clarividente, pois ele está começando a ficar cego. E você, Madim, que eu considerava mais inteligente! Será que você acha que eu não sei o que devo fazer? Eu estou a caminho da revelação e domínio de uma substância misteriosa, ou sangue do planeta ou também o "elixir da vida", como ela é chamada pelos desprezíveis egoístas que se escondem no Himalaia. Esperto será aquele que conseguir destruir-nos depois que nós tomarmos a essência primeva, que nos assegurará a vida planetária. De que forma vai haver fome, se a mesma substância produz em todo o lugar uma farta vegetação e abundância de todos os produtos? Bem, admitamos até que ocorra a catástrofe! Restar-me-á apenas um passo para entrar em contato com os mundos vizinhos, para onde nos mudaremos; e depois... deixe que a velhota Terra desmorone com todos os seus papalvos escondidos, sua fé idiota e toda sua "velharia", cuidadosamente escondida por eles em grutas e galerias subterrâneas.

Shelom endireitou-se, seus olhos brilhavam e todo ele respirava de orgulho desmedido e consciência de seu poder. Madim e aquela mulher, juntamente com algumas pessoas que se encontravam na sala, contemplavam-no desslumbrados e cheios de medo supersticioso.

— A propósito, numa coisa você está certo – prosseguiu Shelom. – Será bom desarmar o príncipe Supramati e torná-lo inofensivo. Esta será a sua tarefa, Iskhet. Você tentará e seduzirá esse homem que não conseguirá resistir a seus encantos.

Arrepios perpassaram o corpo da jovem mulher e ela, assustada, fechou-se dentro da capa vermelha que estava em seus ombros.

— Senhor, sua ordem é cruel! Aquele homem deve possuir um imenso poder, já que só a sua aproximação provoca o tremor nos nossos santuários. Como, então, você quer que eu me aproxime dele?

Um sorriso gelado e implacável estampou-se no semblante de Shelom.

— Isso já é com você. Para isso que você é Iskhet Zemuman. A propósito, vou lhe facilitar a tarefa e organizarei um banquete em que ele vai estar presente. Acredito ser o bastante para você atraí-lo a seus braços. Amanhã vou visitar Supramati. Providencie para que tudo esteja pronto – disse ele, dirigindo-se a Madim.

No dia seguinte, encontramos Supramati com Nivara no laboratório anexo à sala. O mago estava pálido e pensativo, mas ao encontrar o olhar um tanto preocupado de Nivara sorriu-lhe.

— E assim, você está preocupado com a futura visita de Sua Excelência, o czar da blasfêmia. Eu também não posso admitir que isso me traga prazer. Mas, como o encontro é inevitável, temos de nos acostumar a isso. Por enquanto, vamos ao laboratório e façamos alguns preparativos para recebê-lo.

Instruído por Supramati, Nivara acionou um grande aparelho elétrico que começou a soltar longos feixes de luz, envolvendo-os e formando uma espécie de retícula. Pouco tempo depois, tudo se dissipou.

— Bem-vindo agora! – animou-se Nivara, parando a máquina. – É uma pena que ainda não chegou a hora de mostrarmos a esse monstro diabólico com quem ele está lidando. Não é recomendável para um adepto ficar feliz com a desgraça alheia, mas eu não consigo me afastar do sentimento de uma profunda satisfação só de pensar sobre o castigo iminente que desabará sobre esse ser miserável.

Supramati balançou a cabeça.

— Aquilo que os aguarda é tão horrível que devemos ser condescendentes e misericordiosos.

Uma hora depois, o quarto foi percorrido de repente por uma rajada de vento gélido e, de fora, ouviu-se um barulho apenas perceptível, obviamente, aos iniciados.

— A nossa visita está chegando. Eu mandei que o levassem ao Salão Azul – disse Supramati levantando-se. – Venha comigo, Nivara, ele também está com o seu secretário Madim. O resto de seu séquito será detido por nossos amigos junto ao portão – acrescentou ele, ao ver que os espíritos dos elementos da natureza, por ele comandados, haviam-se reunido e circundaram-no para protegê-lo.

De fato, à entrada do palácio iniciou-se uma batalha – invisível, é claro, para os olhos dos mortais – dos espíritos dos elementos contra as larvas, vampiros e outros seres sórdidos do inferno que compunham a comitiva de Shelom Iezodot. O exército do mago, entretanto, saiu-se vitorioso e nenhum dos impuros conseguiu penetrar no palácio. Para quem olhava de fora, a batalha entre as partes beligerantes traduziu-se na formação de nuvens negras que cobriram o céu, no ar pesado e no ribombar surdo dos trovões. Quando Supramati entrou, o Salão Azul, que dava para o jardim, estava envolto num lusco-fusco alvacento, e, através de uma grande janela, podia-se ver como os raios riscavam o céu e um vento escaldante alçava colunas de poeira.

Shelom Iezodot estava sozinho, parado no meio da sala. Uma convulsão nervosa desfigurava-lhe o rosto de lividez cadavérica. Madim, por certo, ficara atrás da porta, assim Nivara, por modéstia, também se retirou da sala.

Os dois poderosos adversários ficaram a sós e entreolharam-se medindo um o outro. Eles conheciam a importância das perturbações atmosféricas. O olhar de Supramati continuava tranqüilo e translúcido como antes, enquanto que nos olhos esverdeados de Shelom brilhava ódio e inveja, como se todo o inferno de sentimentos caóticos espreitasse de sua alma obscura. Como se por encanto, seu olhar não podia se desgrudar da alta e esbelta figura do mago, que parecia fulgir em meio à luz azulada que se concentrava acima de sua cabeça em forma de aura radiante.

Para uma leve mesura de Supramati, Shelom retribuiu inclinando a cabeça bem abaixo do usual, diga-se de passagem. Naquele ambiente do palácio, a luz parecia esmagá-lo como um peso de chumbo e um gélido tremor percorria seu corpo. Não se deram as mãos, visto que o costume já fora abolido há muito tempo. Essa prática estava em voga na época em que as leis de ocultismo eram praticamente ignoradas e ninguém tinha consciência do poder do contato direto de duas forças opostas. Os satanistas conheciam essa lei e evitavam estender a mão aos fiéis.

— Saúdo-o, príncipe Supramati! Eu vim oferecer-lhe a paz – começou Shelom, um minuto depois. Eu sei que você e seus irmãos abandonaram seu refúgio no Himalaia para vir combater-me. É obvio, também, que neste mundo só há lugar para um. A Terra, com as suas delícias e riquezas, é a minha área, e vocês, aqui, não têm o que fazer, pois o seu reino "não é deste mundo". O enfrentamento será terrível, pois, como é de seu conhecimento, o meu poder é idêntico ao de vocês. Da mesma forma como vocês, eu governo os elementos da natureza, conheço os segredos da cura e legiões de espíritos são-me submissos. Eu ressuscito os mortos e transformo pedras em ouro. Mas, antes de iniciarmos esse combate decisivo, eu lhe proponho um negócio vantajoso. Vocês querem salvar as almas? Tudo bem, tudo bem! Diga-me, em quantas almas você avalia a sua permanência aqui e eu lhas darei de bom grado. Quer cinco mil... dez mil... cinqüenta mil... Só que as peguem e vão embora. Não fiquem no meu caminho.

— Sua proposta é brilhante, mas inaceitável, pois não posso pegar as almas simplesmente. Elas é que terão de vir até mim. Somente um combate poderá purificá-las e libertálas por completo, quando então elas poderão optar pelo bem ou pelo mal

Os olhos de Shelom faiscaram de ira.

— Eu sei com o que vocês estão contando: com a milagrosa força da essência original que vocês, "imortais", consideram como sua propriedade exclusiva. Bem, então vocês estão equivocados, pois eu descobri o que vocês escondem com tanto zelo e farei mais milagres que vocês, zorrilhos, depositários indignos das tradições, que privaram as pessoas deste tesouro. Diante de seus olhos, pode se dizer, vieram a perecer inúmeras gerações humanas; contudo vocês nem se moveram, enquanto eu tenho dado a qualquer um a oportunidade de gozar da dádiva preciosa – a vida. Vocês vaticinam o fim iminente do mundo, cuja destruição nada poderá impedir? Aqui estou eu! – Shelom endireitouse soberbo e continuou. – Eu deterei a decomposição do planeta; eu cobrirei a Terra com vegetação e a fertilidade será inesgotável; as pessoas sempre sadias e jovens, dotadas de vida planetária, gozarão de todas as benesses e me endeusarão como seu benfeitor.

— Olhe lá, Shelom Iezodot, para que o remédio não se verifique pior que a enfermidade. Tome cuidado para que em vez de imperar sobre as leis cósmicas, estabelecidas por Deus, estas não se voltem contra você!

Ao ouvir o nome do Eterno, um tremor de repugnância desfigurou o rosto de Shelom e num ímpeto de fúria ele gritou:

— Eu só reconheço um senhor, às leis do qual me submeto – o Satanás, meu pai! A última palavra ainda não foi dita, ninguém sabe se triunfará este ou Aquele!...

— Louco, ignorante e cego! – censurou Supramati. – Embriagado por seu ódio e vícios, você esquece que o próprio Satanás, seja ele o que for, é também filho de Deus. Nenhuma revolta, nenhum vitupério ou ódio poderá retirar dele a essência de seu Pai; ela permanecerá nele até o fim dos séculos, pois o que foi criado por Deus é indestrutível. E você é um indigno rebento da Divindade. Sob o invólucro de sordidez, crimes e rebelião, lá, no fundo de seu ser, agita-se a chama que lhe deu a vida. E esta chama é sagrada, ela é o sopro do Eterno do seu e de meu Pai, e essa faísca sagrada você não tem condições de macular nem destruir.

Enquanto Supramati falava, Shelom dobrou-se, tomado de tremor nervoso. Sua figura dava aversão, seu rosto estava desfigurado e uma sanguinolenta baba apareceu em seus lábios. A tempestade lá fora parecia aumentar. Nas rajadas do vento parecia ouvirem-se queixumes e gemidos. Não estaria o inferno chorando pela sua impotência na luta contra a luz celestial?...

Subitamente Shelom endireitou-se e com os punhos cerrados ameaçou Supramati que continuava tranqüilo e diáfano como antes.

— Pare com suas exortações, eremita do Himalaia; eu não vim aqui para ouvir os seus sermões. Você não quis a paz, então vamos à luta e veremos quem haverá de ceder.

Testaremos as nossas forças diante do povo e ele que decida a quem deverá pertencer o reinado.

— Não tenho a menor intenção de governar o mundo agonizante, mas tampouco tenho razões para recusar o seu desafio. Apenas o advirto de que você não está suficientemente armado contra a catástrofe que você acha que tem condições de evitar. Você diz que possui a essência primeva? Está bem. Mas você não sabe como empregá-la, sendo assim, tenha cuidado. Caso contrário, repito mais uma vez, o remédio poderá se tornar pior que a enfermidade – recomendou calmamente Supramati.

— Não me preocupo com isso, eu respondo por meus atos. Entretanto, se você aceita o meu "desafio", como você o chama, aceite também o meu convite, príncipe Supramati, e venha à festa que estou organizando.

Um sorriso enigmático perpassou os lábios de Supramati.

— Se você, Shelom Iezodot, não teme a minha presença em sua casa, eu irei sem falta.

— E você virá sozinho como eu?

— Você não veio com seu secretário Madim? Eu o estou vendo tremer de frio atrás da porta. Assim, eu também irei com o meu secretário Nivara.

— O qual eu vejo cheio de empáfia atrás da outra porta – refutou em tom zombeteiro Shelom. Agradeço pelo prometido, príncipe. Estarei aguardando-os na festa e sem qualquer enfrentamento, cedo-lhe de presente algumas centenas de almas que vocês poderão salvar a bel-prazer em seus refúgios confortáveis.

— Agradeço. Você é muito condescendente, mas eu não tenho hábito de receber nada sem trabalho, nem mesmo almas criminosas. Só tem valor aquilo que vem de trabalho.

Shelom soltou uma risada seca.

— Como quiser. Por ora, ordene que os elementos se

acalmem e diga aos seus empregados para pararem de lutar contra os meus, para que eu possa sair do seu palácio livremente e sem embaraços.

Supramati virou-se para a janela e, levantando a mão, desenhou no ar alguns sinais fosforescentes. Quase no mesmo instante, ouviu-se um barulho ensurdecedor, as rajadas de um vento forte varreram as negras nuvens plúmbeas, o céu abriu-se e os raios solares invadiram o quarto. Ao mesmo tempo ouviu-se, vindo de longe, uma música surpreendentemente suave, e, atrás da grande janela juntaram-se seres leves e transparentes que oscilavam feito fluidos ao sabor do vento.

Um sorriso de felicidade infinita iluminou as belas feições do mago, enquanto Shelom cabisbaixo, pálido como cadáver, saiu feito um furacão do palácio em companhia de Madim. Uma angústia estranha apoderou-se do coração do czar do mal, tolhendo-lhe a respiração. Um sentimento opressivo de ódio, amargura e inveja dilacerava-o. De onde aparecera tal sentimento? Será que se remexia, obrigando-o a sofrer na carne o amaldiçoado "aquilo", oculto no fundo do seu ser – aquela herança divina do Pai Celeste, que não poderia ser destruída, e constrangia o triunfo de Satanás ao reter a ascensão das almas à luz?...

Mal notando a saída de Shelom, o olhar exaltado de Supramati fixou-se numa visão maravilhosa. Bem longe, numa ampla auréola dourada ele viu o reflexo do seu querido dirigente, Ebramar, e inspirando prazerosamente os aromas da luz pura, que o iluminavam em cascatas douradas, ele sentiu o calor vivificante das poderosas correntes do bem que iam sendo arrebatadas por sua alma, e um sentimento indescritível de felicidade e gratidão apoderou-se dele:

— Oh! Que deleite é tomar consciência da força do bem e da detenção da harmonia das esferas! A luta, os sofrimentos e o labor através dos séculos são recompensados, por milhares de anos, por este único minuto de felicidade indescritível! Avante, avante, sem parar, em direção à luz!

Após a saída de Shelom, Nivara entrou devagarinho e parou ao ver o mestre e amigo numa profunda concentração. Jamais Supramati lhe pareceu tão belo e encantador como naquele momento de desprendimento exaltado. Ao ouvir as palavras por ele murmuradas, Nivara ajoelhou-se e com lágrimas nos olhos encostou aos lábios as mãos do mago. Supramati estremeceu e pôs afavelmente a mão sobre a cabeça do discípulo:

— É, Nivara, nós estamos felizes, e infinita é a misericórdia do Criador que nos deu a dádiva de contemplar e alcançar os grandes segredos da criação. Que destino glorioso promete pela frente esta força do bem, adquirida através de nosso trabalho. No início teremos muita luta, mas eu espero arrancar do inimigo bem mais que um milhar de almas; em seguida, nos será dada a oportunidade de pregar a palavra de Deus e nós lançaremos as bases das leis do Senhor em novo mundo. Avante, avante, Nivara! O caminho para a meta do conhecimento total é muito longo, mas nós já sentimos as nossas asas. Temos de nos submeter à grandeza do infinito e sermos inabaláveis na fé; estas asas nos levarão de um degrau para outro na escala da perfeição. Não é grande o nosso mundo, menos importantes ainda são nossos atos, mas Deus, em sua misericórdia, avalia somente as dimensões de nosso esforço, julgando-nos com amor e medindo a nossa força e os conhecimentos adquiridos...

Supramati calou-se e ambos, muito emocionados, voltaram ao laboratório.

No dia seguinte, trabalhando com seu discípulo no gabinete, Supramati indagou-o, inesperadamente:

— Será que você, Nivara, está suficientemente preparado para enfrentar a festa de Shelom? Lá seremos tentados de todas as formas.

— Oh! Nada temo em sua companhia e, fora isso, ainda teremos a ajuda de Ebramar! – respondeu intrépido Nivara. – Você já não me disse inúmeras vezes, querido mestre, que com um archote na mão não se teme nenhuma escuridão, pois a luz revela todas as armadilhas e ilumina todos os sorvedouros? Graças a seus ensinamentos e ao meu esforço pessoal, os meus olhos espirituais se abriram. Eu vejo o invisível e ouço a harmonia das esferas; os odores contagiosos dos vícios e os sentimentos mundanos são-me repulsivos. Poderei eu, depois de tudo isso, ser vulnerável às tentações torpes?

— Bravo, Nivara! Eu percebo que os seus olhos estão abertos de fato e que você será cuidadoso. Mas, meu amigo, nunca subestime o inimigo por mais insignificante que ele possa parecer; ele poderá se tornar perigoso no exato momento em que nós adormecermos, embalados pela convicção de nossa invulnerabilidade. O melhor é acreditar que a sua blindagem possua defeitos, ficando em alerta para que nenhuma flecha atinja o lugar desprotegido.

Ao perceber um leve rubor do jovem adepto, Supramati acrescentou afavelmente:

— Não há porque corar. Eu sei que você sempre permaneceu firme e assim o será. E como, provavelmente, Shelom vai querer "descansar" após sua visita, antes de organizar o belo banquete e preparar todas as ciladas em nossa homenagem, eu acho que teremos tempo de visitar Dakhir com Narayana. Nós lhe contaremos a respeito do ocorrido e do convite de Shelom e aproveitaremos a oportunidade para ver ali que estratégia eles desenvolveram para as suas ações e como estão indo os preparativos.

Algumas horas depois, a nave espacial de Supramati levava-os em direção da antiga Moscou, pois Dakhir e Narayana optaram pela Rússia e suas circunvizinhanças para o campo de seu trabalho.

Voando à velocidade estonteante, algumas horas já podiam divisar abaixo deles uma imensa planície russa. Sempre de aspecto uniforme, adquiria ela, agora, uma visão bem monótona e lamentável. Os imensos campos arenosos e estéreis eram puro deserto; as grandes e verdejantes florestas desapareceram e entre os poucos lugares de vegetação rala e baixa já não se viam os verdes ou azuis zimbórios das igrejas com crucifixos dourados que outrora animavam a vastidão campesina. Próximo à cidade, a perder de vista estendiam-se imensas estufas, nas quais agora se concentrava toda a agricultura; entretanto o quadro geral era indescritivelmente cadavérico e monótono.

— E aqui outrora era a “Santa Rússia” – pensou Supramati, suspirando e lançando um olhar penalizado para a cidade que sobrevoavam. —

— Sim, – respondeu Nivara ao pensamento do mestre – os crucifixos e as cúpulas já há muito tempo foram retirados e tudo que lembrava a religião dos ancestrais foi eliminado impiedosamente. Já não se ouvem mais os sinos que chamavam os fiéis para o ofício divino, sob as velhas abóbadas já não se entoam mais os cânticos sagrados; todo e qualquer sentimento religioso acabou... Mas nenhum outro lugar choca tanto como este aqui, pois o povo russo era outrora animado por fé ardorosa e comovente.

— Eu sei. Já estive aqui com Ebramar e observei as surpreendentes filas de devotos que se concentravam em diferentes locais sagrados. Pobres, vestidos em farrapos, só com um vintém no bolso, quando muito, vinham esses romeiros dos confins do país, extenuados pelo longo caminho e famintos, mas cheios de tal fé, que todo o cansaço e os infortúnios eram esquecidos tão logo eles caíam aos pés das relíquias sagradas ou do ícone milagroso; e quando, então, ao acenderem uma vela fininha ou ao segurarem um pão eucarístico – tudo era uma verdadeira festa. Como era pura e forte a oração que se elevava do coração dessa gente deserdada! E quantas graças foram por eles recebidas daqueles a quem iam pedir? Purificados e revigorados, partiam eles, de novo, em sua penosa romaria terrestre.

— Mestre, será que existe um castigo bastante severo para aqueles diabólicos devassos que por fraqueza, leviandade, ambição ou perversão arrancaram desse povo a fé que o sustentava, romperam seus elos com a Divindade e transformaram as boas e piedosas pessoas em bandidos e apóstatas!

— Sim, eles assumiram uma penosa responsabilidade. Não foi à toa que Jesus Cristo dizia: "Ai daquele que provocar a sedução", referindo-se ao que aconteceria àquele "que seduzisse uma daquelas crianças" – observou Supramati. – Contudo, eu estou surpreso como poderia decair tão rápido um povo profundamente piedoso e que, sem se defender, abandonou tudo aquilo que adorou e venerou por séculos.

— Foi como uma gangrena moral, no entanto houve casos de resistência. Um de nossos irmãos, que aqui se encontrava durante a última revolução, contou-me como destruíram o mosteiro da Trindade de Sérgui. A indignação tomou conta de todos; as pessoas ficaram possuídas de demência sacrílega de ódio a Deus. Igrejas foram profanadas e incendiadas, sacerdotes foram mortos aqui e ali. Junto à igreja de Iversk, ocorreu uma luta sanguinária. O príncipe de uma família centenária russa saiu com a espada na mão em defesa de um antigo santuário, mas foi morto e o seu sangue espirrou sobre um ícone; os cadáveres ficaram amontoados por toda a capela. Que fim levou o ícone... ninguém sabe. Você sabe, mestre, que naquela época o perigo rondava o mosteiro constantemente, assim como os ícones que lá estavam. Os mais ciosos, preparando-se para morrer, rezavam dia e noite junto ao sepulcro do santo. Em

Moscou, entrementes, a violência passou dos limites, e o nosso irmão nos disse que o que lá aconteceu ultrapassou o imaginável. É claro que os patifes decidiram acabar também com o mosteiro, ainda que para isso não tivessem fixado o dia. Não tiveram, porém, tempo de executarem o seu plano torpe.

Certa noite, desencadeou-se lá um temporal sem precedentes; os raios provocavam incêndios de dimensões inéditas; o granizo matava gente e animais; o furacão arrancava árvores junto com as raízes, destelhava as casas, derrubava as torres; e para cúmulo das desgraças, os rios transbordaram. A tempestade bravejou por vinte e quatro horas; pereceram milhares de pessoas e muitos perderam o juízo de medo. Quando, enfim, o temporal havia amainado, a cidade de Moscou e as circunvizinhanças pareciam palco de guerra sanguinária. As pessoas e objetos de peso eram alçados por vento e arremessados, feito palha, a distâncias incríveis. O velho mosteiro também transformou-se em ruínas. O temporal concentrou-se sobre ele e os raios incendiaram-no; do poço, cavado por São Sérguii, jorrou uma água espumosa que, juntamente com outras águas subterrâneas, culminou por destruir o mosteiro. As paredes desmoronaram e em seu lugar a água trouxe montanhas de areia, sendo tudo amontoado com cadáveres de monges e moradores vizinhos. Que destino teve o sepulcro do santo? – ninguém sabe; mas a relíquia havia sumido. Presume-se que os monges a haviam retirado por caminhos secretos. Ninguém se atreveu a pesquisar, pois um medo supersticioso espantava as pessoas para longe do local.

Supramati ouviu em silêncio a narrativa de Nivara e depois sentenciou:

— Malucos! Que inferno deve ferver em suas almas por eles terem se lançado com tal encarniçamento sobre tudo que lhes podia lembrar Deus. Será que essa turba cega que cobre a funesta Terra com crimes e discórdia, condenando-a à morte, imagina que com este átomo planetário terminam os domínios do Criador?...

Capítulo XII

— Estamos chegando, mestre. Veja, esta é Moscou e lá, onde paira uma nuvem esbranquiçada sobre o prédio, vivem os nossos amigos – explicou animadamente Nivara.

Minutos após, a nave espacial parou junto a uma pequena torre e, mal os viajantes pisaram na plataforma, ouviu-se da escadaria a sonora voz de Narayana. Ele exclamou alegremente:

— Eles chegaram! Mas que bela idéia que vocês tiveram de nos visitar!

E com a sua costumeira impetuosidade, abraçou Supramati e Nivara. Atrás dele apareceu Dakhir, que também os cumprimentou calorosamente, e, após as boas-vindas, todos se dirigiram ao refeitório onde Narayana começou, de imediato, a preparar uma refeição.

— Sabem onde vocês estão agora? – perguntou ele, colocando na mesa uma jarra de prata com vinho e uma enorme cesta com frutas. – Vocês estão dentro do antigo Kremlin, ou melhor, do que sobrou dele. Quando ele virou propriedade nacional, foi leiloado e um certo Goldenbliuk comprou o Grande Palácio e o transformou em residência mobiliada para pessoas ricas que pudessem pagar uma verdadeira fortuna. O neto dele é o nosso senhorio, e como sou um apreciador de bons objetos antigos aluguei toda a casa para mim e Dakhir. De modo que estas salas, que abrigaram grandes imperadores, agora abrigam modestamente dois príncipes indianos, "missionários do fim do mundo" – concluiu Narayana, com o seu fértil humor.

— Prezados amigos, previno-os de que a refeição é frugal, pois os gêneros alimentícios já não possuem o sabor e a suculência de outrora; somente o vinho é bom. Ele provém de nossas antigas adegas, onde Narayana guarda as suas, assim chamadas, reservas "inesgotáveis" – acrescentou Dakhir, rindo.

— É verdade, tudo perdeu o sabor, como se a mãe-terra quisesse que tivéssemos nojo dela para não lamentar a sua perda. Para que serve o dinheiro, se este já não tem o mesmo valor. A natureza parece ter endoidado; as mudanças de temperatura são insuportáveis: ora o frio polar, ora o calor tropical – e tudo aos saltos, sem intervalos. A primavera e o outono praticamente deixaram de existir: a passagem do verão para o inverno acontece com incrível velocidade. Acrescente-se a isso terríveis furacões, terremotos e miasmas venenosos que surgem do mar ou da terra, sufocando as pessoas. No reino vegetal também está tudo invertido. As plantações em estufa ficaram tão ruins, que se tentou voltar à jardinagem ao ar livre, mas estas tentativas não tiveram êxito: ou tudo congela ou tudo queima ou, então, é devorado pelos vermes. Assim, já tivemos que tomar um vinho com gosto de cera e comer frutas sem sumo ou gosto que lembrasse as árvores; resumindo, porcarias iguais a estas.

E ele pegou da cesta uma fruta e, raivosamente, jogou-a num canto da sala. A maçã abriu-se revelando uma polpa seca e murcha. Todos riram do exaltado estado de espírito do incorrigível comilão.

— Pois é. O Céu tem enviado avisos à humanidade criminosa – observou Dakhir – mas, infelizmente, esta não quer entendê-lo e permanece surda ao clamor das forças cósmicas que perderam seu equilíbrio.

— A Terra inteira é um deserto – disse Narayana.

— Você se esquece de um cantinho da nossa Terra moribunda que permaneceu como estava – contestou Supramati. – A Índia, o berço da humanidade, onde certo dia pousaram os "imortais", vindos de outro mundo em extinção, grandes legisladores e introdutores da primeira época de luzes. Lá, eles ensinaram o abecedário das grandes leis aos povos inexperientes, leis que sustentavam a ordem social e moral, abrindo sabiamente a estes povos tanta luz quanto estes estavam em condições de assimilar. Lá, o seu espírito parece proteger os lugares, onde moravam e onde construíram o arquivo do mundo. E a desordem atmosférica e os miasmas venenosos, tudo, enfim, foi afastado dos lugares onde a vontade desses "grandes espíritos" arde como fogo eterno e age como um escudo protetor daquele fantástico reino. Jamais um simples mortal, um infiel, que pudesse com seus sacrilégios macular aqueles vales alegres, conseguiu se aproximar dos palácios dos magos; nenhum olho curioso conseguiu vulgarizar os abrigos dos sábios, onde a própria natureza respira harmonia. E somente o último e definitivo golpe é que vai abraçá-los em fogo, invariavelmente puros e castos.

— Você está certo, Supramati. Nos nossos mágicos palácios indianos ainda se vive bem; mas aqui – é horrível, parece estarmos sob o jugo de um pesadelo. Fico gelado só de ver os outros passando frio; as pessoas daqui são dignas de dó. Uns vivem em constante torpor de orgias e crimes; outros vagueiam como lúgubres misantropos, sem encontrar a paz, como se tivessem perdido algo, sem conseguir achá-lo – suspirou Narayana.

— É verdade. Eles perderam e procuram por sua antiga fé, seu Deus e os Santos – protetores – tudo aquilo que alimentava a sua alma. E agora, fartos dos vícios, sem apoio moral e sentindo que ao seu redor está acontecendo algo de anormal, ficam apavorados e o futuro lhes parece um sombrio abismo – observou Dakhir.

— E eu calculo que são exatamente esses "misantropos" que serão os mais fáceis de serem atraídos pela nossa pregação – acrescentou Narayana, animado com a bebida e colocando mais vinho nos copos das visitas.

A conversa animou-se e Supramati contou sobre o seu encontro com Shelom Iezodot, lembrando o seu desafio e o convite para o armistício.

— Ah! Então ele já percebeu que você é perigoso! – exclamou Dakhir.

— Exato. E até tentou me subornar, oferecendo mil almas só para que fôssemos embora, mas eu declinei da oferta – e Supramati desatou a rir. – Contudo, a segunda oferta – um nobre duelo – eu aceitei e nós vamos medir as nossas forças ocultas. Ele afirma que tudo o que eu posso fazer com o poder puro, recebido de Deus, ele poderá fazer através do poder diabólico.

— Epa! Suponho que deve haver uma certa diferença entre esses dois poderes. E quando vai acontecer esse magnífico duelo de poderes mágicos? Espero que você permita a minha presença e a de Dakhir.

— Sem dúvida. Eu faço questão da presença de ambos. Obviamente, reunir-se-á uma grande multidão e eu pretendo começar a conversão a partir desse duelo. Mas, quando isso vai acontecer, ainda não sei. Acredito que será após o famigerado banquete, durante o qual eles esperam me enfraquecer ou matar.

— Ah! Que piada! Mas, de qualquer maneira, tome cuidado, Supramati! Se dentro de você sobrou algo do velho

Adão, a senhora Iskhet conseguirá despertá-lo – exclamou Narayana, soltando uma gargalhada.

— O caso é o seguinte: – acrescentou ele modesto – a minha queda pelo belo sexo ainda não se extinguiu totalmente. Por isso eu fiz um pequeno reconhecimento para dar uma olhada na amiga do "anticristo" e convenci-me de que ela é perigosa.

— Vamos torcer para que eu resista aos seus encantos e que o velho Adão continue a dormir nas profundezas do meu íntimo – argumentou Supramati, sorrindo.

À tarde, quando os magos se reuniram para conversar nos aposentos de Dakhir, Supramati disse, respirando profundamente:

— Sinto que por aqui há uma igreja.

— Seu nariz não o enganou. Aqui realmente existe uma pequena capela, cuja entrada fora camuflada por algum dos fiéis, mas nós a encontramos e abrimos. A entrada está atrás daquele bar – concordou Narayana, rindo.

Ele empurrou para o lado o pesado bar e atrás do mesmo surgiu uma porta que dava para uma pequena capela, cheia de diversos objetos sagrados. Eles acenderam as velas e sua luz iluminou as faces severas dos antigos ícones. Os magos ajoelharam-se e rezaram com fervor. Quando saíram e recolocaram o bar no lugar, Narayana contou que aquela entrada tinha sido tão bem camuflada que um simples mortal jamais a teria achado.

— Em geral, – aditou ele – esta vergonhosa época pela qual a Terra está passando gerou muitos fatos curiosos do nosso ponto de vista, é claro. Por exemplo, a catástrofe com Petersburgo, de cujos detalhes eu soube aqui.

— Ah! Conte, conte. Eu sabia que a antiga capital já não existia mais, só que não conhecia os detalhes e, mesmo Nivara, provavelmente, nada sabe sobre isso, pois nunca me falou a respeito.

— É um prazer – aquiesceu Narayana. – Antes de tudo, devo lembrar que aqui, como em todo lugar onde restaram fiéis, existem locais subterrâneos, onde esses se escondem. Eu e Dakhir obviamente estivemos lá e conhecemos um certo ancião que me contou o que vou transmitir-lhe agora. A catástrofe aconteceu logo após a derrubada do grande mosteiro "Trindade de Sérguii". Mas, muitos anos antes, o clima de Petersburgo ia ficando cada vez mais rigoroso a cada ano. As geleiras polares se aproximaram tanto, que o norte da Suécia, Noruega e Rússia se tornou inabitável. Bem, em Petersburgo ainda dava para sobreviver, ainda que o verão se tornasse cada vez mais curto e o inverno mais prolongado e frio. Então, o espírito criativo da humanidade inventou um paliativo: quarteirões inteiros foram cobertos por campânulas de vidro e aquecidos com eletricidade. Resumindo, a muito custo conseguiam sobreviver. Entretanto, os sacrilégios e todos os vícios que sempre os acompanhavam aumentavam mais rápido do que o frio; como o governo de então usurpava tudo dos governados, foi promulgada uma lei mandando fechar e vender em leilão todas as igrejas. Entretanto, apesar disso, ainda restaram – principalmente entre o povo – pessoas que preservavam os velhos costumes e a antiga fé. Assim, uma firma de empreendedores trapaceiros adquiriu, por atacado, todos os templos e começou a vender assinaturas com o direito a visitar igrejas, assistir missas e comungar, e os sacerdotes contratados pela firma celebravam os ofícios religiosos. Diziam os empreendedores: – "Por que não aproveitar a ignorância do povo?". Mas como as assinaturas custavam muito e grande número dos pobres não podia arcar com isso, a população começou a perder hábito de ir às igrejas e, finalmente, a empresa faliu. A raiva desses espertalhões foi algo indescritível e, como eles tinham muita influência junto ao governo, conseguiram que o mesmo aprovasse um decreto que – vejam só – deveria acabar de vez com todos os "velhos e estúpidos preconceitos". Com essa finalidade, foi ordenado que fosse juntado tudo que se relacionasse com a antiga fé e queimado em praça pública. Esqueci de contar que antes disso, quando ainda se mantinha alguma fé, foram comprados os restos mortais de São Nicolau, que estavam em Bari à venda pelos italianos. Essa relíquia foi colocada numa igreja, especialmente construída perto da cidade... E então, essas relíquias, assim como todos os outros santuários, foram condenados à fogueira; o dia para esse auto-de-fé foi adiado até a primavera, devido ao inverno particularmente rigoroso. Pela última vez o povo se indignou e seu coração tremeu ao pensar que seria destruído tudo o que fora venerado por seus antepassados, juntamente com as relíquias, milagrosamente preservadas, de seus benfeitores e protetores. Entre a população começaram a surgir protestos, mas como os insurgentes eram uma minoria, ninguém lhes deu ouvidos e o Céu parecia surdo e cego a todos aqueles crimes, blasfêmias e sacrilégios. E para acabar de vez com toda aquela agitação "absurda" e "incômoda", decidiram apressar o "auto-de-fé".

Entretanto, a primavera atrasou-se e depois de alguns dias quentes, que degelaram parte da crosta de gelo que acorrentava o mar, o frio voltou novamente. E certa vez, à noite, desabou uma terrível tempestade. Com ruídos que pareciam tiros de canhão, o gelo partia-se e o vento furioso empurrava sobre a cidade ondas e grandes pedaços de gelo. A cidade foi inundada com incrível rapidez, mas a desgraça ainda não estava completa. Naquela mesma terrível noite, um golpe vulcânico levantou levemente o fundo do lago Ládoga; a água transbordou e as agitadas e espumantes ondas varreram tudo em seu caminho, e, precipitando-se feito larva, alcançaram Petersburgo, inundando-a.

O que aconteceu foi indescritível. Morreram de imediato algumas centenas de milhares de pessoas e, quando a água baixou, o resto da cidade ficou coberto por uma crosta de gelo que não derretia. Aquele mesmo golpe vulcânico que transbordou o lago Ládoga trouxe as geleiras polares que se deslocaram ao longo das costas da Suécia e fecharam o mar Báltico. Hoje em dia, em todas aquelas localidades, o clima é pior que o dos esquimós e Petersburgo representa um quadro sui-generis da cidade de Pompéia sob o gelo, pois, como contam, quarteirões inteiros permaneceram intactos, com seus palácios e grandes edifícios. Dizem que antes da catástrofe surgiram profetas místicos que andavam pelas ruas e anunciavam que a criminalidade havia esgotado toda paciência dos Céus e que os sacrílegos, que ousaram querer queimar todas as relíquias sagradas junto com os outros santuários, morreriam antes de conseguirem realizar seu torpe intento. Tentando convencer os fiéis a abandonarem a cidade condenada, muitos deles foram chamados de loucos perigosos, sendo sumariamente assassinados, mas em seu lugar vinham surgindo outros, e os fiéis, profundamente impressionados, deixaram a cidade, enquanto que os livre-pensadores e os satanistas ficaram e morreram todos. Mais tarde, quando os elementos da natureza se acalmaram, alguns dos fiéis visitaram o local do desastre e acharam algumas igrejas e casas ainda intactas. Como a perseguição à fé ficava cada vez mais insistente e feroz, eles resolveram estabelecer-se definitivamente naquele local inabitável, e lá, aos poucos, formou-se uma pequena comunidade que vive no antigo mosteiro de Neva. Os crentes reúnem-se lá para rezar, enquanto que os satanistas fugiram da cidade arrasada e, graças a isso, o pequeno rebanho de Cristo vive lá em paz e segurança.

Este relato interessou tanto a Supramati e amigos que eles resolveram partir no dia seguinte para visitar os destroços de Petersburgo.

À medida que se aproximavam da cidade morta, o frio

aumentava e o quadro da desolação causava profunda tristeza. Desembarcaram perto do mosteiro de Neva, onde ainda se notavam traços da atividade humana: uma trilha polvilhada com areia levava ao templo, cuja entrada tinha sido limpa do gelo e das chaminés das residências saíam pequenas fumaças. Na entrada do templo ardiam dois barris de piche, dentro do templo estavam acesos pequenos fornos móveis e, desta maneira, a temperatura interna, em comparação com a de fora, era suficientemente quente e agradável. O santuário estava bem limpo e os estragos feitos pela inundação foram sanados na medida do possível.

Junto ao túmulo intacto do santo havia algumas velas acesas e cerca de quinze homens e mulheres. Ao término da leitura do evangelho, eles começaram a cantar e os magos juntaram-se aos fiéis.

Quando acabaram as orações, os viajantes apresentaram-se e foram carinhosamente aceitos como irmãos e levados à residência para se aquecer e alimentar. Nos quartos, antigamente habitados pelo metropolita, haviam se instalado algumas famílias. Os outros membros da comunidade acomodaram-se em outros prédios. Lá estava quente; no grande forno ardia uma chama vivaz e as anfitriãs serviram aos visitantes vinho quente, pão e um prato de arroz.

Após a refeição, a conversa animou-se e Supramati perguntou sobre o tamanho da comunidade e da dificuldade de se viver naquele deserto gelado, entre destroços e morte. Um sorriso de satisfação iluminou os rostos dos anfitriões.

— Oh, não! – responderam a uma só voz. – Aqui é tão bom e calmo, longe dos cruéis sacrílegos. O trabalho e a prece não deixam perceber o tempo passar e, além disso, temos naves espaciais que usamos para buscar provisões, combustível, etc. E o frio, na verdade, ainda é suportável. Os que chegam para cá de outras cidades sentem muito frio, e alguns congelam de vez, por isso quase todos fogem daqui. Nós e os outros moradores não sofremos com o frio e estamos bem. Ninguém nos proíbe de celebrar ofícios, foi preservado um santuário, o qual veneramos, e gostamos de isolamento. Desistimos de vez da vida mundana e nos consideramos mais felizes do que todos os milionários com seus palácios.

— Mas há previsões de uma grande fome. Como vocês irão sobreviver? – questionou Dakhir, curioso.

— A chama do Senhor arde dentro de nós e vai nos apoiar – replicou com inabalável fé um dos anciãos.

Depois desta conversa os magos deliberaram entre si e, em seguida, Supramati perguntou se junto aos limites da comunidade não haveria algum jardim ou um pedaço de terra qualquer que tivesse sido antes um jardim ou uma horta.

— Como não? Restou ainda um lugar que foi o jardim do metropolita e mais além, atrás do mosteiro, havia antes algumas hortas, mas todas agora estão cobertas de neve e gelo.

A pedido dos visitantes, os magos foram levados para aquele local e os membros da comunidade viram-nos colocando em baldes com água o conteúdo de pequenos frascos que traziam consigo, regando copiosamente o solo. A seguir, os magos despediram-se dos hospitaleiros anfitriões, pretendendo na volta visitar a cidade morta.

A nave espacial passava em silêncio ao longo da rua que fora outrora a principal artéria da antiga capital. A visão era sombria e desoladora.

Em alguns lugares, o lixo e os destroços das casas desmoronadas acumulavam-se nas ruas, deixando-as intransitáveis. Outros prédios estavam destelhados e pareciam balançar; mas também havia os que permaneceram intactos, descontando, é claro, as janelas e as portas quebradas. Através dessas podiam-se ver, nos quartos vazios, a mobília quebrada e montes de objetos caídos, entre os quais havia esqueletos ou corpos aparentemente intactos, que pareciam fazer caretas sob a camada de gelo. Onde quer que se ia, o quadro era quase o mesmo e os magos dirigiram sua nave para cima e, profundamente abalados, deixaram a cidade criminosa, abatida pela "ira Divina".

Uma agradável surpresa aguardava os ermitãos da Pompéia glacial. À noite, após a despedida dos magos, a neve e o gelo, que cobriam o jardim e as hortas, desapareceram sem deixar vestígios. Após alguns dias, começou a brotar uma farta e fresca vegetação e algumas semanas depois as árvores reviveram, esticando ao céu seus ramos viçosos, cobrindo-se em seguida de frutos. Por todo o lugar desabrocharam flores e nas hortas amadureciam legumes. Esse cantinho do paraíso vicejava, florescia e exalava aromas agradáveis apesar dos ventos gelados e do deserto glacial em sua volta. Sem acreditar no que viam, os habitantes deliciavamse com a visão do milagre e, por dentro, começaram a acreditar que foram visitados por santos, ou talvez anjos, enviados do alto para diminuir seu fardo e recompensá-los pela fé em Deus.

A visita à cidade morta causou nos magos uma profunda impressão. Antes de deixar Moscou, Supramati desejou visitar as cavernas subterrâneas, onde se escondiam os fiéis. Certa noite, eles desceram até as galerias subterrâneas que se encontravam sob um dos antigos mosteiros. A população ali era pequena, porém diferente. Numa pequena capela estava sendo celebrada a missa da tarde, oficiada com seriedade e concentração por alguns velhos sacerdotes em trajes brancos. Debilitados pelo jejum e pela vida de ascetismo, seus rostos eram de palidez transparente e os olhos do mago captaram uma luz azulada que emanava deles e uma fulgente aura que envolvia suas cabeças. Absorvida pela profunda prece, a multidão de fiéis ajoelhados também transpirava radiações puras que como nuvem dourada pairavam sob a abóbada. Todas as pessoas ali reunidas eram "de um outro mundo": suas almas abriam um caminho para o Céu, no qual eles acreditavam. Os magos e Nivara ficaram de joelhos, fundindo-se em uma única prece com os fiéis e seus olhos vagavam perturbadamente por este abrigo da fé banida. Ao longo das paredes estavam os túmulos dos santos e cada um deles parecia um lume emitindo feixes de luz dourada.

No momento solene, quando o sacerdote saiu do altar trazendo a eucaristia, um profundo silêncio apoderou-se do ambiente. Subitamente, a caverna iluminou-se com uma fantástica luz e sob a abóbada soou um canto celestial – um poderoso cântico de fé – e no ar pairaram imagens claras e transparentes como uma névoa alva. Neste instante, sobre o cálice envolto em feixes de luz ofuscante surgiu a cabeça de Cristo com a coroa de espinhos. O rosto Divino possuía uma expressão de profunda tristeza. Instantes depois, a visão começou a desvanecer-se e somente sobre o cálice continuava a arder uma chama dourada que desapareceu em seguida para o interior do sagrado recipiente.

Uma fervorosa prece de agradecimento elevou-se dos corações dos magos e dos presentes; todos se sentiam felizes como nunca por ainda restarem lugares na Terra, onde o Senhor revelava a sua misericórdia e onde ainda não havia se rompido o contato entre o Criador e sua obra. Após a missa, os magos conheceram os fiéis e visitaram a cidade subterrânea. Narayana apresentou a Supramati o ancião, citado anteriormente, o qual convidou o mago à sua cela – um minúsculo quarto com uma mesa, cadeira, cama e uma imagem da Mãe de Deus.

Oferecendo ao visitante a única cadeira, ele começou a indagar de Supramati sobre o que estava acontecendo no mundo do qual ele se afastara totalmente. A aproximação do fim do mundo não o surpreendeu nem um pouco e ele, por sua vez, contou que em Moscou aconteciam coisas estranhas, que indicavam que o Céu estava finalmente farto dos delitos praticados na Terra pela humanidade decadente. Assim, um de seus parentes, que vivia na cidade, contou-lhe que na data em que outrora se comemorava a Páscoa, os demônios ficavam totalmente alucinados e entre os satanistas aconteciam muitos assassinatos suspeitos e casos de morte repentina. Alguns diziam que na noite de Páscoa ouviam-se gritos, lamentos e urros nos templos satânicos e pelas ruas corriam manadas de asquerosos animais. Enquanto que nas antigas igrejas, ao contrário, ouvia-se o som de sinos que não mais existiam, sob as abóbadas soavam cânticos, louvando a Ressurreição de Cristo, e do céu caíam milhares de fagulhas. Durante aqueles fenômenos celestiais, os satanistas ficavam completamente atordoados, escondiam-se e sofriam convulsões.

No dia seguinte, após a visita à cidade subterrânea, Supramati viajou, instruindo Dakhir e Narayana a visitá-lo após o banquete com Shelom.

— Vocês, com certeza, encontrarão na casa muitas coisas interessantes, pois a bela Iskhet pretende seduzir-me – brincou ele.

— Ainda bem que Olga nada sabe sobre as pretensões de tão perigosa concorrente. Isto poderia estragar toda a sua provação – observou maliciosamente Narayana.

Todos riram e após apertarem de novo as mãos separaram-se.

Capítulo XIII

Alguns dias após sua volta a Czargrado, Supramati recebeu o convite para ir, junto com Nivara, ao banquete no palácio de Shelom Iezodot. O convite foi trazido pelo próprio Madim, no entanto dessa vez o satanista não estava com aquele seu usual ar de autoconfiança: estava pálido e seu olhar casmurro denotava medo, desconfiança e ódio contido. Supramati recebeu-o amigavelmente e prometeu ir. No dia do banquete, bem antes da hora de saída à casa de Shelom, Supramati chamou Nivara ao laboratório e ambos tomaram um banho elétrico usual. A seguir o mago abriu um baú metálico e colocou sobre a mesa diversos objetos retirados.

— Hoje vamos precisar de uma toalete bem especial – disse ele sorrindo e estendendo a Nivara uma malha azul fosforescente que o outro se apressou em vestir.

O tecido fino e extraordinariamente fofo aderiu-se-lhe ao corpo e, para a surpresa de Nivara, parecia irradiar para o corpo um calor. Nas costas, no peito e também nos flancos havia inscrições a ouro de sinais cabalísticos e fórmulas. Por cima dessa malha Nivara vestiu um festivo traje azul comum, com cinto de prata, sobre o qual colocou um paletó de veludo, também azul, sem mangas, bordado a prata.

Não se esqueça do bastão mágico e esconda sob o cinto este punhal – ele poderá ser útil. Esteja pronto para tudo, Nivara, e cuidado porque tentarão nos liquidar por todos os meios: veneno, serpentes, prender-nos e vai se saber... Mas tudo isso não levará a nada.

— Pegue mais este anel mágico que poderá iluminar a mais escura das celas e abrir qualquer fechadura, por mais complexa que seja. Certamente você sabe usá-lo.

— Sim, mestre. Mas o que me intriga é como esse tal de Shelom, detentor de poder tão infernal, pode ignorar que nem veneno nem animal consegue matar um "imortal".

— Você tem razão. Apesar do seu grande poder maléfico, ele pouco sabe sobre o bem. O segredo da essência primitiva está cuidadosamente guardado e apesar de quase ser desvendado, ele não conhece todas as propriedades e métodos de utilização dessa substância misteriosa. De qualquer modo, se ele não tem esperança de me matar, então calcula me enfraquecer com o veneno ou através da tentação.

Enquanto conversavam, Supramati vestiu uma finíssima e brumosa malha que brilhava como se fosse urdida de diamantes, refletindo todas as cores do arco-íris. Nas costas, nos quadris e também nos braços e pernas, viam-se fórmulas e sinais cabalísticos flamejantes. No peito, bem no centro da estrela de mago, o cálice dos cavaleiros do Graal parecia arder, encimado por uma cruz. A estranha vestimenta aderiu tão bem ao esguio corpo do mago quanto uma segunda pele. A seguir, ele postou-se no centro de um grande e circular disco metálico, desenhado com sinais cabalísticos, e Nivara ajoelhou-se aos seus pés. Supramati traçou um círculo com a espada mágica, reverenciou todos os quatro lados e desenhou no ar símbolos luminescentes com a espada, recitando fórmulas para invocar os espíritos dos elementos. As ervas, colocadas em três trípodes junto ao disco, incendiaram-se subitamente e, por um instante, o laboratório encheu-se de fogo e fumaça. A cada movimento da espada aparecia uma multidão de seres nevoentos, de cores violeta, vermelha, esverdeada e azulada. Seus corpos não possuíam contornos definidos, viam-se nitidamente apenas as cabeças, os olhos brilhavam denotando inteligência e grande poder. Eles ficaram em volta do mago, formando quatro círculos concêntricos, parecendo anéis. Abaixo de todos estavam os de cor violeta, depois os esverdeados, seguindo-se os vermelhos e finalmente os espíritos aéreos azulados.

— Espíritos dos elementos sob meu comando, ordeno-lhes que me cerquem e me protejam, assim como meu discípulo – proferiu autoritariamente Supramati.

Ouviu-se um surdo ruído, como o do farfalhar das folhas das árvores, e as figuras nebulosas empalideceram e se derreteram no ar.

— Agora a nossa nobre guarda foi avisada e não nos abandonará – afirmou o mago, saindo do disco e prosseguindo com a sua toalete.

Ele estava todo de branco. Vestia uma malha com um largo cinto de prata, incrustado de diamantes, um sobretudo de veludo prateado, sem mangas, com abas bordadas com diamantes e uma gravata de uma espécie de renda que já não existia mais.

— Meu Deus! Como você está bonito, mestre! – admirou-se Nivara, fitando-o.

Supramati assentava o cabelo diante do espelho e não conseguiu conter o riso:

— Não se apaixone por mim no lugar da madame Iskhet. A visão de dois adeptos apaixonados seria mais curiosa do que o banquete de Shelom – gracejou ele, continuando: – E agora, para concluirmos os preparativos, só nos resta beber a essência que irá decuplicar as nossas forças físicas e astrais.

Supramati tirou do armário uma caixa entalhada contendo dois frascos, um vermelho e outro azul e duas taças, uma de prata e outra de ouro. Encheu a taça de prata com o conteúdo do frasco vermelho: um líquido vermelho, denso, fumegante e parecido com sangue fresco.

— Esta é para você – e ofereceu a taça a Nivara que a esvaziou de um único gole. – E esta é para mim. Encheu a outra taça com um líquido azulado e fosforescente.

— Ufa! Agora estou me sentindo capaz de arrancar um carvalho com raiz e tudo! – exclamou Nivara, inspirando o ar profundamente.

— Em vez do carvalho, teste a sua força nisto – propôs Supramati, dando-lhe uma barra de ferro que retirou do canto da sala.

Sem nenhum esforço aparente, Nivara transformou-a numa espiral e comentou, todo satisfeito:

— É, nada mau, mas eu teria maior prazer em fazer uma espiral do próprio Shelom.

O palácio de Shelom estava magicamente iluminado. A grande praça frontal e as ruas adjacentes estavam apinhadas de gente que aguardava a chegada do príncipe indiano. O hall imenso, bem iluminado, também estava repleto de pessoas bem vestidas e curiosas. Com a aproximação do mago, a multidão abriu-se e, tomada de uma sensação incômoda, recuou instintivamente.

Supramati subiu calmo e altivo a larga escada coberta por uma passadeira e cercada de estátuas de sátiros e demônios. De repente, um bonito diabinho de mármore negro que, provavelmente, não estava bem apoiado no suporte, rolou escada abaixo e feriu alguns satanistas que se juntaram num grupo e cochichavam, acompanhando os adeptos com o olhar malévolo. Na entrada do grande salão, Shelom saudou o mago com mesura:

— Estávamos à sua espera, príncipe; todos os convidados já chegaram – disse, respeitosamente, convidando-o a entrar e conduzindo-o diretamente a um patamar de alguns degraus no fundo da sala.

Lá estavam três poltronas douradas; no encosto de duas delas havia cabeças de bode, com olhos de rubi, que brilhavam como se tivessem vida, e, na poltrona do meio, havia um pentagrama invertido. Junto a uma das poltronas estava Iskhet, e seus grandes e negros olhos examinavam a esguia figura branca do mago que se aproximava.

A estranha vestimenta da jovem mulher caía-lhe admiravelmente bem. Em lugar da malha, tão em moda naquele tempo, Iskhet vestia uma espécie de saia com pérolas negras e rubis que descia até os pés terminando numa larga franja confeccionada com as mesmas pedras. A cintura, fina e esguia, era cingida por um largo cinto cunhado a ouro e enfeitado de diamantes; do cinto saía um semicorpete de gaze púrpura, recortado em forma de lua crescente, que descobria os seios levemente encobertos por pingentes de diamantes. No pescoço brilhava um colar de vários fios que descia em ângulo pelo centro do colo e juntava-se com o corpete. Os vastos cabelos de Iskhet estavam soltos e envolviam-na como uma capa de seda negro-azulada. Uma fina argola de ouro juntava as mechas rebeldes e sobre a testa destacava-se um pequeno morcego com as asas abertas – um milagre da arte mundial; o corpinho e as asas do morcego eram feitos de diamantes negros, pérolas cinza e filigranas, e os olhos – de rubis. A beleza demoníaca da jovem mulher, indubitavelmente, nunca esteve tão ofuscante – era a real encarnação da volúpia em sua forma mais sedutora. Quando

Supramati a cumprimentou respeitosamente, seus olhos, negros como a noite, brilharam num fogo abrasador e ela com um sorriso encantador acenou-lhe com a cabeça.

Supramati sentou-se e começou a examinar o salão, cuja mobília, iluminação e os magníficos e pesados cortinados, bordados a ouro, formavam um ambiente estranho e mágico. Em compensação, a multidão que ali se juntou, pela expressão bestificada dos rostos, indecência geral da raça decadente e inédita imoralidade das vestimentas, parecia repelente ao mago. Perto dele sentaram-se Nivara e Madim.

Ao sinal de Shelom Iezodot teve início o primeiro número do espetáculo. Ouviu-se um canto estranho e selvagem e de duas entradas laterais apareceram grupos de dançarinos e dançarinas. Todos estavam nus, enfeitados somente por colares, cintos e diademas de pedras preciosas; as mulheres usavam largas echarpes de gaze e os homens seguravam leques de seda. A luxúria da dança que executavam estava além de qualquer imaginação. Um tremor de asco passou pelo corpo de Supramati, mas a sua vizinha causava-lhe uma sensação de dor ainda maior. Dizem que os opostos se atraem e neste caso, como em confirmação deste paradoxo, o máximo de virtude atraía o máximo de voluptuosidade.

Sem prestar atenção ao espetáculo, Iskhet devorava com os olhos o rosto tranqüilo e belo do mago e o seu perfume leve e suave embriagava-a. Ela sentia que jamais havia encontrado um ser tão atraente e, em comparação com ele, Shelom parecia repelente e sujo. Ela já não necessitava de nenhuma ordem para fazer uso de sua arte diabólica para seduzir aquele homem que lhe agradava como ninguém; o seu porte despertava nela todos os desejos impuros.

Supramati percebia a desordenada influência da tempestade de sentimentos animalescos que se desencadeava ao seu lado, mas a límpida serenidade do seu rosto não revelava seus pensamentos. Para ele era até divertido observar o temor de Iskhet, tentando esconder de Shelom a comparação que fazia entre ambos, receando, provavelmente, algum impiedoso castigo como conseqüência. O olhar soturno do terrível anfitrião passava por ele, tentando adivinhar a impressão que o convidado tinha do espetáculo e dos olhares ardentes da vizinha. As danças exaltaram os ânimos dos convidados: sussurros apaixonados, risos e gritos histéricos soavam de diferentes partes do salão, os rostos enrubesceram e os olhos brilharam.

Quando os dançarinos saíram, diante do patamar foi estendido um grande tapete e entrou um homem de meia-idade, vestido de negro, tendo sobre a cabeça um lenço colorido em forma de turbante. Parando no centro do tapete, dois homens colocaram diante dele um instrumento parecido com uma harpa de diferente fabricação. Ele começou a tocar, acompanhando uma estranha canção, com modulações vibrantes e estridentes como silvos cortando o ar. Aos poucos, tudo ficou envolto por uma névoa avermelhada. De chofre, ouviu-se um silvo, acompanhado de um estalido e, de todos os lados, surgiram serpentes de diferentes tamanhos, arrastando-se entre as fileiras dos convidados assustados. Mas as víboras não prestavam nenhuma atenção à confusão formada, dirigindo-se direto para o tapete onde cercaram o músico e, levantando-se sobre a cauda, começaram uma característica e terrível dança; seus olhos brilhavam com luz fosforescente e das bocas abertas gotejava uma espuma esverdeada. A excitação dos répteis era excessiva, mas o vapor que pairava no ar condensou-se rapidamente e despejou sobre o tapete uma outra quantidade numerosa de cobras. As que apareceram primeiro, ao verem as recém-chegadas, enfureceram-se e atacaram-nas. Os corpos delgados enroscavam-se, suas línguas pontiagudas surgiam e desapareciam. Neste instante, aconteceu algo horripilante. As cabeças das cobras que apareceram do ar transformaram-se em cabeças humanas e começaram a assobiar a melodia dilacerante que se fundia com o assobio estridente das cobras terrenas. A seguir, alguns homens arrastaram até lá um rapaz e uma moça aterrorizados, jogando-os no monte de víboras. Os répteis se desenroscaram rapidamente e atacaram as presas ofertadas.

Neste momento, Supramati levantou a mão. Do seu anel mágico, ao virar a pedra para cima, saíram feixes de fagulhas, e encantamentos curtos, pronunciados com voz sonora, encobriram o ruído existente no salão. As víboras caíram por terra como se fulminadas por um raio, ficando imobilizadas por alguns instantes; ato contínuo, as duas espécies de répteis partiram em ataque ao estupefato feiticeiro, derrubaram-no e começaram a sugar-lhe o sangue; ao contrário das cobras terrenas, que se arrastaram para fora do tapete e se dirigiram para Supramati. À frente, vinha uma enorme serpente de escamas esverdeadas que, ao aproximar-se do patamar, empinou-se sobre a cauda e colocou aos pés do mago uma reluzente pedra azulada que trazia na boca. Este fez com a mão um gesto amigável e, à meia-voz, pronunciou algumas palavras estranhas, aparentemente entendidas pelo animal que começou a se arrastar de volta, dando um assobio estrídulo. As outras cobras, como se estivessem obedecendo a este sinal, voltaram-se e dispersando-se para todos os lados desapareceram. Neste ínterim, sobre o tapete surgiu um redemoinho de fumaça. Em seguida, um surdo ruído de vento ouviu-se no salão e tudo silenciou. No chão, estava caído o cadáver do feiticeiro e as suas duas vítimas haviam desaparecido.

Tudo isso, que levaria muito tempo para descrever, aconteceu em poucos minutos e toda a massa de convidados emudeceu apavorada. O próprio anfitrião estava atônito e se sufocava de ódio; somente Iskhet olhava para Supramati com apaixonada admiração.

— Não fica bem, príncipe, alterar a ordem da casa de outrem com truques fora da programação – pronunciou Shelom com voz rouca um minuto após, com os olhos brilhando raivosamente.

— Desculpe, senhor Shelom Iezodot, eu não me permitiria interromper isso, se todos os participantes do espetáculo fossem seus súditos; mas considero minha obrigação defender os membros do meu rebanho sempre e em qualquer lugar – refutou Supramati com a sua soberba tranqüilidade.

Shelom mordeu os lábios, mas, dominando-se, ripostou com desprezo:

— Sob este ponto de vista, você tem razão e por isso, príncipe, vamos continuar com a programação da festividade e ouvir o concerto que preparei em sua homenagem.

Enquanto dialogavam, o tapete e o cadáver tinham sido rapidamente removidos e o lugar foi ocupado por uma orquestra de sessenta músicos e vinte cantores. Os músicos traziam violinos, violoncelos e algumas flautas; todos eram repugnantes e seus rostos traziam as marcas de todos os vícios e paixões animalescas.

— Você está vendo diante de si uma orquestra arcaica, já que semelhantes instrumentos foram há muito tempo descartados pela nossa arte musical. Mas como vocês, "imortais", contam os séculos como as outras pessoas contam os anos, pensei em agradá-lo com um concerto à moda antiga – revelou Shelom e o seu frio e irônico olhar fixou-se nos olhos azuis do mago.

Este, em sinal de concordância, anuiu somente com um aceno de cabeça, pois, naquele momento, os cantores entoaram uma canção bacante, ao final da qual a orquestra iniciou a sua música realmente infernal. Soube-se que as cordas dos instrumentos foram feitas de intestinos humanos, mais exatamente de mulheres e crianças torturadas com a máxima crueldade até a morte. Até mesmo a inabalável e blindada alma de Supramati estremeceu ao ouvir os sons e deparar com a visão espiritual que se abriu diante dele. Lá, entre nuvens de névoa avermelhada, giravam em redemoinho os corpos esguios das larvas e diversas criaturas demoníacas, com olhos cobiçosos e lábios sangrentos, e, no meio deles, em impotente indignação, contorciam-se os corpos das vitimas martirizadas. A música infernal continuava, os sons gemiam, berravam e choravam. Nessas terríveis, mas expressivas melodias – executadas, sem dúvida, por grandes artistas – ouvia-se toda o gama de sofrimentos humanos, desde a furiosa blasfêmia até o soturno desespero do impasse. Nivara tingiu-se de uma palidez cadavérica, da sua testa escorria suor e até o límpido e sereno olhar de Supramati ficou sombrio. Realmente, tudo o que estava acontecendo ficava cada vez mais repulsivo e revoltante. Os animais-servos serviram aos convidados taças cheias de sangue fresco. Também Shelom e Iskhet esvaziaram prazerosamente as taças com a bebida medonha, inspirando gulosamente os miasmas contaminados que enchiam o ar, e deixando-se penetrar pelos embriagantes aromas destinados a excitar os sentimentos eróticos. No salão, começou então a elevar-se um vapor avermelhado. A manada humana, reunida naquele palácio, então enlouqueceu e o que ocorreu em seguida no meio dos presentes – foi indescritível... Os olhos ardentes de desejo animalesco também estavam voltados para o patamar. Supramati provocava desejos luxuriosos e os seres decadentes, que se sujeitavam a todas as formas de lascívia, não entendiam como podia ele ficar impassível entre tantas tentações da carne – um homem bonito e além do mais jovem – a encarnação da força viril e de exuberante saúde. Também causava surpresa o fato de Iskhet e Shelom, que habitualmente participavam de todos os eventos da orgia, permanecerem apenas como espectadores. Mas para aquela turba, que ansiava por sangue e devassidão, não havia nenhum freio e, logo, um grupo de mulheres – sempre mais sequiosas tanto para o mal, como para o bem – abriu caminho até o patamar e, após um instante de hesitação, começou a galgar seus degraus com habilidade felina. Pouco havia de humano nos seus rostos inflamados, olhos ardentes e respiração ofegante. Uma das bacantes caiu como uma flecha aos pés de Shelom, começando a beijar seus joelhos, e uma outra pôsse a abraçá-lo.

Respirando com dificuldade nesta densa e contagiosa atmosfera e estremecendo de aversão, Supramati afundouse na poltrona, olhando para o chão. As outras devassas já estavam prontas para se atirarem sobre ele, mas Iskhet levantou-se de um pulo, em sua mão surgiu um estilete e ela desferiu um golpe no peito de uma das mulheres, o que fez as outras debandarem. Sem dar qualquer atenção à sua vítima caída, esvaindo-se em sangue, Iskhet correu para Supramati, fora de si de paixão e ciúmes, enroscou-se nele como uma cobra e tentou encostar seus lábios nos dele. O mago não se moveu, mas, no mesmo instante, Iskhet foi repelida, parecendo ter sido atingida por um choque elétrico, caindo desfalecida nos degraus. Shelom levantou-se e proferindo repulsivos palavrões afastou violentamente as duas mulheres como se fossem cobras. Depois, debruçandose sobre Iskhet, levou ao seu nariz um frasco que tirou do cinto. Com o rosto marmóreo, traços de camafeu e formas maravilhosas, ela parecia uma fantástica estátua.

Alguns minutos depois, ela começou a se mexer e gemeu baixinho. Shelom fez um sinal e algumas mulheres a levaram embora.

Houve um silêncio momentâneo. Sombrio, como uma nuvem de tempestade, Shelom ficou pensativo, apertando com a mão trêmula o cabo do punhal em seu cinto. No salão, a orgia continuava, excitada pelos violinos da orquestra infernal.

Supramati procurou Nivara com os olhos e percebeu que ele mal conseguia se livrar das mulheres e homens que o cercavam, tentando obrigá-lo a beber uma taça de sangue e participar da orgia. Supramati concentrou-se; um raio de luz brilhou de seus olhos e qual um foguete voou em socorro do fiel discípulo, derrubando as pessoas semi-animalescas que assolavam Nivara. Shelom estremeceu de ódio e – se Supramati não fosse "imortal e mago" – o olhar de fogo abrasador que lhe foi dirigido o teria derrubado mortalmente. Um instante após, Shelom levantou-se e avaliou, com a voz rouca.

— Estou percebendo, príncipe, que a sua presença está perturbando a diversão dos meus convidados e, portanto, proponho que me acompanhe até a sala vizinha, onde poderemos conversar à vontade.

Supramati se levantou sem contestar. Eles passaram pelo meio da turba exasperada e entraram numa pequena sala preparada, aparentemente, para um jantar íntimo, pois a mesa estava posta para somente dez pessoas, mas com requinte de realeza: os pequenos bufês estavam cheios de frutas, doces e vinho. Pelas amplas e entalhadas arcadas, via-se uma série de quartos com mesas postas para banquete com o qual devia ser encerrada a festa, após o sacrifício a Satanás. Shelom levou Supramati até a poltrona, sentou-se em frente e estendeu-lhe uma travessa com carne assada.

— Agradeço, – recusou Supramati – não se esforce em regalar-me, Shelom Iezodot. Os lábios de um mago não podem tocar o seu alimento impuro, assim como os seus olhos não podem admirar a horrível orgia que você preparou para mim. Eu poderia parar este espetáculo infame e destruir os seres imprestáveis que você chama de convidados, mas não quero usar armas contra você em sua própria casa. Além do mais, ainda não chegou a hora da nossa batalha. Aliás, não destrua Iskhet, sua horrível companheira; as tentativas dela de me possuir são inúteis e você deveria saber que os voluptuosos e picantes atrativos femininos já não têm poder sobre mim. Eu só posso amar a beleza espiritual.

Shelom mediu-o com olhar sombrio.

— Você é um homem de carne e osso e as coisas humanas não lhe são alheias; você deve sentir todas as fraquezas humanas. Como a beleza e o amor são impotentes diante de você, se o seu sempre jovem organismo está cheio de vida e força?..

Neste instante, chegou Madim trazendo numa pequena travessa uma taça de vinho que foi oferecida a Supramati. Este pegou a taça, mas, quando a colocou na mesa, o líquido começou a soltar fumaça, incendiou-se e queimou em chamas coloridas.

— Serviram-me veneno, portanto, prezado anfitrião, permita-me responder-lhe com as próprias palavras que acabou de proferir: "não fica bem oferecer veneno a um convidado e a tentativa de assassinato não constava do programa do seu convite".

Shelom rugiu de fúria e seu rosto contorceu-se num espasmo. Instantaneamente, ouviu-se um leve ruído e a poltrona de Supramati começou a cair com velocidade estonteante, deixando-o surpreso, pois não sabia se caía num abismo ou num poço. Quando a queda parou, Supramati deu-se conta de que estava numa ampla sala circular, fracamente iluminada por lâmpadas vermelhas. Mal ele se levantou da poltrona e esta voou celeremente de volta para cima. Ele não deu importância ao fato e examinou o ambiente.

No meio da sala havia somente um sofá, uma poltrona e uma mesa sobre a qual estava colocada uma grande bacia de prata com sangue; nas paredes, em doze nichos apareciam estátuas de demônios em poses indecorosas, enquanto que nos suportes queimavam ervas, exalando um odor cáustico e pesado que provocavam um frenesi erótico. Por todos os cantos, viam-se caras repelentes de larvas materializadas, lisas, inchadas do sangue consumido, tomadas de paixão animalesca e prontas para atacarem o mago, somente sendo contidas pelos espíritos dos elementos. Estes, entretanto, estavam muito debilitados pelas emanações contagiosas da casa e, não obstante, lutavam bravamente. Supramati, aliás, também defendia-se por conta própria. Com a sua poderosa vontade, que poderia deslocar rochas de granito, ele esvaziou prontamente os nichos jogando ao chão as estátuas que se quebraram em pedacinhos. Em seguida, da sua mão levantada surgiram labaredas de fogo que eliminaram o sangue na bacia e apagaram as trípodes com as ervas. Por fim, uma chuva de faíscas caiu sobre as larvas, fazendo-as gritar e gemer, e derretê-las rapidamente. O sangue consumido caía de suas entranhas num vapor vermelho de cheiro nauseabundo.

Finalmente, elas desapareceram, como se houvessem entrado na parede, e, por alguns minutos, o subterrâneo ficou em completo silêncio. Mas Supramati sabia que isto era somente uma pequena trégua..

Uma porta oculta na parede abriu-se silenciosamente e surgiu Iskhet – a última tentação do mago. Estava nua e somente a exuberante juba de cabelos negros cobria-a como um manto. Ela parou a dois passos de Supramati, devorando-o com os olhos; seu corpo, de formas magníficas, tremia de paixão.

— Infeliz, o que você quer de mim? Tome cuidado ao aproximar-se, pois a minha pura chama interior poderá queimar o seu corpo envenenado por vícios – pronunciou severamente Supramati.

— O que eu quero? Eu quero você. Você é maravilhoso, como uma ilusão encantadora... Amo você e lhe quero tanto, como a nenhum outro homem na minha vida, e você deve me pertencer! Jamais mortal algum resistiu aos meus encantos e você não será o primeiro...

Ela abriu rapidamente um frasco que trazia na mão e derramou em volta de si o conteúdo. O ar pareceu incendiar-se e as paredes do subterrâneo estremeceram como numa explosão de dinamite. Os espíritos dos elementos, afetados pelo choque, empalideceram e sumiram pela ação dos miasmas venenosos, deixando Supramati desarmado.

Iskhet, que o observava com os olhos inflamados de paixão, aproveitando este momento, jogou-se sobre ele, abraçou-o e, num acesso de loucura, enfiou os dentes aguçados em sua mão. Neste instante, as larvas surgiram novamente e acudiram Iskhet, envolvendo Supramati e tentando derrubá-lo. Entretanto, eles subestimaram as forças do mago, que, com a velocidade de um relâmpago, concentrou a sua poderosa vontade e livrou-se rapidamente de todas as víboras, arremessadas para todos os lados. Levantando as mãos, Supramati pronunciou um encantamento e Iskhet, que se agarrava a ele, foi levantada no ar e caiu sobre as lajotas.

Neste átimo, Supramati estava maravilhoso e terrível. Puro e límpido, o olhar luminoso, ele estava parado como um feixe de luz, pois de cada poro de seu corpo saía um fogo interior e nesta chama pura apareceram novamente os espíritos dos elementos que adquiriram forças renovadas, cercando-o novamente. Um ziguezague de fogo correu pelo subterrâneo e desabou sobre Iskhet que ainda jazia no chão.

— Criatura inútil – trovejou a voz de Supramati. – Como castigo pela sua ousadia, você ficará cega e muda até o dia em que desejar por si própria ver a luz da verdade e do arrependimento. E nenhum senhor do inferno poderá lhe devolver a visão e a palavra.

Um instante após, o ribombar do trovão sacudiu o prédio, uma lufada de vento agitado passou pelo subterrâneo, levado pelos espíritos dos elementos, Supramati elevou-se para a superfície, e após alguns minutos já estava em seu laboratório. Um pouco mais tarde chegou Nivara, descorado, com hematomas por todo o corpo e roupa rasgada, mas com ar triunfante.

— Oh, mestre! – exclamou. – Agora já posso dizer que escapei do inferno. Só uma coisa me preocupa: parece-me que acabei com uns vinte satanistas; enfim, não calculei direito e os choques elétricos foram muito fortes.

— Você agiu no seu direito de legítima defesa. Quem encosta num aparelho elétrico deve agüentar as conseqüências. Mas não se preocupe, Shelom irá ressuscitá-los. Já eu fiz algo mais cruel. Para castigar Iskhet, tirei-lhe a visão e a fala e nem Shelom conseguirá curá-la, pois ela ousou tocar em um mago. Mas chega de falar nisso; precisamos tomar um banho rapidamente para limpar-nos e lavar as nossas roupas, pois estamos fedendo a carniça. Uma hora mais tarde, os dois adeptos se sentaram para um frugal jantar.

— Mestre, o que fazer com as duas vítimas salvas por você? Apesar de estarem em seu palácio, elas não são cristãs.

— Não, elas são indiferentes a qualquer credo. Entretanto, os acontecimentos de hoje certamente curaram-nas do satanismo e assim tentaremos convertê-las. Na grande batalha que se aproxima serão exatamente estes "indiferentes" os mais fáceis de converter. Como você sabe, Shelom prepara um duelo ocultista comigo; lutas semelhantes acontecerão em todos os lugares, pois os satanistas começarão a desafiar os nossos irmãos e isso é muito bom. O orgulho dos filhos de satã força-os a esse combate ousado, no qual eles certamente serão derrotados. Nós contamos com esta derrota para realizar inúmeras conversões.

— Vai ser um espetáculo curioso! – obtemperou Nivara.

— Demasiado curioso e instrutivo. Todo o mal acumulado por séculos entrará na arena para testar o seu poder. E ai daqueles que pervertem a multidão e a empurram para o mal. Eles estarão todos reunidos aqui e o seu primeiro castigo será o aniquilamento total do seu orgulho diante do poder do Criador e a revelação de toda a fraqueza do seu suposto poder. Cegos! Eles imaginam que todo o interesse do universo está concentrado nesta partícula que vagueia entre bilhões de partículas semelhantes e gigantes planetários deste infinito, onde todos saúdam a glória e a sabedoria do Criador. Se eles pudessem perceber toda a sua insignificância e como são extremamente ridículas as suas tempestades numa gota d'água, então eles se sentiriam envergonhados e com pena de si próprios. Quem conduz os cegos à morte com suas ações é sempre algum dos "grandiosos" e famigerados sacrílegos e apóstatas de Deus, que numa raiva impotente Lhe declara guerra e desfaz das Suas leis. E este apóstata, cheio de orgulho, pretendendo ser mais sábio do que Deus e invejando a glória de Cristo, será que ele, em algum momento, esteve em condições de opor-se às leis cósmicas? Poderia ele parar uma tempestade ou afastar a morte? E quando este rebelde, vencido pelo terrível e desconhecido poder, for colocado no leito da morte, seus lábios que pronunciaram tantas palavras sacrílegas se calarem por ordem Divina, e seu corpo for nada mais do que um pedaço de carne destinada à decomposição, – aí então todos perceberão como era fraco, insignificante e lastimável tudo aquilo que eles consideravam "grandioso".

Capítulo XIV

Assim que Shelom e Supramati deixaram o salão, o banquete tomou rapidamente um novo rumo.

Os sacerdotes satânicos entraram, trazendo um grupo de homens, mulheres e crianças amarrados. Sob gritos histéricos da turba enfurecida, os prisioneiros foram arrastados até a estátua de Satanás, localizada no fundo do salão, e sangrados, recolhendo-se o seu sangue em enormes bacias metálicas. Quando Shelom retornou ao salão, sentando-se no trono, os sacerdotes satânicos principiaram a recitar encantamentos mágicos reunindo e materializando larvas de ambos os sexos para a orgia. Shelom, entretanto, não quis participar, pois há muito estava cansado de tudo que pudesse ser inventado pela mais desenfreada depravação. Com o olhar impiedoso e indiferente, ele observava as vítimas nos últimos estertores vomitando maldições e ofensas; a dança infernal que se realizava diante dele também não o atraía. Ele somente se comprazia em esvaziar as taças de sangue servidas, sem conseguir matar a sede que o atormentava.

De repente, aconteceu algo inesperado. Um terrível trovão estremeceu o palácio, o suporte da estátua de satanás rachou e o ídolo caiu no chão com estrondo, esmagando os que estavam parados a seus pés. No mesmo instante, uma luz cegante brilhou como um raio e uma rajada de vento puro – corrente dos quatro elementos – passou pelo salão derrubando Shelom e os invocadores satânicos. Instantaneamente, todos as tochas se apagaram e de todos os lugares se ouviram rugidos, gemidos e gritos de desespero – as larvas atacaram a multidão, pois seus invocadores perderam temporariamente o poder sobre os monstros que conjuraram das trevas..

Shelom foi o primeiro a sair da estupefação. Levantou-se celeremente, espumando de ódio, recitou poderosíssimos encantamentos mágicos e, com seu poder incontestável, acudiram demônios a seu chamado e reacenderam o fogo. Depois, ele espantou as larvas usando descargas elétricas e só então examinou o campo de batalha em que se havia transformado o salão. Muitas pessoas foram estraçalhadas e seus restos ensangüentados se espalhavam pelo piso; muitos dos sacerdotes luciferianos também foram mortos e jaziam no chão com profundas feridas no pescoço. Berrando, rugindo e aos empurrões a turba assustada correu para a saída, mas o ameaçador chamado de Shelom deteve-os. Ele sufocava com o pensamento de que os convidados postos para correr pelo poder do mago, convencidos da sua derrota, tentavam salvar-se fugindo do palácio. Mal teve tempo de se recuperar para pronunciar um discurso condizente com a situação, quando no salão irromperam algumas mulheres junto com Madim – o horror estampava-se em seus rostos. Pálido e transtornado, Madim informou ao seu senhor que Iskhet fora encontrada desfalecida no subterrâneo, mas o mais terrível é que ela estava envolta por uma névoa azulada que não permitia a aproximação de ninguém. – É o maldito fluido do mago – cochichou Madim.

Shelom ficou estarrecido por instantes, mas esforçando-se para recuperar o autodomínio, gritou roucamente:

— Sangue! Preciso de sangue para um banho!

Correram para os reservatórios, mas estes estavam vazios e o sangue recolhido das jarras não foi suficiente. Shelom saltitava de fúria, mas inesperadamente, ao ver perto dele um homem jovem e forte, agarrou o punhal e enfiou-o em sua garganta. Com o sangue que correu em abundância encheram alguns grandes recipientes, no entanto nada mais poderia conter a multidão em fuga. Sabia-se que em momentos de fúria, ninguém, nem mesmo o mais íntimo, estava a salvo do punhal de Shelom Iezodot, e mesmo que o assassinato tivesse se tornado algo tão comum que não despertava a atenção de ninguém, cada um queria salvar a própria pele. Shelom não deu importância ao rápido desaparecimento de seus convidados.

Acompanhado por Madim e pelos carregadores de sangue, ele desceu ao porão, onde Iskhet ainda jazia imóvel. Quando a molharam com sangue ainda quente, a névoa azulada desapareceu por completo e já se podia tocá-la. Assim, levaram-na aos seus aposentos. Shelom mandou preparar um banho, despejou na banheira alguns preparados de odor forte e lá deitou Iskhet, ainda paralisada. As mulheres saíram e Shelom ficou a sós com o secretário. O corpo de Iskhet estava cheio de queimaduras, e, estranhamente, duas faixas de luz branca cobriam como ataduras seus olhos e boca.

— Eu lhe avisei e implorei para não desafiar o mago. Ele possui um terrível poder. Veja os ferimentos de Iskhet!

— Vou curá-la imediatamente – retrucou Shelom, com uma ponta de orgulho.

Madim balançou a cabeça.

— Você se esquece de que estas queimaduras não são

comuns. Elas foram provocadas pelo fogo celestial que o ermitão do Himalaia possui.

Madim acertara. Nem encantamentos nem remédios mágicos ajudaram e, ao contrário, só aumentaram as feridas. Por fim, os gemidos e espasmos de Iskhet indicaram que ela voltava a si. Aprumando-se com esforço ela gesticulou indicando que queria escrever. Madim trouxe imediatamente lápis e papel e Iskhet, com a mão trêmula, rabiscou:

"Ele me deixou cega e muda; não consigo ver e nem pronunciar uma palavra. Salve-me, Shelom Iezodot; se você é tão poderoso quanto ele, devolva-me a visão e a fala!"

E, acometida de novas convulsões, ela voltou a deitar-se.

A partir daquele dia, começou uma feroz batalha entre as forças do inferno e a vontade do mago. Shelom empregava em vão todos os seus esforços e conhecimentos, invocando poderosíssimos demônios e convocando os mais destacados sábios luminares do satanismo; todos os esforços se dissolviam contra a inquebrantável vontade de Supramati.

Desanimada, indiferente a tudo e sofrendo dores torturantes, Iskhet permanecia deitada cada dia mais só. As visitas de Shelom a sua rainha ficavam cada vez mais raras; na presença dela, dominava-o uma estranha, obscura e antagônica irritação, além da torturante consciência da própria impotência. E como Iskhet não podia mais participar das festividades, sua beleza murchou, o seu corpo perdeu a flexibilidade e seu aposento tornava-se cada vez mais solitário. Nestas longas horas de isolamento, no silêncio mortal do quarto vazio, iluminado somente por uma lamparina vermelha diante da estátua de Satanás, a alma de Iskhet passava por todas as fases de fúria impotente, indignação e desespero: ela começava a duvidar do poder absoluto de Shelom Iezodot. O "outro" fechou os seus impudicos olhos e calou os lábios blasfemos e nem o próprio Satanás conseguiu abri-los... Certa vez, pareceu-lhe ver que ao longe se agitava uma nuvem luminescente envolvendo a cabeça de Supramati, olhando-a com severidade e tristeza. Ele castigou-a cruelmente; e, mesmo assim, a sua lembrança perseguia-a e aos poucos, em algum lugar do mais profundo do seu ser, algo começou a acordar, agitando-se como um passarinho contra as grades da sua gaiola. Quiçá fosse a herança do Céu, aquela indestrutível e divina realidade com a qual é criada a alma, e que cansada das trevas anseia por liberdade e luz, isto é, anseia por algo que é terrível e desconhecido para a criminosa criatura que passou toda a sua vida mergulhada na imundície moral.

Uma vez, à noite, quando Iskhet meditava sobre a própria vida passada em crimes e embriagada pela devassidão, sentiu pela primeira vez uma repugnância por este passado e, imediatamente, a escuridão que a envolvia iluminou-se por uma suave e azulada luz e neste fundo cegante delineou-se nítido o belo rosto do mago; seu olhar luminoso parecia cair sobre ela como um cálido e perfumado orvalho, aliviando a torturante dor. Admirando este quadro, a paciente distraiu-se e, quando a visão desapareceu, duas lágrimas quentes correram pelo magro rosto de Iskhet. Neste instante, pareceu-lhe que diante dela postou-se o demônio, cuja estátua enfeitava seus aposentos, e cujos olhos vigiavam a sua alma condenada. Agora, estes olhos vermelhos olhavam-na furiosa e maldosamente, mas... que estranho! – ela não sentia medo algum. A visão desapareceu após um cascalhar infernal do demônio derrotado.

Na medida que Iskhet mergulhava cada vez mais fundo no seu mundo interior, ficavam menos suportáveis até as raras visitas de Shelom. Certa vez, quando serviram sangue fresco, ela rejeitou-o dizendo que este estava com gosto ruim e cheirava a podre; em troca, pediu leite e frutas. As mulheres que a serviam, estupefatas e raivosas, queixaram-se ao Shelom sobre as manhas dela, afirmando que o sangue servido era fresco, de criança recém-abatida. E que para elas era muito desagradável entrar nos aposentos da paciente, pois, depois do que aconteceu, lá freqüentemente havia um insuportável odor de flores ou de perfume que provocava náuseas. Shelom ouviu taciturno este relato e cerrou os punhos; em resposta, ordenou secamente que se ela não queria sangue que lhe dessem frutas e água. Mas a partir deste dia ele praticamente deixou de visitar a paciente e as antigas amigas abandonaram-na completamente. Não raro por dias inteiros não lhe davam comida e muitas vezes ela passava sede, mas Iskhet nada exigia e a ausência da sua corte satânica causava-lhe um indescritível bem-estar. Iskhet absorvia com calor crescente o silêncio e a meditação; explorando o seu ser interior, ela se questionava e não encontrava respostas que tanto queria obter. Por vezes, parecia-lhe ouvir uma doce e harmoniosa música inaudita, ou sentia um suave e revivificador aroma. Nestes momentos Iskhet se sentia triste e preocupada, todo o seu ser ansiava por algo que não entendia, mas que queria cada vez mais, e que lhe parecia um abrigo, um tranqüilo e pacífico porto seguro. Certa noite, quando novamente lhe afluíram tais pensamentos, ela teve a impressão de ter visto brilhar uma luz ofuscante e a pouca distância dela apareceu Supramati, como se fosse real. Em sua mão levantada fulgia aquele símbolo contra o qual tão ferozmente lutavam seus irmãos luciferianos: a cruz resplandecente. Ao vê-lo, Iskhet sentiu uma terrível dor; pareceu-lhe que seu corpo ardia e tudo nela estava se rompendo em pedaços. De repente, ela desceu da cama, caiu de joelhos e uma torrente de lágrimas inundou seu rosto.

— Oh! – ouviu-se com sofreguidão do fundo de sua

alma dilacerada. – Quem poderá me dizer onde está a verdade? Quem está certo, as trevas ou a luz?

O olhar luminoso do mago parecia denotar tristeza e compaixão.

— Volte para a luz com a qual você foi concebida – faísca divina e sopro do Criador. Junto ao Pai Celestial aguarda-a somente a misericórdia e o perdão. Bata na porta sempre aberta do arrependimento e os puros servos do Criador se aproximarão de você, tirá-la-ão da imundície, limpá-la-ão da desonra e substituirão os seus andrajos por alvas vestimentas.

Iskhet ouvia encantada esta harmoniosa e indescritivelmente serena voz; seu som pareceu envolver-lhe o sofrido corpo com um bafejar vivificador. Entrementes, à sua volta, começava uma verdadeira tempestade. De todos os lugares surgiam seres repugnantes, monstros, semi-humanos, semi-animais, com a boca coberta por uma fétida espuma.

No ar ouviam-se rugidos, assobios e toda a turba cercou Iskhet, ameaçando-a e pronta a atacá-la, mas sendo contida por uma força invisível. Ela parecia nada ver nem ouvir; toda a sua alma aconchegou-se à cruz que o mago lhe estendeu.

De repente, a porta se abriu ruidosamente e Shelom Iezodot irrompeu no quarto como um furacão. Ele estava positivamente terrível, com o rosto distorcido e deformado pela ferocidade, espumando pela boca, os olhos injetados de sangue e rugindo feito animal.

— Ah! A desprezível renegada! Você resolveu adorar aqui o ermitão do Himalaia, adorar a Aquele a quem deve amaldiçoar e pisotear. Sua infeliz e imprestável!.. E nem pense fugir de mim. Por sua traição e blasfêmia contra Lúcifer, pagará com a vida...

Ele sacou rapidamente o punhal, derrubou-a e feriu-a

no peito. Em seguida, levantando Iskhet com a leveza de uma pena, ele levou-a até a janela, abriu e jogou Iskhet para fora, rindo diabolicamente e gritando:

— Isto é para você! Esfrie na rua com os ossos quebrados e seja a primeira mártir do miserável hindu.

Mas estranhamente uma corrente de vento apanhou Iskhet no ar, sustentou-a no ar e deitou-a no chão a uma certa distância do palácio. O sangue corria torrencialmente da ferida, mas Iskhet ainda estava viva; teve forças até para levantar e tentar andar às apalpadelas. Dando alguns passos cambaleantes ela apalpou uma parede e encostou-se na mesma.

— Maldito filho de Satanás! Vou abandoná-lo e começarei a adorar Aquele a Quem você odeia e insulta – dizia ela, por dentro.

Sentindo-se novamente fraca, ela ajoelhou-se e de sua sofrida alma irrompeu uma fervorosa prece ao Eterno.

— Deus todo-poderoso, Cujo nome eu maldizia e Cujas leis profanava, perdoe meus pecados. E Você, Jesus, Filho celestial de Deus, compadeça-se de mim e me salve com a força da Sua cruz!..

As lágrimas caíam em torrentes pelo rosto e, de repente, alguém pegou na sua mão, ajudou-a a levantar-se e sustentou-a com cuidado. Iskhet pensou que estava morrendo. A ferida ardia em brasa e as forças a abandonavam; ela enfraquecia, mas não perdia a consciência. Um braço forte sustentava-a e praticamente carregava-a, levando-a rapidamente para algum lugar. Ela sentia que subia degraus e finalmente entraram num quarto cheio de um aroma vivificador. Seu guia parou e ouviu-se uma voz melódica, que ela reconheceu imediatamente, mesmo tendo-a ouvido uma única vez.

— Você quer renegar todas as suas ilusões, cortar ligações com o inferno, purificar a alma com prece de arrependimento e adorar a cruz – símbolo da eternidade e da salvação?

Iskhet fez um esforço para responder, mas neste instante sentiu a sua língua destravar-se e exclamou alegremente.

— Sim, eu quero! Eu quero!

Ela estendeu as mãos e, sentindo um apoio, encostou a cabeça. De repente, uma torrente de fogo passou por ela e abrindo bem os olhos ela entendeu que a sua visão tinha voltado. Ela estava parada aos pés de um grande Crucifixo, e ao seu lado estava Supramati olhando-a, feliz.

— Cumprimento-a, filha querida, – disse ele, pondo a mão sobre a sua cabeça abaixada. Você conseguiu de volta a sua alma. Você adorou a Deus, seu Criador, e a Seu Filho Divino; a partir deste instante o Espírito Santo vai abençoar o seu caminho. – Mais uma vez cumprimento-a, filha pródiga, com a volta ao lar paterno. E nós estamos imensamente felizes por tê-la salvo.

Lá fora, gemia, uivava e rugia em impotente fúria a matilha infernal que sofreu um grave revés; o poder do mago arrancou do meio do seu rebanho a sua rainha, principal sacerdotisa de Satanás, provando ao que se autodenomina "rei do inferno" que ele não é invencível.

Do pequeno grupo que estava no fundo da sala, aproximaram-se Nivara e uma jovem mulher de incomparável beleza, que trazia numa bandeja de ouro vestimentas brancas: era Edith, esposa de Dakhir. Ela segurou amigavelmente Iskhet pela mão e com o auxílio de Nivara levou-a a uma sala contígua – uma capela, no centro da qual havia um grande reservatório, construído ao nível do chão. Junto com uma outra mulher da comunidade, Edith conduziu Iskhet para um quarto anexo onde lavaram o sangue que a cobria, mas que já tinha estancado, e vestiram-na com uma camisola branca. Em seguida, levaram Iskhet de volta à capela, onde Edith e Nivara a ajudaram a entrar na piscina.

— Somos seus padrinhos – disse-lhe Edith. – E agora, ajoelhe-se dentro da água para que sejam recitados os encantamentos sagrados e cortados seus laços com o inferno.

Então, aproximou-se Supramati, e com uma taça de ouro derramou água por três vezes sobre a cabeça de Iskhet. Depois, estendeu as mãos e recitou palavras místicas que a introduziam na comunidade dos cristãos.

Em seguida, acrescentou: – Eu tiro de você seu nome anterior, que servia de símbolo da desonra, e batizo-a com o puro e santo nome de Maria. Use-o com dignidade.

Mas a força pura, que descera sobre Iskhet, foi demasiada para o sofrido corpo da mulher, recém arrancada da própria cratera do inferno, e ela caiu desacordada. Nivara segurou-a e levou-a ao quarto, onde Edith e uma outra irmã da comunidade cuidaram dela e untaram seu corpo com uma pomada que quase imediatamente reduziu as marcas das queimaduras e fechou o ferimento no peito. Os cabelos bastos pentearam em tranças e, quando Iskhet voltou a si, vestiram-na com roupa branca trazida por Edith e levaram-na à capela onde Supramati orava fervorosamente. Iskhet ficou de joelhos diante do altar e o mago, subindo os degraus, pegou a taça de ouro enfeitada por uma cruz e levou-a aos lábios da nova convertida.

— Tome e purifique-se com o sangue divino do Filho de Deus. Você experimentou do Seu poder e misericórdia. Ele salvou a sua alma com um milagre e a partir deste momento recebe você no grupo de seus fiéis.

Em seguida ele pegou do altar um pequeno crucifixo pendurado numa corrente e colocou-o no pescoço dela:

— Esta é a sua proteção contra os demônios que pretenderem atacá-la.

Ele fê-la levantar-se e beijou-a na testa; Edith e Nivara repetiram o seu gesto e juntos passaram para a sala contígua, onde estava reunido um grupo de 20 homens e mulheres que a receberam como uma nova irmã.

Iskhet, ou Maria, como iriam chamá-la daí por diante,

cumpria tudo obedientemente; mas a terrível comoção pela qual passara ainda a fazia tremer; por momentos, seus pensamentos atrapalhavam-se e o triste olhar fixava-se em Supramati com expressão de medo e amor. Ele, percebendo isto, tomou-a pela mão e colocou-a na mão de Edith:

— Aceite a sua irmã espiritual, eu a faço responsável por ela; vigie-a e proteja-a dos inimigos que podem atacá-la.

— Esteja certo, irmão, eu a apoiarei, irei velá-la e orar junto dela como uma mãe com seu recém-nascido. Mas agora ela precisa descansar: a irmã Maria está cansada física e espiritualmente. —

No acampamento satânico o desaparecimento de Iskhet causou espanto: todos estavam convencidos de que Shelom a havia matado, mas ignoravam como e por quê. Ao saberem do ocorrido por Shelom e seus favoritos, foram tomados de uma indescritível fúria. Eles não somente haviam sofrido uma terrível derrota, como haviam perdido uma das principais partidárias – a "*Rainha do Sabbat*", que era difícil de substituir. No começo, Shelom tentou trazer a fugitiva de volta: ele ardia de sede de vingança e já imaginava novas torturas como punição para a fugitiva. Mas, debalde ele apelava para a sua ciência, invocava legiões de demônios e esvaía-se em encantamentos e feitiçaria. – Iskhet permanecia desaparecida. Ela não saía dos muros do palácio de Supramati, proibido para a matilha de Shelom. Finalmente, um belo dia, a traidora desapareceu de Czsargrado e quando Shelom conseguiu localizar seu rastro ela já estava em segurança na casa de Dakhir, para onde foi levada por Edith.

Mesmo fervendo de fúria impotente, Shelom decidiu adiar temporariamente a perseguição de sua vítima para guardar todas as suas forças para o terrível duelo ao qual desafiou Supramati. Agora ele sabia que a luta com o eremita do Himalaia seria terrível e perigosa; o resultado da luta era duvidoso até para ele, e mesmo entre os seus mais ferrenhos defensores vislumbrava-se um medo aparente e dúvida quanto à vitória. Algumas vozes até pediam a Shelom para desistir e não se arriscar nesse enfrentamento, não tentar as terríveis forças do Céu; mas foi tudo em vão. Em sua vaidade satânica, Shelom estava surdo e cego; a sede de vingança e a esperança de humilhar o inimigo entorpeciam qualquer outro tipo de raciocínio. Ele queria provar a Supramati que o mal era o seu patrimônio e que nesta área ele era e continuaria a ser o senhor, quebrando qualquer reação. Além disso, ele contava com a atmosfera impregnada de miasmas maléficos, sangue e crimes; por outro lado, em vista de grande quantidade de luciferianos, havia para cada crente pelo menos um milhar de descrentes. Todos estes motivos, tomados como um todo, deveriam consumir e destruir a luz, o que enfraqueceria o mago, ou talvez, até o paralisaria, ainda que fosse ajudado pelos irmãos himalaios, cujo número deveria ser extremamente reduzido. Os adeptos de Shelom nunca antes o tinham visto tão sombrio, cruel e raivoso; seu ódio ao poderosíssimo oponente e a Deus, adorado pelo mesmo, tomou uma incrível dimensão e ele se preparava para o combate furiosa e energicamente. Convocou de todas as partes do mundo poderosíssimos magos negros, com os quais passava dias e noites invocando demônios e legiões de espíritos das sombras, e repassando os "milagres" que iria usar no duelo. E como, até então, conseguia realizar tudo facilmente, o orgulho e a certeza da vitória apoderavam-se dele cada vez mais, enchendo o seu coração com um triunfo cheio de ódio. Sua derrota só poderia acontecer por acaso. Por mais blasfêmias que ele proferisse, por mais crimes que cometesse e mergulhasse triunfalmente em quaisquer obscenidades – a terra não o engoliu, o vento não o varreu, a água não o afogou e o fogo do céu não o devorou. Positivamente, a Divindade permanecia muda. Ele, Shelom Iezodot, era e continuaria sendo o senhor invulnerável desta Terra condenada e os povos cairiam a seus pés, adorando-o como a um deus benfeitor, esbanjando bens.

Finalmente, todos os dirigentes das regiões receberam ordens para anunciar em todos os cantos, através de anúncios, telefones e por todos os meios disponíveis a data em que Shelom Iezodot, filho de Satanás e senhor do mundo, iria medir forças num duelo de magia com o príncipe indiano Supramati, mago do Himalaia. Para este estranho torneio foram convidados cidadãos de todos os países, para que eles próprios pudessem constatar que o poder do inferno é igual e até superior ao poder Celestial. Os cientistas e os indiferentes foram especialmente convidados para este espetáculo, cujo programa era extremamente atraente e oferecia aos dois oponentes todas as possibilidades de mostrar seus poderes. Shelom propunha-se transformar pedras e areia em ouro, que depois seriam distribuídos aos presentes; ao seu comando deveriam crescer, florescer e cobrir-se de frutos diversas árvores; ele ressuscitaria mortos e, por último, obrigaria o mago a adorar Lúcifer e a oferecer-lhe um sacrifício.

Como arena para este original espetáculo foi escolhido um grande campo fora da cidade, onde caberiam facilmente mais de duzentos mil espectadores. Foram construídas enormes arquibancadas, camarotes para autoridades e pessoas famosas, cientistas, dirigentes regionais, etc., e, principalmente, dois grandes camarotes para os adversários e seus amigos. Ao lado foram construídos gigantescos bufês para servir carne, frutas, doces e bebidas. O interesse do público foi enorme e como os lugares eram distribuídos gratuitamente, faltaram muitos ingressos e lugares; acrescentaram-se onde fosse possível mais lugares e o número de interessados crescia cada vez mais. É evidente que todos queriam estar presentes num espetáculo tão peculiar, um esporte especial tipo "fim do mundo", quando na arena iriam medir forças o Céu e o inferno. Supramati simplesmente aceitou o desafio, sem anunciar qualquer tipo de programação.

Ele se preparava em silêncio e em prece para este momento difícil, não quanto ao seu poder de mago, mas pelo ambiente infectado onde deveria agir. Nivara estava excitadíssimo, não porque tivesse qualquer dúvida sobre a vitória do mestre. O que o irritava e deixava indignado era a situação atual que tornou possível tal torneio e desafio a Deus. Certa noite, alguns dias antes do grande evento, o mago jantava com seus discípulos e, bebericando vinho, Supramati olhou sorrindo para o rosto sombrio de Nivara tão entretido em seus pensamentos que não percebia o que se passava ao seu redor.

— Você parece uma nuvem de tempestade. O que o preocupa, meu amigo? – perguntou o mago amavelmente.

— Ah! Mestre, eu me pergunto se a turba ímpia tem alguma razão quando afirma que não existe nada, já que o Céu permanece silencioso, não importando o quão indignas forem as ofensas dirigidas a ele. Por que o poderoso exército celestial não se apresenta em defesa de seus altares e da verdade? Por que permitiram a destruição da Terra, em vez de interceder e parar no seu início a sarabanda dos negadores de Deus, que pregam contra quaisquer leis da moral, contra qualquer sentimento de ideais e anunciando, por exemplo, que a verdadeira benfeitoria é não reagir ao mal, ou que a propriedade é roubo e mais uma centena de idênticos paradoxos absurdos, prejudiciais e até criminosos? E nós? Nós também vamos nos apresentar na arena para provar o nosso poder, enquanto o mundo está morrendo...

Supramati aprumou-se e observou severamente:

— Meu amigo, o nosso Senhor e Criador deu-nos a chave que abre a porta do Céu: ninguém tem culpa se os homens não querem pegá-la nem entender a lei Divina. Nada é dado sem luta; nós vemos isto em cada ser, mesmo nos mais minúsculos microorganismos; em todos os lugares enfrentam-se dois princípios. Jesus disse claramente: "...o reino do céu é tomado à força e os esforços utilizados têm a sua admiração". Ele também dizia: – "Pedi, e dar-se-vos-á; batei, e abrir-se-vos-á." E explicava que a fé remove montanhas. – A culpa do abandono da Igreja e do enfraquecimento da fé recai sobre aqueles que, tendo sido iniciados ao serviço de Deus, deveriam estoicamente defender o altar, evitando a sua profanação. Eles, que executavam os grandes sacramentos e eram intermediários entre os homens e o Céu, tinham obrigação de, por meio de fervorosas preces, invocar o poder celestial, exigir auxílio superior, atrair para si os crentes e, numa jubilosa prece conjunta, pedir a ajuda das forças invisíveis para defender os santuários. Existem muitas evidências de que tais preces são ouvidas. Eu já não falo de Moisés, que invocou o fogo celestial sobre os ímpios e o fogo obedeceu-lhe; ele era iniciado dos templos egípcios cuja ciência colossal ainda não foi desvendada. Mas até simples mortais conseguiram idênticos resultados durante as epidemias e inundações. Certa vez, uma avalanche de lava recuou diante de uma procissão que levava a imagem da Virgem Santíssima: o medo da morte provocou na multidão aquela poderosa lufada de fé que deu vida à prece coletiva e acionou as forças cósmicas. Milhares de curas milagrosas, em todos os tempos, foram a conseqüência deste mesmo motivo, assim como os apelos dos condenados inocentes, exigindo que os seus inimigos e perseguidores fossem levados para o Julgamento Divino. O apaixonado apelo à Divindade é ouvido e o céu responde; é como o palito de fósforo que, uma vez esfregado na caixinha, provoca o fogo.

Quando no início do século XX começou a difundir-se, feito uma loucura contagiosa, a revolução e o anarquismo, derrubando a conjuntura social, a moralidade e a religião, ou desencadeando uma terrível epidemia de assassinatos, suicídios, sacrilégios e outros fenômenos psico-patológicos de massa, ficou claro a todos que quisessem ver que havia algo de anormal, e que aquelas pessoas estavam tomadas por forças malignas que pululam no espaço. Os remédios conhecidos e testados estavam à mão: preces conjuntas, procissões, pregações, neste caso não me refiro a conversa fiada ou altercações escolásticas, mas àquela palavra fervorosa e convicta que eletriza a multidão, invoca o fogo sagrado e cria os mártires e os heróis.

Você sabe, Nivara, que a camada atmosférica mais baixa que cerca a Terra é povoada pelos que retornaram à dimensão invisível como espíritos, cujos crimes e maldades os impede de subir ao nível superior devido a seu corpo astral pesado como chumbo, cheio de excreções carnais. Não é por acaso que na prece ao Senhor, deixada por Cristo, está dito: "Livrai-nos do mal."[(6)] Todos estes espíritos maus estão tentando invadir o mundo e quanto maior o número deles a entrar no planeta, tanto mais se ampliará o venenoso contágio. Estas hordas selvagens enchem o ar e destroem tudo em seu caminho para satisfação dos seus instintos animais e à procura de alimento: eles se alimentam de sangue e dos vapores densos, pesados e malcheirosos da devassidão, alcoolismo e todos prazeres animais.

Como se fossem venenosos vibriões, os vapores destes monstros do mundo invisível enchem o ar e os homens os respiram, sujeitando-se a uma epidemia fluídica.

A fé, a prece, a misericórdia e as boas ações são a guarda celestial que protege o mundo terreno da invasão dos inimigos do mundo invisível.

A lei é única. Da mesma maneira que a desinfecção material é feita com luz, sol e aromas próprios, também o contágio é prevenido com limpeza e boa alimentação. E é exatamente assim que a prece e a fé, fontes de luz e calor, purificam

---

(6) Mateus, VII:7-11 N.R.

a atmosfera espiritual, e a saudável alimentação espiritual guarda a pureza da alma do contágio moral. Por este motivo a ciência oculta, a ciência sobre a alma sempre foi desprezada e perseguida; enlamearam-na e cobriram-na de risos. Entretanto, esta ciência renegada jamais fez mal a alguém e, pelo contrário, muito ensinou aos homens, iluminando a escuridão que os cercava e armando os vivos contra os perigosos e imperceptíveis inimigos, revelando a existência destas criaturas, que preferiam que jamais alguém soubesse de sua existência para poderem se locupletar, sem obstáculos, da humanidade cega e ignorante. Esta grande e pura ciência que estuda o mundo invisível é uma terrível arma contra os espíritos do mal e já salvou uma infinidade de almas de suas garras traiçoeiras.

Concluindo, repito que a responsabilidade pelo ocorrido recai sobre a indiferença da Igreja e da sociedade, especialmente de crentes. A união faz a força, mas esta força não foi acionada e a invasão dos espíritos das trevas não foi rechaçada. Os homens não sabem e nem querem compreender a alavanca de poder colossal que vem a ser, para o mundo astral, o reflexo do fluido puro de uma fervorosa prece ou de um arroubo de vontade. E o incêndio que provoca, queimando com o fogo purificador horríveis miasmas, inúmeras larvas, seres infames invisíveis, bacilos venenosos e muito lixo astral. O ar fica mais saudável e as pessoas readquirem a razão. Se nos hospícios, junto com as duchas, fossem utilizados encantamentos e introduzida música sacra, séria e elevada, instituídas preces ininterruptas e a aplicação de água benta ou magnetizada, os resultados seriam surpreendentes. Mesmo agora se poderia reunir a pobre humanidade para um único ímpeto ao Céu e este responderia; pode ser que conseguiríamos salvar o planeta por algumas centenas de milhares de anos. Mas, não! Os homens não farão isto e cumprir-se-á o destino da nossa infeliz Terra – concluiu Supramati, suspirando.

Algumas horas mais tarde chegaram Dakhir, Narayana e Niebo para assistirem ao combate do seu amigo com Shelom. Ficou decidido que os três dias que restavam para aquele terrível duelo eles passariam no laboratório, orando e guardando forças para a luta que seria o prelúdio dos futuros acontecimentos trágicos do fim do mundo.

Capítulo XV

A animação na cidade crescia e o afluxo de curiosos era tanto, que quando já não havia mais lugares em terra, foi decidido utilizar o espaço aéreo, com naves pairando sobre a arena, proporcionando boa visão aos passageiros. Este espetáculo, excepcional pelo gênero e ainda inédito, prometia dar enorme satisfação e já corriam apostas nas quais a maioria, obviamente, apostava na vitória de Shelom. Era de inaudito atrevimento este indiano, absolutamente desconhecido, querer lutar com o mais poderoso homem da época, filho do próprio Lúcifer. É claro que o príncipe Supramati é um jovem muito bonito, imensamente rico e excêntrico ao ridículo. Entretanto, é idiotice supor que ele pudesse competir com uma pessoa tão extraordinária como Shelom Iezodot.

Finalmente chegou o dia decisivo e a própria natureza parecia colaborar. O tempo estava excelente e há muito tempo não se via o sol tão brilhante e o azul do céu tão maravilhoso.

O grande círculo que serviria de arena para a competição fora dividido ao meio por uma linha vermelha e os camarotes dos oponentes ficavam um em oposição ao outro.

Shelom Iezodot foi o primeiro a chegar, carregado no trono por famosíssimos magos negros e acompanhado por numerosa corte que lotou o camarote. Ao ocupar o seu lugar de destaque, ele lançou um olhar triunfante e orgulhoso sobre a incontável multidão. Pela primeira vez ele usava em público seu traje cerimonial de "grandes invocações". Vestia uma malha negra e uma túnica curta feita de um material cinzento com laivos metálicos que a distância parecia feita de aço. No peito havia uma imagem de cabeça de bode com olhos de rubi e do cinto pendia uma espada mágica de cabo negro, inteiramente crivada de diamantes. Na cabeça usava uma larga faixa dourada com símbolos cabalísticos esmaltados, coroada por dois chifres maciços e retorcidos. Sobre os ombros destacavam-se duas asas dentadas, feitas de um metal fino e maleável – um raro trabalho de arte – que estavam amarradas com fitas do mesmo material cinzento. O traje, lúgubre mas original, combinava bem com a beleza demoníaca de Shelom, tendo impressionado a multidão que o saudava com muito barulho, enquanto os feiticeiros traçavam círculos no chão, preparavam trípodes com ervas e resina ou erigiam o altar onde Lúcifer deveria aparecer.

O camarote do príncipe indiano permanecia vazio e a turba ficava cada vez mais impaciente. Alguém até gritou:

— Ele ficou com medo... desistiu e fugiu!

Mal esta frase correu pela multidão, o camarote do mago se iluminou com uma suave mas brilhante luz azulada, e junto à balaustrada, surgiram cinco homens vestidos de branco. De onde eles apareceram? Ninguém os viu entrar e nenhum veículo terrestre ou aéreo havia se aproximado do camarote. Isto causou um grande espanto, provocou um profundo silêncio e os olhos dos presentes fixaram-se naquelas misteriosas pessoas – jovens, bonitos, com rostos sérios e olhos flamejantes. Quase imediatamente toda a atenção concentrou-se em Supramati que descia lentamente os degraus para a arena. Ele também usava pela primeira vez em público seu traje de mago: uma longa e alvíssima túnica, amarrada por um cinto de seda, e um turbante de musselina. O símbolo sobre seu peito brilhava com uma luz ofuscante e na mão ele trazia a espada mágica, cuja larga e brilhante lâmina parecia em chamas. A multidão olhava-o com involuntário respeito e jamais Supramati esteve tão belo e encantador como neste instante, caminhando calma e dignamente. Seus grandes e luminosos olhos brilhavam com aquela vontade poderosa ante a qual tudo parecia se submeter. À certa distância do camarote Supramati parou, levantou a espada e traçou no ar um sinal fosforescente que, cintilando e silvando, cortou o ar feito um raio e desapareceu no espaço. Alguns instantes após, o profundo silêncio foi rompido pelo ribombar de um trovão como se aproximasse uma tempestade e no céu apareceu um enorme objeto incandescente voando a altíssima velocidade. Logo pode-se perceber que caía um meteorito de raras proporções.

A multidão ficou pasma de terror e até se ouviram gritos quando o bólido caiu na arena a alguns passos do mago, enterrando-se profundamente na terra. Supramati subiu calmamente sobre a pedra ainda incandescente e parou, apoiando-se sobre a empunhadura da espada mágica como se à espera do seu oponente.

Um rubor passageiro percorreu o rosto de Shelom. Ele levantou-se e em altos brados dirigiu-se à multidão, anunciando em poucas palavras que decidiu participar daquela competição com o mago indiano que ousara desafiar o rei das trevas, para provar a todos o poderio do seu pai, Lúcifer, e, portanto, estava convencido de sua vitória sobre o fanfarrão himalaio.

Indiferente a suas palavras, Supramati permaneceu

impassível. Shelom desceu para a arena e iniciou as suas invocações. As veias na sua testa incharam, as asas negras injetaram-se de rubor ígneo e a espada mágica cintilou no ar, traçando sinais cabalísticos. Nuvens negras juntaram-se, desceram ao chão e línguas de fogo lambiam o ar e a terra. Quando as nuvens se dissiparam, todos viram que a areia e as pedras, previamente preparadas, brilhavam ao sol feito ouro. Entre os espectadores ouviram-se gritos de admiração e a multidão devorava com os olhos os montes do cobiçado metal que os especialistas confirmaram na hora ser realmente ouro. Shelom lançou um olhar triunfante para Supramati e com um gesto apontou-lhe para os montes de areia e pedra ali preparadas.

Supramati levantou a espada, sua ponta acendeu-se em luz ofuscante, no ar surgiram sinais cabalísticos e uma chuva de faíscas caiu sobre as pedras e a areia. Incendiadas imediatamente, estas refletiam todas as cores do arco-íris e, quando apagaram, também haviam se transformado em ouro. Mas, no mesmo instante, da mão levantada de Supramati cintilou um relâmpago que caiu sobre os montes de ouro de Shelom. Estes cobriram-se de uma fumaça negra, crepitaram e transformaram-se numa massa cinzenta que se desmanchou em cinzas.

— Tente destruir a minha obra como o fiz com a sua – propôs calmamente Supramati.

Shelom e seus assessores vociferavam de ódio, mas apesar de todas as suas tentativas não conseguiram destruir o ouro do mago, que os especialistas reconheceram ser de extrema pureza, sem qualquer aditivo. Aliás, os magos negros rapidamente desistiram de suas tentativas, pois os fluidos que emanavam do ouro de Supramati os enfraqueciam e provocavam tonturas. Um rumor de espanto percorreu pelo público, mas os olhares ferozes de Shelom e o seu rosto deformado pela ira infernal amedrontaram os espectadores e a multidão emudeceu.

— Você é um feiticeiro mais forte do que eu imaginava, mas isto ainda é ninharia, – zombou Shelom, medindo Supramati com um olhar hostil e, virando-se de costas, iniciou novos encantamentos.

Logo da terra e do ar apareceu uma densa fumaça que, rodopiando velozmente em espiral, enrodilhou-se. Quando a fumaça se dissipou, todos viram claramente um tronco de árvore que emergia lentamente da terra, cobrindo-se de folhagem e frutas verdes que amadureciam rapidamente, assumindo uma coloração dourada. Os feiticeiros arrancavam os frutos e os arremessavam para a multidão, que satisfeita agradecia aos brados ao ver que eram laranjas de primeira qualidade.

Os olhares curiosos dirigiram-se agora para Supramati. Este levantou em silêncio a espada, girou-a sobre a cabeça e depois, reverenciando todos os quatro pontos cardeais, pronunciou fórmulas e traçou sinais que dominavam os elementos. Um instante depois a luz do dia transformou-se numa penumbra violeta através da qual mal se distinguiam os objetos. O vento levantou nuvens de poeira e relâmpagos cintilantes cortavam o céu. Toda a atmosfera parecia estalar e ferver com um surdo ribombar e diferentes aromas, por vezes cáusticos, por vezes suaves, mudavam com velocidade estonteante. No meio deste caos, destacava-se nitidamente na penumbra a alva figura do mago, cercada de feixes de faíscas. A turba estupefata emudeceu de espanto, mas quando se dissipou a penumbra violeta ouviram-se por todos os lados gritos de admiração. Numa grande área da arena, reservada para Supramati, verdejava um pequeno bosque de árvores frutíferas e arbustos cobertos de flores. Por entre a folhagem entreviam-se diversas frutas e uma grande macieira estava toda florida, como se coberta por uma camada de neve.

— Tudo o que vêem aqui – dirigiu-se Supramati à multidão fascinada – é o trabalho da chama purificada do éter. Enquanto aquilo – e apontou para a laranjeira de Shelom – é uma manifestação do diabo, que cria as coisas a partir dos dejetos do caos. Portanto, que desapareça e se desfaça a enganadora ilusão do inferno!

Ele estendeu a mão, virando o cabo cruciforme da sua espada na direção da obra do oponente. Imediatamente a cruz soltou uma chama que incendiou a arvore. As folhas enrolaram-se com estalo e os frutos arderam como bolas incandescentes, tomando uma aparência esverdeada, expelindo uma fumaça amarela e malcheirosa. Em seguida, diante dos olhos dos espectadores estarrecidos, as laranjas transformaram-se em cobras que aos silvos desapareceram dentro da terra. Quase ao mesmo tempo ouviram-se gritos na multidão: os que comeram as laranjas caíram em convulsões e Niebo e Nivara acorreram imediatamente em seu auxilio.

Com os olhos injetados de sangue e os braços cruzados no peito, Shelom mal podia conter a raiva. Espumando pela boca ele vociferava impropérios, enquanto os magos e feiticeiros que o assessoravam tremiam de medo e estavam pálidos como sombras. Eles sabiam que se Shelom não resistisse ao poder do "feiticeiro" todos estariam arriscados a perecer de uma horrível morte. A excitação da multidão fascinada aumentava cada vez mais. Não havia dúvida de que o prestígio de Shelom estava abalado. O filho de Satanás sentiu isto e foi buscar auxílio na própria insolência. Endireitando-se orgulhosamente, ele gritou com voz rouca:

— O que aconteceu aqui nada prova. Isto é só uma brincadeira de crianças. Eu quero ver se ele pode ressuscitar um morto, um morto de fato – rugiu ele.

E antes que as suas pretensões pudessem ser percebidas, Shelom correu para uma das tribunas, junto da qual se aglomerava o povo, agarrou uma encantadora jovem e golpeou-a no peito com o seu punhal. A infeliz caiu sem um gemido, cobrindo de sangue o assassino e o chão da arena.

Mas Shelom não deu atenção ao fato. Ele levantou o corpo e jogou-o sobre o tapete negro com símbolos cabalísticos, que havia sido rapidamente estendido por um dos feiticeiros. A seguir, arrancou a roupa do cadáver expondo o corpo nu à multidão estupefata, porém em geral habituada a espetáculos sangrentos e às crueldades arbitrárias do seu senhor. A excitação de Shelom chegou às raias da loucura; ele traçava com a espada sinais cabalísticos e com voz enfurecida gritava encantamentos. Seus auxiliares, sombrios e nitidamente deprimidos, cobriram neste ínterim o peito da morta com um tecido vermelho, queimando sobre ele ervas resinosas que expeliam densa fumaça cáustica, com tanta profusão, que incomodava a todos, visto ter-se espalhado por toda a arena. A multidão começou a ficar terrivelmente perturbada, pois os aromas difundidos pelos feiticeiros provocavam insanidade erótica. E enquanto Shelom, totalmente enlouquecido, realizava sobre o defunto uma pérfida profanação, a multidão em volta certamente começaria uma orgia coletiva se os magos não tivessem agido rapidamente e derramado no chão alguns frascos de essências, cujo poderoso aroma absorveu o odor tóxico dos feiticeiros, restituindo desta maneira uma certa calma. Quando os espectadores recuperaram totalmente a consciência, a ponto de conseguirem ver o espetáculo, acabaram vendo algo estranho e horrível. O corpo da jovem assassinada mexeu-se, ergueu-se e lançou para a multidão em volta um olhar selvagem. Depois, pondo-se de pé com incrível leveza, a jovem correu até Shelom, caiu de joelhos e beijando suas mãos, exclamou num apaixonado ímpeto de agradecimento:

— Senhor da vida e da morte, eu lhe sou grata por ter-me devolvido a vida.

Triunfante, Shelom mostrou-a ao povo. Parte dos espectadores ovacionaram-no, mas muitos permaneceram em preocupado silêncio. Shelom não tomou conhecimento disso e disse com desprezo:

— Tragam ao indiano qualquer carniça para que ele possa mostrar o seu poder.

— Não é necessário – respondeu Supramati com voz clara e sonora e com a ponta da sua espada traçou no ar um círculo que voou e cercou a "ressuscitada". – Eu quero provar ao povo aqui reunido que a vida que você deu a este corpo é fictícia. Você não devolveu a alma desta infeliz, mas introduziu em seu corpo uma daquelas ignóbeis criaturas do mundo invisível que são dominadas pela sua ciência das trevas. – E quanto a você, infeliz verme, animado somente com sangue e putrescência, – saia desse corpo que não lhe pertence!

A ponta da espada de Supramati expeliu uma chama que com a velocidade do pensamento voou em direção à mulher e bateu-lhe no peito, exatamente no mesmo lugar do ferimento. Ouviu-se um lúgubre e dilacerante grito, a mulher caiu como se atingida por um raio e diante da multidão estupefata aconteceu algo terrível e asqueroso.

Da boca aberta do corpo saiu uma espécie de serpente cuja cabeça, com olhos injetados de sangue, tinha algo de humano. Mal a asquerosa criatura saiu de dentro de sua vitima, ela atacou Shelom e instantaneamente se enrolou nele tentando sufocá-lo. Fosse Shelom um simples mortal, seus ossos teriam estalado imediatamente. Agora ele lutava contra um monstro que ele mesmo invocara das profundezas das trevas e, com a ajuda do poderosíssimo feiticeiro Nadim, consegui dominá-lo. O corpo flexível da criatura enfraqueceu, caindo por terra morto, ou desfalecido. Enquanto se desenrolava esta cena, muitos dos feiticeiros rolavam no chão em convulsões. O corpo da falecida tomou novamente a aparência de cadáver. Erguido por uma força invisível, ele foi transportado para outro lado da linha vermelha e depositado no chão a alguns passos de Supramati. Imediatamente aproximaram-se Niebo e Nivara e derramaram duas taças de um líquido prateado e faiscante sobre o corpo, ainda coberto por uma espumosa e pegajosa massa negra fétida. O líquido imediatamente começou a crepitar e chiar como água jogada sobre ferro em brasa; depois subiu um denso vapor que envolveu o cadáver por um minuto. Quando a nuvem esbranquiçada se dissipou, o corpo readquiriu a brancura original, os traços do rosto adquiriram uma serena beleza. A espuma que a manchava desapareceu completamente e somente uma mancha vermelha indicava o lugar da ferida mortal. Então Supramati ajoelhou-se, segurou as duas mãos da falecida e levantando os olhos para o céu, proferiu com sentimento:

— Permita, meu Pai Celeste, através do meu poder puro, que a alma banida deste corpo de modo criminoso e à força retorne para a sua moradia terrena. Senhor Jesus Cristo, me apóie e auxilie, fazendo seu servo digno de vencer o inferno. – Ele inclinou-se sobre a falecida e disse imperiosamente: – Retorne, sopro divino, à esta nova vida, concedida novamente pelo Todo-Poderoso e se consagre ao louvor do Seu nome e Suas leis.

O corpo da jovem mulher começou a tremer. Respirando profundamente, seus olhos se abriram e como se despertasse de um longo sono ela olhou em volta, misto de medo e estupefação. Nivara cobriu sua nudez com uma túnica branca de largas mangas e ajudou-a a levantar-se.

— Adore a seu Deus e oscule o sagrado símbolo da eternidade e salvação – disse Supramati estendendo-lhe o cabo cruciforme da sua espada, que ela beijou respeitosa e piedosamente. – E agora, volte para os seus pais e diga-lhes que é preciso buscar a luz e não as trevas. Prove a sua gratidão ao Criador vivendo de acordo com as Suas leis.

Cambaleante mas feliz a jovem correu para os seus pais. Estes, plenos de felicidade, correram para ela cobrindo-a de lágrimas e carinhos.

Seria difícil descrever o que se passava na multidão.

Os nervos das pessoas, debilitadas por depravação e anomalias, já não suportavam tantas emoções. O horripilante silêncio que permaneceu até aquele instante rompeu-se de repente. As pessoas gritavam, riam, rugiam, choravam e, oscilando entre o medo e a dúvida, perguntavam-se se era realmente possível que Shelom Iezodot, o senhor do mundo, fosse um demônio, enquanto que o mago hindu, que os impressionara com a sua beleza e poder, era um enviado Daquele antigo Deus há muito esquecido e renegado...

Calma e impassivelmente Supramati subiu novamente sobre a sua pedra, e olhou para o pálido e perdido Shelom que ofegante tentava recuperar-se após a terrível luta. Minutos depois ouviu-se a voz sonora do mago:

— Eu lhe proponho, Shelom Iezodot, iniciar o derradeiro ato do nosso duelo. O sol já está se pondo e os espectadores, assim como nós, aguardam um desfecho.

— Eu não imaginava que você tinha tanta pressa de reverenciar Lúcifer e sua grandeza. Aguarde um pouco, enquanto eu faço os últimos preparativos – respondeu Shelom com um sorriso malévolo. E, virando-se, entrou no seu camarim que tinha um quarto privativo.

Supramati também aproveitou a pausa e, prevendo que esta seria bastante longa, subiu ao camarote para descansar conversando com amigos. Nos fundos da parte da arena reservada a Shelom havia ruínas de uma antiga igreja destruída por satanistas; suas paredes desmoronadas e a torre do sino formavam uma grande escarpa. Os espectadores tinham ficado intrigados do porquê daquelas ruínas não terem sido retiradas. Mas foi naquele lugar que erigiram o altar para Lúcifer: um bloco cúbico de mármore negro, rebaixado e maciço, sobre o qual se elevava o que restou da abóbada da igreja. Aos poucos, nuvens cinza-rubras cobriram o céu e um vento forte levantou a areia da arena e agitou o verde do bosque criado por Supramati. A escuridão aumentou rapidamente e ao longe se ouviram trovões se aproximando. Sob a abóbada das ruínas cintilaram rubras línguas de fogo e, por fim, uma luz purpúrea e agourenta iluminou a arena e as ruínas. Em alguns locais em grandes bacias de bronze, foi aceso alcatrão cuja luz enfumaçada deu ao cenário um ar fantástico e arcaico. De repente ouviram-se berros, uivos e por detrás das pedras começaram a sair, como sombras, hienas, tigres, leopardos e outros animais selvagens. De pêlo em riste e olhos brilhando de ódio eles se postaram em semicírculo diante da rocha negra, rugindo baixinho e agitando nervosamente as caudas. Vendo isto, Supramati levantou-se, ocupou novamente seu lugar no aerólito e desta vez foi seguido por quatro amigos que ficaram perto dele.

Logo apareceu Shelom Iezodot acompanhado de doze feiticeiros. Ele estava nu e trazia consigo, em vez da espada, um forcado em brasa. Os chifres sobre sua testa também pareciam estar em brasa. Enfileirando-se em ambos os lados junto à rocha negra, os doze feiticeiros caíram de bruços. Shelom permaneceu em pé diante da pedra onde deveria aparecer o seu terrível senhor, traçando com o tridente sinais cabalísticos e entoando uma estranha canção de notas agudas e dilacerantes. Aos poucos o canto mudou para um tempestuoso recitativo no qual ele relatava a Lúcifer todos serviços realizados para o inferno, todos os crimes e sacrilégios, resumindo: todo o enorme trabalho executado pelos servidores das trevas objetivando o fim da humanidade. O desencaminhamento fora um sucesso, pois a humanidade foi subtraída da fé, ideais e de qualquer apoio moral, atada às próprias paixões e caída aos pés de Lúcifer; e agora ele, Shelom Iezodot, seu fiel servo, exigia a recompensa. Com palavras sacrílegas, cheias de ódio, ele insistia que Lúcifer aparecesse e destruísse o hindu atrevido que ousara competir com ele e contar bravatas. Cada vez mais concentrado, espumando pela boca, ele insistia em que Lúcifer o vingasse e destruísse o inimigo, mandando a terra engoli-lo e o fogo queimá-lo, privando-o antes do poder para depois alquebrá-lo e prostrá-lo a seus pés.

Um forte trovão explodiu como em resposta a este terrível chamado, a terra tremeu e as ruínas iluminaram-se como um clarão. Sob a abóbada acenderam-se fogos multicolores e, de repente, sobre a rocha apareceu uma titânica e horrível figura. Sobre o fundo sanguíneo-ígneo delineava-se claramente a típica cabeça de agourenta beleza, cujo rosto possuía a marca de todos os crimes, paixões e sofrimentos espirituais... As enormes asas dentadas elevavam-se dos ombros e em cima da testa – os chifres retorcidos, símbolo da besta-fera.

— Ajoelhe-se, maldito hindu, verme desprezível! Ajoelhe-se e reverencie o nosso e seu senhor, pois o seu poder não poderá afetá-lo! – rugiu Shelom.

O espirito das trevas soltava redemoinhos de fumaça que o vento levava em direção ao mago. Supramati ao sentir o contato com os fluidos nocivos empalideceu, ficando da cor da própria túnica, mas nos seus olhos ardia como sempre a poderosa vontade e a sua voz ecoou serena e confiante:

— Tenho um só Senhor a quem reverencio – Deus. E uma única arma – a minha fé e o símbolo da salvação, abençoado com o sangue do Filho de Deus.

E sacando de dentro da roupa a cruz dos magos, que emitia torrentes de luz ofuscante, ele correu em direção ao poderoso demônio, atravessando corajosamente a linha de demarcação. Enquanto ele falava, Dakhir e Narayana desembainharam as suas espadas e Niebo e Nivara empunharam os bastões mágicos apoiando o seu amigo com toda a força dos seus poderes. Supramati, como se levado pelo vento, aproximou-se rapidamente do altar satânico e atacou, ameaçador, com a cruz levantada sobre a cabeça:

— Para trás, demônio negativo, artífice do mal e desgraças. Desapareça, retorne ao abismo do qual saiu para a perdição da humanidade. Eu te esconjuro e firo com esta arma de luz! – trovejou a voz do mago, atacando corajosamente o espirito maligno.

De repente, o rosto do demônio empalideceu, um forte abalo fez a terra tremer e, no lugar onde se elevava o altar ímpio, a terra abriu-se formando uma grande rachadura, profunda como um precipício, tragando Lúcifer. Supramati parou, deu um suspiro de alivio e com a cruz resplandecente traçou sobre o abismo um sinal de redenção. Imediatamente, sobre o lugar do demônio destronado, brilhou no ar uma cruz luminosa de enormes proporções que iluminou com sua luz suave e azulada os mais longínquos arredores. Shelom e seus asseclas estavam estupefatos, pois tudo se passou com rapidez incrível. E quando brilhou a cruz fulgurante, os magos negros começaram a gritar e uivar, alguns caíram mortos e os outros fugiram. Shelom Iezodot, apanhado por um forte vento foi jogado para longe da arena, local de sua terrível derrota...

Obviamente, para as pessoas dos séculos passados, como por exemplo do século XX, tais acontecimentos ao ar livre, em plena luz do dia e diante dos olhos de milhares de espectadores pareceriam inacreditáveis, mas a regra geral é esta: quanto mais se desenvolve o poder, maior é a sua manifestação. O mesmo aconteceu com o poder ocultista. Quanto maior poder adquiria o invisível, tanto mais freqüentemente e com maior intensidade ele revelava a sua presença. Infelizmente, o inferno manifestava-se mais, o Céu e o número de fieis diminuía. Apáticos, indiferentes e desunidos, eles desperdiçavam a sua força e poder, enterravam os dons recebidos, enquanto o quartel-general das trevas enérgica e ameaçadoramente abria o seu caminho...

O que aconteceu ao público foi indescritível. A multidão, estarrecida e quieta, assistiu ao aparecimento e desaparecimento do demônio. Entretanto, a visão da cruz teve o efeito da queda de um raio. Uns começaram a correr feito loucos, outros, profundamente abalados, olhavam para aquele símbolo tão profanado e há muito tempo esquecido, outrora adorado por seus ancestrais. Neste instante se ouviram no ar sons harmoniosos, abafando a gritaria geral e agindo como um lenitivo aos nervos excitados dos presentes, mantendo-os nos lugares. Quando a estranha música acabou, Supramati começou a falar:

— Aproximem-se, filhos de Deus, e adorem ao seu Criador. Arrependam-se e retornem à fé esquecida. Vocês, cegados pelo encantamento dos espíritos das trevas, insultavam a Divindade e o que ganharam com tantas maldades e sacrilégios? Vocês quebraram o equilíbrio das forças cósmicas que destruirão o planeta. Eu sou um missionário dos últimos dias e lhes digo: a hora do Juízo, anunciada pelos profetas, está mais próxima do que imaginam. E vocês, junto com a sua Terra estão condenados à morte da qual o inferno não poderá salvá-los. Aproveitem este curto adiamento, arrependam-se e purifiquem-se para escapar do terrível castigo. Reabram os templos vazios, estes centros de oração e força coletiva, reergam o altar do Senhor, cantem os cantos sagrados, cujos sons afastarão as forças impuras. Exorcizem os demônios que se apoderaram de suas almas, destruíram e macularam seus corpos. Tudo morre e se transforma em restos mortais. Somente as suas almas são indestrutíveis, pois são o sopro divino do Criador. Salvem, pois, esta fagulha celestial para que a mesma se eleve para a luz e não caia no abismo das trevas...

Quando Supramati se calou, uma inusitada agitação tomou conta de parte dos espectadores e, enquanto os devassos satanistas fugiam, sofrendo de dores dilacerantes e espumando pela boca, uma multidão de pessoas humildes, com alegria e lágrimas nos olhos e denotando medo supersticioso, aproximou-se e prostrou-se diante da cruz resplandecente – o adorado símbolo de outrora, sagrado talismã dos seus ancestrais. Naqueles antigos tempos a felicidade em viver era maior: na Terra ainda existia a fé, quando o símbolo da salvação recebia o recém-nascido, purificava e separava-o dos inimigos invisíveis ou ficava sobre o túmulo, guardando o falecido dos ataques das criaturas impuras. E eis que esse símbolo, por tanto tempo perseguido, reergue-se diante deles, puro, resplandecente, visível para todos e misericordiosamente chama para si a infeliz humanidade que, renegando Deus, entregou-se ao poder das forças obscuras e foi atada pelas mãos e pés. Tomados de um êxtase repentino, estas pessoas que desaprenderam a orar caíam de bruços, elevavam as mãos para a Cruz e com lágrimas nos olhos repetiam as palavras que os magos lhes ensinaram:

— "Tenha piedade de nós, Senhor, e perdoe os nossos crimes!"

Em resposta a este apelo, nos casos em que o suplicante desafogava toda a sua alma, aconteciam milagres: surdos voltavam a ouvir, mudos a falar e os paraplégicos, a movimentar-se livremente.

Supramati, deixando a multidão adorando a Cruz, voltou para a sua parte da arena acompanhado pelos amigos e, quando se aproximava do camarote, viu perto da entrada uma dezena de pessoas cujas cabeças eram envoltas por largas auras. À frente estava Ebramar. Com os olhos úmidos de lágrimas, ele estendeu-lhe as mãos e disse, apertando-o contra o peito:

— Parabéns pela vitória, meu querido filho e discípulo!

Os outros magos também o abraçaram. A multidão, ao ver o grupo de pessoas estranhas, em trajes prateados e cercados de aura de luz, tomou-os por santos descidos do Céu para aparecerem aos homens.

— E agora, amigos, vamos passar uns dias no nosso

abrigo do Himalaia, porque uma tempestade irá desabar. Os espíritos do caos, o exército das trevas de Lúcifer pretendem vingar-se da derrota por meio da destruição.

Mais tarde uma nave espacial diferente, de construção desconhecida para os simples mortais, levou os magos a uma velocidade estonteante para um dos seus inacessíveis abrigos.

Capítulo XVI

A previsão de Ebramar logo se confirmou. No dia seguinte, desencadeou-se um terrível furacão jamais visto e durou por três dias seguidos, causando muitos estragos. Quando o temporal finalmente se acalmou, a terra estava devastada por centenas de milhas. Nos campos, tudo foi ceifado por um vento medonho ou derrubado pelo granizo; as estufas destruídas; as casas destelhadas e inúmeras pessoas esmagadas sob as ruínas dos prédios desmoronados. Dando seqüência a essa desgraça iniciou-se outra. Veio um calor tão escaldante, que a terra rachou, a água secou nos lagos e rios e os peixes pereceram. As árvores que sobreviveram ao furacão ardiam, perdiam as folhas e pareciam postes queimados. Os animais domésticos morriam feito moscas; a fome crescia gradualmente e grassaram terríveis epidemias. Mesmo as pessoas mergulhadas em ouro, no interior de seus palácios, sucumbiam de inanição e sufocamento em razão de estar o ar impregnado de fumaça da turfa ardente. Esses fenômenos cósmicos eram, por certo, contagiantes, pois de todos os cantos chegavam notícias lastimosas sobre furacões e calor tropical inéditos que transformavam a Terra em deserto.

Por uma estranha casualidade, somente o bosque criado por Supramati durante o seu duelo com Shelom Iezodot resistiu facilmente à intempérie: a cruz radiante flutuava tranqüila no ar, iluminando com luz misteriosa aquele pedacinho de terra; de suas entranhas jorrou uma nascente de água fria e cristalina. Aos poucos, todo o local foi cobrindo-se de árvores carregadas de frutas, onde multidões famintas vinham saciar sua sede e fome. Somente os satanistas evitavam o local, sem se beneficiar do mesmo, justificando que a água lhes causava dores internas e as frutas eram indigestas.

O estado moral das pessoas não era menos lastimoso. Endoidecidos e famintos, em vão clamavam eles pela ajuda de Lúcifer, pois o inferno permanecia surdo e mudo às suas súplicas. Ele lhes dera ouro para adquirir o que bem quisessem, inclusive as almas divinas. Agora, de posse de todos os bens, estes foram aniquilados e ultrajados, Deus banido dos corações humanos e sobre os homens desabaram terríveis desgraças; sobrara para a humanidade criminosa apenas o ouro, o qual já não podia comprar nada para abastecer os celeiros e despensas. Tudo fora vendido pela humanidade ao demônio do ouro: riquezas naturais; seiva da terra; florestas verdejantes que sucumbiram sob o machado do negociante; petróleo; carvão mineral e eletricidade – tudo foi consumido sem a parcimônia precavida de um ricaço sensato, mas com a despreocupação demente de um esbanjador que não pensa nem no presente nem no futuro e que, com barbárie selvagem, sacrifica os legados de seus ancestrais em prol dos deleites efêmeros do presente. Arruinados física e moralmente, as pessoas chegaram à beira do precipício que iria engolir o mundo – que bem poderia sobreviver por mais algum tempo, fértil e verdejante, servindo às inúmeras gerações de escola para o aprimoramento e a purificação... O descontentamento das massas começou a se revelar tanto mais veemente quanto perigoso, pois a turba depravada e desacostumada a obedecer não conhecia qualquer tipo de freio. O povo se juntava diante do palácio de Shelom, exigindo, insistente, aos gritos e ameaças, que ele pusesse termo ao calor escaldante e abrasamento da Terra.

— Você é filho de Satanás, se equivale a Deus e submete os elementos. Então acabe com a seca, dê-nos pão e água. – Ou, ameaçando-o com punhos cerrados, as pessoas gritavam desatinadas: – Não queremos mais seu ouro, queremos ar, pão e água. Prove que você é poderoso, que não é farsante nem gabola, já que foi vencido pelo hindu. – Foram vocês, satanistas, que chamaram sobre nós a ira de Deus! – gritavam outros. – Lá, onde a cruz paira no ar, há uma grande fartura de frutos e água! Devolva-nos o antigo Deus, restitua-nos a fé anterior, caso contrário não sobrará pedra sobre pedra de seu palácio e nós destruiremos todos os seus templos. -

A indignação crescia a cada dia; princípio de uma guerra interna já se podia sentir em vista da fome e sede terríveis que assolavam a Terra e os homens. Nas ruas ocorriam combates sanguinários; os rebeldes atacavam os satanistas onde quer que eles se encontrassem, armando-se de crucifixos de ferro ou madeira. Invadiam templos satânicos, demoliam altares e quebravam estátuas de Lúcifer. Eram assassinatos ensandecidos, rebeliões, desespero; a turba enfurecida procurava por Shelom para aniquilá-lo, mas este parecia ter sumido, sem aparecer algures. As informações que chegavam de todas as partes davam conta de que o quadro de ódio e pobreza era geral, enquanto que a natureza imperturbável prosseguia em seu afã destruidor. O sol queimava implacavelmente, iluminando o deserto estéril e os cadáveres em decomposição de homens e animais. Jamais o desprezo ao ouro tomou tais dimensões. De bom grado ele seria trocado aos punhados por uma caneca de água, um pedaço de pão e um sopro de ar fresco e puro. Pela primeira vez, provavelmente, o vil metal tornava-se morto e inútil nas mãos de seus proprietários.

O tumulto e o clamor dessa guerra fratricida, sem trégua ou misericórdia, não chegavam até Shelom, escondido no subterrâneo. Era uma sala ampla, mobiliada com luxo imperial: as paredes eram revestidas por um tecido vermelho bordado a ouro; os móveis eram de madeira preta com incrustações e o chão estava coberto com tapete macio como pele. Num nicho fundo havia uma grande estátua de Lúcifer. Indiferente aos sofrimentos e lutas provocadas por ele, a figura soturna do demônio sobressaía-se no ambiente e em seu semblante petrificado congelou-se um sorriso de escárnio. Diante da estátua, num candelabro de sete braços, ardiam velas negras de cera. No meio da sala, havia uma mesa grande, sobre a qual estava um enorme jarro de vinho, uma taça e um antigo livro aberto.

Shelom estava sozinho. Sentado numa poltrona de espaldar alto, recostando a cabeça numa almofada vermelha, refletia, brincando impacientemente com a adaga mágica, presa na cintura. Seu rosto estava sombrio, desfigurado pela fúria interior e orgulho ferido; depois de enfrentar o mago, ele sentia-se fraco e as forças voltavam por demais lentamente. Tremia de ódio só de pensar que ele, Shelom Iezodot, era obrigado a se esconder feito um ladrão daquelas pessoas que o veneravam como a uma divindade. Nas longas horas de solidão no subterrâneo, ele, repentinamente, era tomado de dúvida – essa força terrível, criada pelo inferno para sugerir às pessoas a descrença na existência de Deus. E esse monstro, que dilacera os corações humanos, estava agora em pé junto à poltrona de Shelom: sua cabeça de serpente inclinou-se até seu ouvido, os olhos esmeraldinos fixavamno, cheios de mofa indescritível, e a voz diabólica murmurava: – Onde está o seu poder? O que você pode fazer contra as leis que são mais fortes que o seu conhecimento?... O hindu e os próprios fatos provam, claramente, que no grande tudo, você é uma criatura ínfima... Quem sabe?... Talvez o senhor a quem você serve não se compare Àquele outro e você jamais poderá vencer o Céu, pois sua causa talvez seja ignóbil...

Um arrepio de rancor violento tomou conta dele ao pensar que talvez ele não passasse de um joguete nas mãos do cruel senhor que se inebriava com o sangue por ele derramado, abandonando-o naquela hora difícil, sem forças para sufocar a rebelião, uma ameaça direta a ele, visto as paixões desenfreadas não conhecerem fronteiras. Sua alma contorceu-se invadida pela sensação dolorosa de que o inferno não era tão poderoso quanto ele imaginava...

Mas Shelom era diferente daquela turba torpe e indecisa que desconhecia e nem queria acreditar seja no bem, seja no mal. Ele se aprumou e com a mão atirou para trás as madeixas de cabelo que haviam se grudado em sua testa suarenta.

"Caia fora, monstro covarde da dúvida. Você não poderá vencer-me" pensou ele. Secou avidamente a taça de vinho e depois bateu sobre uma campainha metálica. Ao seu chamado veio Madim.

— Eu quero chamar Lúcifer e exigir a sua ajuda – bradou Shelom. – Está na hora de pôr um fim a todas essas desgraças. Ele deve ter meios para indicar-me a saída, revelando o prometido segredo da essência – a fonte da vida. A lei é uma só: "Peça e receberá, bata e a porta se abrirá". Tanto faz a porta em que você estiver batendo – a do céu ou a do inferno. Se você sabe exigir, uma se abrirá em algum lugar.

Preocupado e absorto, Madim ajudou-o nos preparativos iniciados imediatamente. Diante da estátua de Lúcifer, eles acenderam as trípodes com ervas resinosas, fizeram a defumação e apagaram as luzes. Agora somente as velas negras de cera e a chama fumegante das trípodes iluminavam a sala. Shelom pegou um tridente e ficou descalço, enquanto Madim postou-se de joelhos diante dele com um livro aberto em cima da cabeça. Com uma voz estrídula Shelom começou a ler fórmulas mágicas, fazendo sinais cabalísticos com o tridente, que batia no chão em lugares específicos, e aumentando a velocidade da recitação das fórmulas. Logo toda a sala subterrânea se encheu de fumaça multicolorida que pareceu dissipar-se, dando lugar a uma verdadeira legião de diabos de todas as cores e tamanhos, que voavam em volta daquele que os invocara. No mesmo instante, no fundo negro do livro, desenharam-se em linhas ígneas alguns sinais cabalísticos e os capetas desapareceram como se varridos pelo vento; em seguida, retornaram trazendo, com visível dificuldade, um grande punhal com diversos sinais cabalísticos que fosforesciam na lâmina negra. Shelom pegou a arma mágica e fez um sinal com o tridente: os diabinhos sumiram e as trípodes se apagaram. Com a voz roufenha, ele ordenou que Madim acendesse as lâmpadas e ao examinar atenciosamente os sinais na lâmina, disse suspirando aliviado:

— É necessário preparar o sacrifício exigido por Lúcifer e, depois, ele nos levará ao local onde jorra a essência primeva que recupera as forças da natureza.

Dois dias depois, encontramos Shelom longe de Czargrado, nas montanhas do Líbano. Uma ampla caverna subterrânea foi adaptada para invocações a pedido de Lúcifer. As tochas, enfiadas entre as pedras, fumegavam e com uma luz avermelhada iluminavam um quadro diabólico e repugnante. No meio da caverna, em três compridas e maciças barras de ferro estava suspenso um enorme caldeirão, cheio até as bordas com um líquido vermelho fumegante. Sob o caldeirão, numa lareira de tijolos estava o combustível – um amontoado de cadáveres, dispostos feito lenhas e impregnados com breu e outras substâncias resinosas. Um cheiro nauseante de carne queimada tomava conta da caverna e a fumaça espessa ia para o alto e lá desaparecia, saindo, provavelmente, através de fendas. Shelom e Madim, ambos nus, com ganchos de ferro nas mãos cuidavam do fogo, mas assim que o cozido nojento começou a ferver, eles largaram as ferramentas. Shelom pegou a forquilha mágica e Madim, o livro negro, que ele colocou sobre a cabeça, ficando de joelhos diante do seu mestre. À medida que Shelom lia as fórmulas e desenhava os sinais cabalísticos, uma miríade de pontos negros começou a surgir da fumaça, tomando a forma de uma legião de capetas. A caverna povoou-se de gemidos e gritos agônicos; a terra tremeu com uma forte explosão e do caldeirão surgiu a figura medonha do demônio, vencido por Supramati durante o duelo mágico. Uma crueldade infernal deformava-lhe sinistramente as belas feições; os olhos, injetados de sangue, cintilavam e entre os lábios rubros brilhavam os dentes pontiagudos de uma fera. O ser medonho levantou-se e sua voz surda fez-se ouvir:

— Eu vim a seu chamado, Shelom Iezodot, e lhe darei meios de vencer a Terra de novo. Na primeira vez, eu lhe dei ouro, que perverteu o mundo; na segunda – aproveitando a arte da impressão de livros, inventada por homens com o objetivo de trazer a luz, mas que nas minhas mãos e nas mãos de meus servidores serviu para que os capetas negros percorressem o universo, espalhando escuridão, devassidão e sacrilégios, penetrando com a mesma facilidade nos palácios e lares humildes, envenenando desde uma criança até um velho. Entrego-lhe, agora, a minha terceira dádiva – a vida eterna, a colheita sem labor, os prazeres sem limites nem doenças. Eu entrego em suas mãos a seiva, o sangue do planeta e verei o que você conseguirá fazer de tudo isso... Ao recuperar o reino, crie fertilidade e pujança, torne-se igual a Deus... E agora, deixe que Madim tome conta do fogo e me siga.

Pulando lépido do caldeirão, ele dirigiu-se à fenda que se perdia nas profundezas da terra. O caminho era terrivelmente difícil, através de passagens estreitas que mal permitiam passar uma pessoa; mas com o seu temível acompanhante, Shelom nada receava. Intimorato e incansável rastejava ele pelas grutas, trepava ao longo de abismos, galgava as escarpas, passava por dentro de cavernas com sufocantes vapores sulfúricos. Finalmente eles alcançaram uma ampla gruta, cheia de vapor prateado e luz ofuscante que se refletia em estalactites multicoloridas, dando-lhes um aspecto de um tecido bordado com pedras preciosas. No meio, jorrava do interior da terra, elevando-se por alguns metros, um fino jato dourado parecido com uma chama líquida, indo cair, em seguida, num reservatório natural, onde o líquido parecia perder-se no fundo em filetes dourados.

— Eis aqui a fonte da vida! E eu que imaginava que nós teríamos de enfrentar os ermitãos do Himalaia, que zelosamente protegem os seus segredos; mas, pelo visto, eles estão mais preocupados em proteger a fonte principal ou, quem sabe, já desistiram de lutar – ridicularizou o demônio e acrescentou em tom zombeteiro: – Em todo caso, estamos aqui, a fonte da vida está em suas mãos e eu só tenho de abrir-lhe um caminho mais fácil para vir até aqui. Por enquanto vamos levar aquele recipiente... Encha-o.

Ele apontou para Shelom uma depressão onde se encontrava um grande jarro de cristal e quando esse já estava cheio até as bordas, pegou-o e os dois se dirigiram à gruta das invocações. Quando lá chegaram, Lúcifer mostrou ao seu discípulo o método de se utilizar da terrível substância e completou :

— Quando o líquido estiver pronto para o uso, ordene que os jardins e os campos sejam espargidos por ele, abasteça todos os governantes regionais para que em todos os lugares sejam feitas as irrigações. Convém ainda que o ar também seja pulverizado pelo líquido para sua purificação. O que temos, por enquanto, é suficiente, mas devemos achar uma forma mais fácil de pegar o elixir.

Indicando o melhor meio de levar à gruta a essência primeva, o terrível demônio se enfiou lentamente no caldeirão e pareceu dissipar-se dentro do sangue que lá fervia. Ficando novamente a sós com Madim, Shelom aprumou-se, orgulhoso com seu triunfo e raiva saciada.

— E então, Madim? Você é um grande idiota por ter ousado duvidar de mim e tremer diante do hindu! Entende agora que forças eu tenho na mão? Quando eu devolver vida ao planeta, ao atrevido Supramati nada restará senão esconder-se com todos os seus eremitas nos redutos onde eles passam até hoje – exultou em tom de desprezo Shelom Iezodot, espreguiçando seu corpo esguio, como de um gato.

— Oh! Você é o autêntico senhor do universo e o seu poder não tem igual! – exclamou Madim, jogando-se aos pés e respeitosamente beijando as mãos de seu nefasto soberano.

Algum tempo depois correu um boato que mais tarde chegou ao mundo inteiro; não tão rápido como antigamente, pois os telefones só funcionavam aqui e ali e o telégrafo sem fio pior ainda. As naves espaciais não conseguiam levantar vôo numa atmosfera densa e escaldante, voavam muito baixo e os desastres eram freqüentes. Apesar de tudo, tornou-se pública, com a rapidez possível, a informação de Shelom Iezodot, em tom ufanista, de que ele tinha o segredo de devolver ao planeta ar puro, água em abundância e a fertilidade de outrora. "Está de volta o século de ouro!" – anunciou ele, – "não haverá mais nem mortes nem doenças e todo o ser vivente agora na Terra que reconhecer o poder de Shelom, o filho de Satanás, será eterno, belo e sadio, gozando de todas as benesses terrenas". Pouco depois, surgiu o anúncio que oferecia aos interessados provar do elixir da vida eterna, devendo comparecer, para tanto, na grande praça em frente ao palácio de Shelom no dia seguinte, quando então haveria a primeira distribuição.

Ao alvorecer, como experiência, os detentores da essência primeva espargiram com ela o ar e... realmente, a atmosfera ganhou uma coloração azulada, todos sentiram um frescor agradável. A multidão que viera de manhã e que encheu a praça e as ruas adjacentes logo sentiu a mudança na temperatura e concluiu admirada que as promessas de Shelom estavam sendo cumpridas. Diante do palácio, num tablado comprido, foi colocado um barril com líquido rosado que desprendia leves vapores, e uma quantidade enorme de copinhos cheios da bebida misteriosa. Com uma cobiça enlouquecida, a turba humana lançava-se junto ao tablado secando o conteúdo dos copos. Mas, aí, aconteceu algo inesperado... Mal os primeiros haviam acabado de engolir a bebida ofertada, caíram mortos e os que vinham atrás recuaram apavorados. No primeiro instante, todos foram tomados de pânico, mas depois a multidão enfurecida começou a gritar:

— Ele quer nos envenenar para ficar livre de nós!

As pessoas ensandecidas lançaram-se contra Shelom e Madim com vistas a retalhá-los. A muito custo, conseguiram salvar a pele fugindo ao palácio, fechando atrás de si uma porta maciça. Então, a multidão lançou-se sobre o pretenso "veneno", quebrou os copos e derrubou o barril. Devido ao contato com o líquido, em muitos apareceram queimaduras e feridas, o que aumentou a fúria ainda mais. Apesar de tudo, Shelom era temido e ninguém se atreveu a invadir o palácio. Amaldiçoando e soltando impropérios, a multidão dispersou-se, carregando seus mortos e feridos.

Escondido atrás da cortina, Shelom observava através da janela o fim do espetáculo; pálido e desanimado, Madim estava ao seu lado. E quando, finalmente, Shelom virou-se sombrio e com cenho carregado, o secretário perguntou-lhe timidamente:

— Mestre, não será isso outra artimanha do maldito hindu?

— Bobagem, talvez a dose seja um pouco forte. Eu ainda não peguei o jeito de manipular esta substância e nem tive tempo de estudá-la. E quanto líquido precioso destruíram aqueles malditos animais!... – ele pensou um pouco e acrescentou: – Ainda é perigoso pegar alguém para ajudar. A noite, caro Madim, nós vamos fazer uma nova experiência. Vamos irrigar os jardins do palácio, alguns jardins públicos e, sobretudo, as árvores no bulevar que parecem postes queimados. Vamos ver como é que vai ficar.

Com a chegada da noite, armados de bombas pneumáticas – dessas que são utilizadas para a irrigação de ruas – e de grandes baldes de líquido pronto, eles foram ao jardim e regaram árvores, relvados e canteiros. À medida que os finos respingos caíam no solo, subia um vapor avermelhado e ouvia-se um estranho crepitar da árvore seca. Depois eles irrigaram o jardim público vizinho, uma parte do bulevar, e o que sobrou do líquido jogaram, ao voltarem para casa, no lago do parque público praticamente seco. Embora a quantidade do líquido misterioso fosse muito pequena, em contato com a água provocou um fenômeno estranho para ambos os pesquisadores. Ouviu-se algo parecido com uma explosão, a água começou a ferver, a superfície agitou-se em ondas e o seu nível subiu, como se o fundo empurrasse a água para cima. Devido ao forte estrondo, os "pesquisadores" foram jogados para longe e, quando recuperados do susto, eles se convenceram de que o lago adquiriu a sua forma normal; acalmaram-se e retornaram ao palácio, surpresos e contentes, aguardando curiosos pelos resultados de seu trabalho. E estes verificaram-se surpreendentes, além das expectativas mais promissoras. Em todo o lugar onde havia caído o líquido enigmático, em poucas horas surgiu uma vegetação exuberante; as árvores do bulevar que eram secas cobriram-se de densas folhagens, formando copas verdejantes; o lago encheu-se de água e borbulhava com peixes; o ar tornou-se agradável e fresco, o calor sufocante deixou de existir.

Surpresa e fascínio extraordinários tomaram conta dos moradores; sobretudo deixou-os atônitos a notícia que correu tão rápido quanto um raio de que permaneciam vivos justamente aqueles que se julgavam mortos. E não bastasse o fato de estarem vivos, aconteceu a eles uma verdadeira transformação. Todos rejuvenesceram e ficaram em perfeita saúde: os surdos ouviam, os cegos enxergavam, os surdos-mudos falavam e os paraplégicos andavam. Só continuaram mal os que ficaram queimados. A cidade era um só alvoroço. Todos estavam amargamente arrependidos com o impensado ímpeto de raiva do dia anterior; enquanto os que não tiveram tempo de beber, desesperavam-se só de pensar que ainda ontem haviam destruído, irrefletidamente, tal quantidade de elixir renovador. Shelom, então, era de fato um ser extraordinário, dotado de poder e conhecimentos sobrenaturais. Não seria ele, então, um benfeitor da humanidade se, porventura, restabelecesse em todo o planeta a fertilidade, a fartura de tudo, a temperatura normal e – o que é mais importante – curasse todas as doenças humanas e os preservasse da morte? Por que ele não poderia fazê-lo, se à vista de todos havia uma prova cabal do seu poderio? E, não obstante, ele foi magoado e até quiseram matá-lo. O que aconteceria se ele agora desse as costas aos ingratos, deixando-os à própria sorte? E a turba leviana e exaltada que ainda ontem queria acabar com ele novamente se dirigiu ao palácio de Shelom, mas desta vez para glorificá-lo, agradecer e reverenciá-lo.

Aos gritos fortes o povo o conclamava, contudo ele fê-los esperar por um longo tempo e, quando finalmente apareceu no terraço, tinha o rosto sombrio e o olhar gélido e severo.

Deve-se acrescentar que em todos os lugares onde, na véspera, fora derramado o líquido do barril e dos copos, e onde a substância misteriosa entrou em contato com o solo, surgiu, durante a noite, uma estranha vegetação – um pequeno bosque de arbustos entrelaçados, à semelhança de cactos, com enormes folhas de uns vinte centímetros de espessura, cobertas de longos e afiados espinhos, como uma lâmina, cheias de grossas nervuras sangüíneas. Em alguns lugares, através da folhagem escura e baixos troncos grossos vermelho-pardo viam-se pendendo bulbos florais em forma de melão, supreendentemente parecidos com nacos de carne, levemente envoltos em névoa cinza de matiz violeta. A força com que esses arbustos-monstros brotavam da terra quebrou ou arrancou, arremessando para bem longe, as placas de asfalto que revestiam a rua.

Com o surgimento de Shelom no terraço, a multidão abriu os braços gritando: – "Perdoe-nos, perdoe-nos..." Shelom de início passou-lhes um severo sermão, censurando-os pela ingratidão e estupidez por terem destruído o líquido precioso que poderia ter dado vida eterna a milhares de pessoas; em seguida, apontando para o bosque espinhoso que ocupou a metade da praça, acrescentou:

— A essência por mim descoberta, como vêem, possui tanto poder, que mesmo derramada criminosamente consegue dar vida. A diferença é que, quando ela é manipulada sensatamente por uma mão experiente, provoca fertilidade e fartura, ao passo que se for derramada irracionalmente e sem medida, ela cria monstruosidade tal como essa aí, em frente de vocês.

A multidão assustada e quieta recuou bruscamente e novamente ouviram-se gritos, choros e súplicas de perdão. Shelom pareceu comover-se e em seu discurso anunciou que

Lúcifer, o senhor misericordioso a quem ele servia, perdoava seus súditos, afetados pela fome, sede e medo.

— Ele lhes perdoa seus sacrilégios – continuou Shelom – mas vocês deverão corrigir as suas faltas. Vão, então, reergam os templos de Satanás, acendam as trípodes e ofereçam-lhe em sacrifício os ímpios que se atreveram a insultar o seu nome e subestimar o seu poder. Já houve deus que recompensasse seus leais servos com tantas dádivas como Satanás, que nada lhes poupa? Ele acabou com a morte, a fome e as doenças, e os que o veneram irão gozar de primavera eterna e colher sem plantar. Os infiéis, os que renegam Satanás, deverão ser eliminados até o último; não há lugar para eles entre nós. E sendo que eles não poderão beber a essência vital, permanecerão mortais vindo a perecer na fogueira... ou melhor, na cruz, já que eles veneram esse símbolo, vão gostar de morrer crucificados. Só precisamos atraí-los daquelas fendas e subterrâneos onde se escondem, sem deixar escapar nenhum. E enquanto isso, vamos aplicar-lhes a pena merecida; deixem que Aquele, ao Qual eles oram, desça do céu para defender e salvá-los.

O discurso provocou um intenso entusiasmo. Mas quando a multidão ia se dispersando para invadir os templos restantes, ocorreu um terrível e inesperado fato. Uma mulher de meia-idade que ia passando perto dos arbustos enroscou sua saia no espinho de uma folha. Para o espanto dos presentes, quando a folha endireitou-se, agarrou e arremessou a mulher para o meio do bosque, feito uma pena. No mesmo instante, das folhas surgiram longos e delgados caules, antes despercebidos, grossos como braço; em suas pontas havia curvos acúleos, feito uma mão com garras. Instantaneamente essa cordoalha viva envolveu e derrubou a sua vítima, ocultando assim o final de um drama fatal, pois os gritos da infeliz haviam cessado. A multidão ficou estupefata, mas o engenhoso Shelom bradou em voz alta:

Eis o lugar onde nós vamos lançar os veneradores da cruz; essa tortura equivale a uma fogueira e os ermitãos do Himalaia serão os primeiros a experimentar esse tipo de morte.

Algumas manifestações de apoio se ouviram em resposta, mas a impressão deixada pelo acontecimento era por demais deprimente para ser retomado o entusiasmo; a multidão dispersou-se às pressas, tratando de abandonar a praça o quanto antes. Mas, a partir daquele dia, em todos os cantos da Terra iniciou-se uma atividade febril: Shelom enviava, ininterruptamente, grandes quantidades do líquido misterioso a todos os governantes regionais, sob cuja direção era feita a irrigação, trazendo efeitos surpreendentes. O mais impressionante era a rapidez com a qual surgia e se desenvolvia a vegetação: qualquer lugar que tocasse aquele extraordinário orvalho, o solo estéril transformava-se em jardins verdejantes e, com tal rapidez, como se os anos contassem em dias. A agitação no meio dos cientistas era enorme; em vão tentavam analisar a inédita substância: ela não se decompunha e os seus elementos continuavam incógnitos. Sem poderem conhecer a razão, restringiam-se a simples constatação dos fatos. E a Terra de fato se transformava em paraíso. A vegetação era exuberante, os rios encheram-se de água e peixe, em todo lugar nasceram fontes de água, a velhice deixou de chegar e a população rejuvenescida e florescente parecia estar repleta de viço até então desconhecido.

Capítulo XVII

Aguardando pelo momento em que os inimigos os desafiariam para a última e grandiosa batalha, nossos amigos se retiraram para um dos palácios do Himalaia, o mesmo onde, como vimos antes, havia falecido Olga. Novamente Dakhir, Narayana e Supramati tornaram a morar sob o mesmo teto, e pela amplitude do palácio cada um poderia se imaginar em sua própria casa e entregar-se, a sós, a seus afazeres e reflexões. Certa noite, Supramati se sentara sozinho no terraço, onde Olga costumava passar as horas angustiantes de seus últimos dias na Terra. As lembranças avolumavam-se diante dele e a imagem da encantadora mulher, que o amava com todo o ser, erguia-se viva em sua memória. Subitamente, a imagem da igreja do mosteiro cavernal no monte Sinai surgiu-lhe nitidamente, e genuflexa, diante do altar, embevecida em fervorosa prece, estava a jovem prioresa da comunidade. Em seus pensamentos pairava a imagem de Supramati, tal como ela o encontrara em sua visita à gruta, e toda sua alma se entregava à prece: "Enviado Divino, revele-me quem é você e diga-me seu nome. Todo meu ser se agitou quando o vi e fui ao seu encontro. Eu o conheço, venero e amo como a um enviado de Deus, mas quero saber o seu nome"...

Um sorriso pesaroso perpassou o belo semblante do mago. Ele levantou a mão e de seus dedos delgados cintilou uma faixa de luz que parecia alcançar e envolver a jovem ajoelhada em prece; os olhos dela se fecharam e o corpo deixou-se cair sobre os degraus. Quase no mesmo instante, junto à adormecida, surgiu uma sombra clara e transparente que, com a velocidade do pensamento, voou para o espaço e parou junto ao mago, densificou-se e tomou o aspecto humano. Era Olga em sua atual encarnação. Sua cabeça estava envolta numa aura dourada. Supramati levantou-se, pegou a mão da "visão" e a beijou. Os olhos dela se iluminaram subitamente de alegria indescritível.

— Supramati! Agora eu sei o seu nome e o reconheço. Sua imagem sempre viveu, inconscientemente, em minha alma como um ideal inacessível – murmurou com voz fraca, mas nítida.

— Você não me esqueceu, coração fiel, apesar de muitos séculos de nossa separação, das provações penosas e das novas formas que o seu espírito adquiriu? – perguntou Supramati emocionado.

— Esquecê-lo? Será isso possível?! Não, não faça tais indagações tolas; diga-me, antes, se eu trabalhei o suficiente para permanecer junto a você e ser sua discípula? Não existem provações nem sofrimentos que eu não possa assumir com alegria para merecer essa sublime recompensa. Mas talvez o meu amor a você deverá purificar-se ainda mais?

— Não, minha querida, ame-me como lhe sugere o seu coração, porque seu amor é puro como é pura a sua fé. A hora de nossa reunificação está próxima, mas... você deverá suportar a última e difícil provação, vencendo o obstáculo que nos separa. Você me deixou através da morte e através da morte terá de voltar para mim.

Uma luz radiante de alegria iluminou os olhos claros de Olga e uma poderosa energia ressoou em sua voz.

— Não receie, meu querido mestre. Não pense que eu vacilarei diante da morte, tanto mais agora que estou forte e purificada; pois mesmo antes, sendo ignorante, cega e um espírito indeciso, eu enfrentei a morte pela felicidade de tornar-me sua esposa. Não, Supramati, eu não irei fraquejar. Sem nada temer, eu propagarei a palavra divina, salvarei almas com o exemplo da minha fé inabalável e da morte valorosa. Morrerá tão somente o corpo, que liberto voará ao seu encontro. Como lhe sou grata por ter me chamado! Sua aparição, sua palavra deram-me novas forças.

— Vá, então, minha fiel amiga, retorne ao seu invólucro corpóreo e esteja certa de que em todos os momentos difíceis que irá enfrentar eu estarei junto de você.

— Eu sei disso, Supramati, você será o meu escudo. Eis a arma que me fará invencível e diante da qual recuarão todas as forças do inferno – respondeu ela, levantando a mão que segurava uma reluzente cruz. E fazendo um sinal de despedida, a visão recuou, empalideceu e sumiu na névoa noturna.

Supramati deu alguns passos pelo terraço, recostou-se no corrimão, contemplando pensativamente o panorama mágico dos jardins mergulhados na luz prateada do luar. Repentinamente ele foi tomado por um sentimento cruciante de piedade pela destruição antecipada da Terra, ainda tão bela. Sem poder dar-se conta do tempo que passou em suas reflexões, um leve som despertou-o dos devaneios. Estremecendo ele virou-se rápidamente e exclamou alegremente, estendendo as mãos em direção de Ebramar.

— Mestre, como estou feliz em vê-lo! Acabei de pensar em você. Ou será que você ouviu o meu chamado?

— Justamente. Eu ouvi o seu lamento em razão do fim de nosso planeta e vim consolá-lo – respondeu rindo Ebramar.

— De fato! Estou sendo atormentado pela idéia de que a Terra, a nossa Terra, deverá morrer. Diga-me, não haveria uma forma de salvá-la? Pois há tantos fluidos puros que se elevam, tantas mortes que serão voluntárias pela grandeza do ideal divino; e junte-se a isso a ajuda de nossa ciência... Não poderíamos tentar preservá-la? Eu sinto como se devesse morrer algo próximo e caro, enquanto estou sem fazer nada.

— Eu o entendo, caro amigo, – disse suspirando Ebramar – será que você pensa que nós não sofremos ao imaginar que teremos de abandonar o nosso lar, onde nos tornamos o que somos agora? Somos impotentes, entretanto, diante das terríveis leis cósmicas que foram acionadas. Como você irá parar a explosão de um dinamite se o estopim já está aceso?... O caos embrenhou-se por tempo demais, aos poucos corrompendo e pervertendo as pessoas. Os servidores do Mal mantiveram essa derrocada e contribuíram com todos os meios para a destruição dos focos da fé, pureza e luz, que, de certa forma, mantinham o equilíbrio. E, agora, o demente Shelom, distribuindo sem limite nem medida a essência primeva, transborda a taça da morte e acelera a catástrofe. Diante de tais circunstâncias, o que nós poderemos fazer?

— Você está certo, mestre, a minha esperança era absurda e foi-me sugerida pela fraqueza, sentimento de medo diante de um novo mundo para onde teremos de ir, assumindo essa terrível responsabilidade.

— É verdade, a responsabilidade é enorme e ao mesmo tempo mais difícil em função de que nós deveremos trabalhar sozinhos, pois os nossos dirigentes estão se transferindo para um sistema superior. Mas, se a tarefa é grande, é grande, por conseqüência, a recompensa. Não será imensa a alegria de levar pelo caminho do Bem os povos nascituros, estabelecer leis sábias, que no decorrer dos infinitos séculos irão manter a harmonia ou dirigir a humanidade vacilante em seu caminho da ascensão? Foi nos dada a oportunidade de criar os séculos de ouro, sermos cientistas, legisladores, czares legendários, que na memória popular serão lembrados como deuses, personificados em corpos humanos – czares das dinastias divinas. E, como última recompensa, nós nos libertaremos deste corpo putrescível para, purificados e límpidos, retornarmos à morada natal eterna. – Ebramar animou-se. Os grandes olhos negros pareciam admirar no espaço uma visão resplandecente e os olhos de Supramati também faiscaram.

— E onde é que fica esse mundo no qual será representado o último ato de nossa extraordinária existência? Em que estado de desenvolvimento ele se acha agora, mestre?

— É um mundo de nosso sistema, invisível para nossos olhos e bastante distante. Quanto ao nível de seu desenvolvimento, ele está completamente formado, pois lá já existem raças humanas, fauna e flora. Entretanto, tudo isso está concentrado em um só continente; a parte restante do planeta, não coberta por água, é formada de imensas planícies inóspitas, pobres em vegetação, com vulcões ativos e um reino intensamente profuso de animais de dimensões gigantescas. As raças humanas encontram-se no primeiro degrau de desenvolvimento intelectual e são, é claro, meio selvagens, mas constituem-se de um material bem adequado para ser trabalhado. No centro do continente habitado encontra-se o "paraíso terreno", "reino do século de ouro", "o Shangrilá", que até o final dos séculos permanecerá na memória popular. E esse paraíso acha-se junto à principal fonte da matéria primordial, onde a natureza profusamente saciada com a essência vital já revelou essas riquezas de um mundo novo, concentrando recursos vegetais, minerais e animais. É lá que nós desceremos, buscaremos um lugar para nossos arquivos, ergueremos templos e palácios e de lá iremos governar o mundo a nós confiado. Não teremos a necessidade de beber mais o elixir vital, pois os nossos organismos já terão adquirido uma força vital extraordinária, nosso tempo de vida será longo – vida de patriarcas – e aqueles que nós levarmos serão os pioneiros da civilização a quem nós indicaremos o caminho... Quer ir até o seu novo lar? – perguntou sorrindo Ebramar, ao notar o interesse com que o ouvia Supramati. – Eu tenho de ir até lá e vim com a intenção de convidar você, Dakhir e Narayana para me acompanharem.

Supramati revigorou-se como se tivesse eletrizado.

— Ah, como você é bom, mestre! Eu sonhava com isso, mas não ousava esperar por tal graça! – exclamou Supramati, apertando efusivamente a mão de seu dirigente.

— Estou vendo, meu querido discípulo, – disse rindo Ebramar, batendo-lhe no ombro – que embora você seja um mago com três fachos o "velho Adão da curiosidade" ainda está vivo em você. Olhe, não vá querer, sendo lá um simples turista, provar da maçã da "árvore de conhecimento do bem e do mal".

Supramati riu também.

— Vamos avisar os nossos amigos. Arrumem suas coisas, vão até minha casa, e, à noite, partimos para a excursão.

— Arrumar as coisas? Está brincando, mestre? Será que precisamos levar alguma coisa além de nós mesmos? E para quê?

— Eu sugiro que cada um leve um saco de viagem com os objetos que queira guardar.

A notícia sobre a viagem ao local de suas futuras atividades entusiasmou Dakhir e Narayana e eles rapidamente arrumaram seus pertences. Supramati e Dakhir pegaram um grande escrínio metálico com diversas lembranças e preciosidades mágicas, enquanto que a bagagem mais volumosa foi a de Narayana. Ele juntou numerosas jóias, verdadeiras maravilhas da arte de joalharia e incluiu até um monte de esplêndidas rendas "para as damas" – o que provocou um riso geral. Duas horas depois, todos os quatro se dirigiram à casa de Ebramar e ao entardecer subiram na plataforma da montanha, de onde outro dia tinham partido para inspecionar a gigantesca nave destinada à emigração da Terra moribunda. Com o mesmo formato, mas de tamanho reduzido, a nave espacial flutuava, amarrada à plataforma. Ebramar fez entrar seus discípulos, fechou hermeticamente a porta, depois mostrou a nave. Eles acomodaram a bagagem nas cabines laterais do salão da aeronave, comprido mas estreito. Sobre a mesa, que ficava no meio da sala, havia um jarro e um cesto de pães pequenos e escuros que derretiam na boca.

— Bebam ao sucesso da nossa viagem, – propôs alegremente Ebramar, enchendo as taças, que os discípulos tomaram à sua saúde.

A seguir cada um comeu um pequeno pão e Ebramar disse-lhes para ocuparem três poltronas que se encontravam no salão. Cortando com descarga elétrica as amarras, Ebramar acionou as máquinas da nave, que começou a levantar vôo rapidamente.

— Agora fiquem quietos enquanto eu for dirigindo – disse Ebramar.

Os amigos recostaram-se quietos no espaldar de seus assentos, caindo, imediatamente, num sono pesado. A alegre e sonora voz do mestre, finalmente, despertou-os:

— Bem, levantem-se, dorminhocos! Faz dez dias que vocês estão roncando, eu acho que já é suficiente.

Surpresos e embaraçados, os amigos levantaram-se.

— Meu Deus! Por que é que nos deixou dormir desavergonhadamente, mestre? – censurou-o Supramati.

— Foi melhor assim, acalmem-se. Eu só brinquei e vocês não têm culpa alguma por terem dormido tão profundamente – respondeu Ebramar. – Reconheço, eu os fiz dormir de propósito, pois é a minha primeira viagem para lá e tive receio de que vocês, com a sua tagarelice, fossem me atrapalhar na manutenção do rumo desejado. Contudo, estamos nos aproximando do nosso objetivo. Venham perto das janelas.

Com a pressa compreensível, os três baixaram uma placa metálica que escondia um vidro grosso e olharam através da janela. A nave ia com tal velocidade estonteante, que era difícil distinguir os objetos. Entretanto, seus olhos experientes conseguiam divisar abaixo deles uma superfície infinita de água, separada por imensas regiões cinzentas, ora seccionadas por gigantescas cordilheiras. Aos poucos a velocidade foi diminuindo, a nave desceu numa depressão coberta de vegetação e cercada por altas montanhas. Mais alguns minutos e a roda dianteira parou de girar lançando faíscas. Por fim, a aeronave parou com leve sacolejo. Ebramar abriu a porta e saltou lépido para o solo. Emocionados, os discípulos seguiram-no e, involuntariamente, todos caíram de joelhos. Após uma breve mas arrebatadora oração, eles beijaram respeitosamente a terra do seu novo lar, aquela terra virgem que pela vontade do Eterno lhes era confiada para nela serem introduzidas as Suas leis. Somente depois, eles se levantaram e curiosos passaram a vista ao redor. Achavam-se num imenso platô, circunvizinho, por um lado, de altas montanhas e, de outro, de terraços que desciam até a planície coberta de vegetação exuberante. Da altitude em que se encontravam, divisava-se um fascinante panorama. Bem na linha do horizonte via-se uma faixa de água, quase imperceptível, e contornando lateralmente os vales estendia-se, até perder de vista, a massa escura de florestas. O próprio platô era um oásis alegre. Um macio musgo cinza-azulado cobria a terra, feito um tapete; pelos seixos brancos da cor de marfim corria uma fonte cristalina, reverberando-se em matizes de safira. Das gigantescas árvores, cobertas por exuberante folhagem verde-azulada, caía uma agradável sombra e os desfiladeiros, a terra e os arbustos – tudo era decorado por maravilhosas flores de formas e cores jamais vistas. O ar era puro, transparente, saturado de oxigênio e agradáveis aromas; os passarinhos cantavam nas folhagens e os raios solares iluminavam e aqueciam aquele quadro cheio de placidez total.

— Oh, Deus! Como aqui é bonito! – exclamou Dakhir fascinado.

— É, de fato. Aqui se sente a plenitude das forças e a beleza virgem da terra jovem. Aqui é o "paraíso terrestre", berço das civilizações futuras. A humanidade selvagem ainda não achou o caminho para cá: tudo aqui está do jeito como foi criado pela generosa natureza. E agora, amigos, vamos desfazer a nossa bagagem e colocá-la em lugar seguro.

Imediatamente eles retiraram da nave os escrínios, cestos, diversos embrulhos e levaram tudo para o interior de uma gruta que Ebramar havia indicado nas imediações. Era um local amplo, de difícil acesso, iluminado, não se sabe de onde, por uma suave luz rosada, que rutilava magicamente nos estalactites da abóbada e das paredes. Ao lado havia uma segunda gruta, de tamanho menor, com menor luminosidade, reverberada por ametistas encravadas em cantos e cavidades. Ali eles deixaram os seus pertences. Supramati propôs que todos descessem até o vale, o que era bastante fácil graças ao fato de que o local era composto de terraços; a descida era em declive, formando uma gigantesca escadaria. À medida que os magos desciam, a natureza tornava-se cada vez mais exuberante e diversificada e, para um olho agudo e sutil, aquelas riquezas naturais não constituíam segredo. Ebramar chamou atenção dos acompanhantes para a abundância e diversidade dos metais preciosos, mármores e demais rochas.

— Vejam, amigos, que fartura e beleza de materiais ocuparão o tempo e a mente dos nossos futuros pintores, em vez do ócio, depravação e sacrilégios. Aqui há com que preencher todos os gostos e habilidades.

Ao alcançarem a planície, eles viram que esta era um imenso platô no centro de uma grande cordilheira, cujos cumes pareciam eriçados. A riqueza da vegetação era surpreendente. As árvores vergavam sob o peso de frutas nunca vistas, flores desconhecidas exalavam um aroma estonteante e, em todos os lugares, entre as escarpas, gorgolejavam as cascatas e as fontes. Nascentes cristalinas serpenteavam esdruxulamente entre as árvores e desapareciam ao longe.

— Que lugar mágico! – observou Supramati.

— É, gostei! Vou construir aqui um palácio – exclamou Narayana – pois eu tenho de construir um ninho para minha futura família. Ebramar já se referiu a uma "dinastia divina" neste mundo; então, é claro, vou me casar e terei um filho. Será uma recompensa mínima pelo trabalho que tive para me tornar um mago.

— Você precisará de muito tempo para isso. Mas, não vem ao caso. Se você conseguiu o primeiro facho, talvez se torne, algum dia, até um bom marido – observou Ebramar.

— Ó! isso é mais difícil, mas, de qualquer forma, pode-se tentar – e Narayana fez uma careta. – As mulheres são muito ingratas e exigentes. Não sendo Nara, Supramati provavelmente não vai ceder-me Olga. E Nara? Oh! Ela é um demônio de ciúme em pessoa.

Um riso geral, incluindo o do próprio Narayana, seguiu-se ao gracejo do mais divertido dos magos.

— Fique tranqüilo. Tenho certeza de que Nara não desejará para si a felicidade de ser sua esposa pela segunda vez – disse Ebramar, quando acabou o arroubo de animação, e acrescentou em tom sério: – Espero que além de suas obrigações conjugais você assuma a nobre tarefa de dirigir e inspirar os artistas que sob a sua direção criarão a nova arte com as suas obras-primas. Você é o filho do povo em que se corporificou a arte perfeita; desta forma, a você, mais do que ninguém, compete a missão de formar artistas e trabalhadores, principalmente aqueles que trouxermos para cá, arrancando-os do caos do ócio ou criminalidade, para ensinar-lhes as artes e preencher-lhes a longa vida com trabalho útil e nobre.

— Prometo-lhe, caro mestre, dedicar todo o meu empenho a essa nobre causa – respondeu Narayana e em seus belos olhos negros acendeu uma chama enérgica. – Aqui, em algum abrigo secreto, vocês erguerão, provavelmente, os primeiros santuários.

— Sem dúvida, – respondeu Ebramar. – Eu sei que nos censuram pelo fato de escondermos os santuários e nos chamam de egoístas por mantermos em segredo o acervo de nossa ciência. Mas, será que não agimos acertadamente ao ocultarmos dos mortais comuns os segredos perigosos? O lamentável e prematuro fim da nossa Terra, que pelas leis ocultas deveria existir por mais dois ciclos, não é uma prova de que os homens não conseguiram utilizar sensatamente os elementos que caíram em suas mãos inexperientes? Somente os estúpidos podem "brincar" com os gigantes cósmicos e chamar, levianamente, a sua força dinâmica. Ao laboratório do Eterno somente têm acesso os cientistas iluminados.

A conversa continuou sobre o mesmo tema, quando Narayana disse estar morrendo de fome e sede e que o calor começava a ficar insuportável. Ebramar concordou com ele e levou os discípulos a uma gruta singular, com porta natural, e janela totalmente entrelaçada por plantas trepadeiras; no interior o teto e as paredes eram todas brancas, como se cobertas pela neve. A temperatura do ambiente era bem refrescante. Narayana e Dakhir colheram, agilmente, as mais variadas frutas e Supramati com Ebramar foram à procura de mel que, segundo as palavras do último, deveria haver nas imediações. De fato, pouco tempo depois, eles trouxeram numa larga folha um pedaço recém-colhido de favo de mel, muito denso, da cor de rubi, mas muito gostoso, ainda que se distinguisse do mel terráqueo. Após um animado repasto, os magos retornaram ao platô onde estava estacionada a nave e iniciaram uma conversa sobre o futuro e os trabalhos que os aguardavam. A pedido dos discípulos, Ebramar concordou em pernoitar no local e partir ao amanhecer. Esta primeira noite no novo lar estava clara e tranqüila, o ar suave e perfumado, a abóbada celeste cintilava em milhares de estrelas. Nessa penumbra misteriosa divisam-se vagamente os picos nevosos de altas montanhas e no vale pretejava o mar de imensas florestas – abrigo de povos nascituros, que dormiam sono de ignaros, não tendo provado do fruto venenoso do "bem" e do "mal". A conversa parou. Mergulhados na contemplação do magnífico panorama, envoltos pela imensa quietude da natureza, os magos refletiam sobre o passado e o futuro. De repente, chegaram até a sua audição apurada os sons do nível superior. Levantando-se rapidamente, eles viram como no azul-escuro da noite estrelada brilhou um facho largo de luz que ia se afastando do fundo, como se abrisse o céu. E surgiu, então, o gênio do planeta, envolto por feixes de luz ofuscante; a seu redor pairavam plêiades de espíritos, trabalhadores do espaço, e no ar fluíam sons de harmonia maravilhosa. Com uma das mãos o gênio apertava contra o peito uma cruz fulgurante e, na outra, ele tinha tamanha força de chama, que iluminou o espaço até os seus confins mais extremos. E lá, nas profundezas incomensuráveis daquela profusão de luz, cintilou, como uma chama infinita, o Santuário Supremo – a morada dos espíritos perfeitos, o último abrigo dos espíritos libertos de qualquer matéria. Lá haveria de ser vencida a última dúvida da pura faísca divina que retorna à casa do Pai. E junto àquele obstáculo flamejante, desenhavam-se vagamente, à semelhança de nuvens de diamante, as formas dos sete misteriosos guardiões do grande enigma. Os magos prosternaram-se, entregando-se com toda alma à contemplação do quadro de beleza celestial. E como se fosse um sopro da harmonia divina, ouviu-se a voz do gênio:

— Esse é o caminho de vocês, filhos da verdade, e a recompensa por todos os sofrimentos, por todas as vitórias sobre a carne. Filhos diligentes da ciência, conservem em seus corações a fé inabalável e que a sua mente crie apenas a luz. Os arcanos do conhecimento perfeito abriram-lhes as portas, trabalhadores obstinados, vencedores do mal; não receiem, no reino infinito do Eterno haverá sempre um trabalho para cada partícula de Seu sopro...

A visão esvaeceu, a cúpula azul se fechou e a alma dos magos ardia de exaltação pelo inesquecível momento. Acalmando-se um pouco, Supramati pegou a mão de Ebramar e beijou-a:

— Oh! mestre, o que fez de nós, míseras e vacilantes criaturas, e que dívida de gratidão eterna recai sobre nós. – Ebramar puxou-o para perto de si e abraçou-o.

— Tragam-me discípulos como vocês e a sua dívida será paga – respondeu ele sério. E agora está na hora de pensarmos sobre o nosso retorno à coitada de nossa Terra. Os nossos novos dirigentes abençoaram-nos para a derradeira batalha, e assim... avante, para a luz!

Uma hora depois, a porta atrás dos viajantes se fechou e a nave espacial com velocidade incrível dissipou as ondas da atmosfera. Os magos ocuparam novamente seus lugares nas poltronas, desta vez sem dormirem; em suas almas ainda permaneciam as lembranças vividas há pouco e cada um mergulhou em seus pensamentos.

À semelhança dos quadros de um filme, as recordações de cada fase da estranha existência de Supramati passavam diante dele. Surpreendentemente vivaz, ergueu-se-lhe a lembrança de sua modesta residência em Londres, onde o moribundo jovem médico Ralf Morgan, com angústia no coração, sofria ante a incógnita da morte. E o aparecimento repentino de um desconhecido transformou-o num príncipe hindu, Supramati, imortal, ao qual cabia a necessidade fatídica de presenciar a morte do planeta. Ele se tornou não somente um imortal, mas também um iniciado, dotado de imenso conhecimento e poder, podendo migrar, feito um pássaro, de um planeta para outro. Um giodo bruto transformou-se em pedra preciosa nas mãos de Ebramar; e, ainda assim, a simples idéia de quanto ele ainda tinha de aprender, do caminho que tinha de percorrer para alcançar o limiar misterioso, atrás do qual se oculta o último enigma: ser ou não ser – fazia-o suar e ele passou a mão pela testa.

Narayana também estava profundamente abalado. Tudo que havia visto produziu uma reviravolta em sua alma apaixonada. Seu coração estava ávido em prosseguir no caminho da verdade; do fundo de sua alma afluiu um poderoso ímpeto em direção à luz, que transporta os homens para o supremo degrau do êxtase, elevando a sua vontade até o apogeu. Uma chama cintilou em seus olhos negros e ampla aura iluminou-lhe a cabeça. No olhar de Ebramar, que o observava, surgiu uma expressão de alegria e amor. Narayana era seu "filho pródigo" e esse momento de arrebatamento puro, essa luz em sua testa, eram uma recompensa por longos séculos de paciência e trabalho dedicados para educar aquela alma rebelde.

Capítulo XVIII

Ao palácio do Santo Graal foram convocados todos os membros da ordem e jamais uma reunião de irmãos e irmãs fora tão numerosa porque, agora, pela última vez, eles se reuniriam naquele abrigo feérico, onde foram empatados tantos conhecimentos e trabalho, tanta luta moral e triunfos do espírito sobre o corpo. Ebramar e outros membros que já haviam alcançado os degraus hierárquicos superiores também estavam presentes. Celebrava-se ofício divino num clima de profunda veneração e emoção. Os olhos de todos estavam úmidos, quando os membros, um a um, aproximavam-se do cálice e recebiam a bênção do Superior da irmandade. Mas tarde foi feita uma reunião em que se discutiram as últimas decisões e foi fixado o prazo da partida final. Após o almoço e uma visita de despedida a todo o templo do Graal e suas áreas de serviço, os irmãos e as irmãs se retiraram aos locais que lhes foram estabelecidos para desenvolver sua atividade.

Assim, Supramati retornou a Czargrado, sem aparecer, entretanto, em nenhum lugar. Externamente o magnífico palácio parecia fechado e vazio; no seu interior, entretanto, o trabalho era árduo. Toda noite, no pátio ou nos jardins do palácio desciam passageiros com pálidos rostos ascéticos e olhares que exprimiam poderosa fé exaltada. Agora, junto ao mago havia um quadro completo de jovens adeptos. Eram os ajudantes de Supramati que sob a direção de Nivara realizavam rondas em uma região preestabelecida, reuniam os fiéis e passavam-lhes o recado do grande missionário. Todos os que permaneciam leais a Cristo e que serviam a Deus saíam obedientes dos esconderijos e se dirigiam ao palácio do príncipe hindu, que servia de ponto de reunião. Enquanto os últimos guerreiros do bem cerravam suas fileiras e se preparavam por meio de jejum e orações contínuas para a grande batalha, em todo o mundo se desencadeava um inaudito bacanal. A transformação de terras estéreis em exuberantes jardins prosseguia com rapidez incrível. Parecia que o globo terrestre de fato se transformava num paraíso; a fartura de tudo era tão gritante que não correspondia às necessidades da população, cujo número diminuiu bastante. Além disso, toda a natureza adquiriu um certo caráter anormal: as frutas e os legumes, de dimensões imensas e de cores mais vivas que antigamente, tinham um gosto acre; o ar, ainda que agradável e quente, era pesado como na véspera de uma tempestade e úmido, como numa sauna. As pessoas eram acometidas por uma espécie de languidez e, não raro, por sonolência como se estivessem sob o efeito de narcótico; por essa razão nas festividades satânicas comparecia menos gente do que se esperava. Na verdade, a ignorância "diabólica" no uso da estranha substância já podia ser sentida; mas embevecido e cego pelo sucesso, Shelom, nada temia e se divertia com essa terrível força, como com um brinquedo. Em todos os lugares, por sua ordem, eram erguidos templos satânicos, organizavam-se orgias e, com o auxílio da própria essência primeva materializavam-se exércitos de larvas. Esses nojentos e perigosos seres, invocados do espaço invisível, participavam das festas e procissões. Entretanto, apesar de seu triunfo, Shelom não estava contente; um ódio secreto corroía-o todo. Ele não pôde aceitar a perda de Iskhet, desaparecida sem deixar vestígios, e seus agentes não conseguiam encontrá-la. Ele era oprimido e atormentado pela conscientização de que o hindu ousara e conseguira arrancar praticamente de suas mãos a mulher do próprio âmago de seu poder. E de algum tempo para cá, mais uma circunstância nova começou a irritá-lo. A vegetação monstruosa que apareceu em frente de seu palácio no dia seguinte à distribuição do elixir da vida começou subitamente a murchar e secar, deixando Shelom possesso, pois ele gostava de assistir aos fiéis sendo devorados pela vegetação sanguinária. Para efeito de experiência, ele sentenciou a essa morte alguns suspeitos em anti-satanismo e ali lançou também animais domésticos velhos ou doentes. Assim, convencido do fim próximo de seu entretenimento, decidiu animar os arbustos com a matéria primeva. Mas qual não foi sua surpresa e espanto, ao ver que mal algumas gotas da essência vital haviam atingido as folhas amareladas, estas entravam em combustão, feito uma fogueira. Dez minutos após, do pequeno bosque cheio de espinhos sobrava apenas um montículo de cinzas, logo espalhadas pelo vento. Shelom não tinha a menor dúvida que que aquilo fora uma nova artimanha do "hindu". Seu ódio cresceu ainda mais, se tal ainda fosse possível.

Certa noite, após uma festança num remoto templo satânico, Shelom com uma procissão suntuosa voltava ao palácio. Sentado num trono móvel, cercado por multidão nua e desgrenhada que entoava uma canção alucinante e despudorada, Shelom contemplava, cheio de satisfação, a multidão bestificada que se apinhava a seus pés. Passando por uma rua, no fim da qual podia-se ver o palácio de Supramati, a procissão parou atônita, pois um clarão de luz rubra parecia envolver a residência do mago. De repente, a luz densificou-se, subiu e no azul-escuro do céu, sobre o palácio, resplandeceu um gigantesco crucifixo. Ao verem aquele símbolo invencível, os satanistas foram apoderados de terror; muitos caíram em convulsões, outros começaram a debandar. Os carregadores largaram o trono móvel e fugiram. Somente os mais chegados e leais correram em auxílio de Shelom, caído no chão, levantaram-no e o levaram ao palácio, enquanto a multidão com ódio mal contido tratou de se dispersar rapidamente, escondendo-se cada um, feito cães, em suas tocas. Seria impossível descrever a fúria de Shelom. Espumando pela boca, agitando punhos cerrados, rugia dizendo se vingar e provar, mais uma vez, ao maldito hindu que ele ia se dar mal por ter provocado Shelom Iezodot.

Enquanto isso, no local do acontecimento, mal a multidão havia se dispersado, os portões do palácio do mago ficaram escancarados, saindo de lá uma procissão. Em fileiras cerradas vinham os homens, vestidos de branco, carregando crucifixos, velas acesas, estandartes, turíbulos e ícones salvos, muito venerados. Atrás dos homens iam as mulheres, também de branco, em longos véus e com velas nas mãos. Em frente delas, carregando o estandarte com a imagem da Virgem Santíssima, ia uma mulher bem jovem, de beleza angelical. Nuvens de incenso ascendiam e o ar enchia-se de poderoso cântico melodioso. A procissão seguia diretamente à grande praça da cidade e, de lá, grupos maiores e menores se separavam da massa principal e se dirigiam para ruas e praças menos importantes, inclusive para a praça que ficava em frente do palácio de Shelom. Mudos de assombro, os remanescentes da multidão e os raros pedestres olhavam apavorados para aquelas pessoas de rostos severos, cujos olhos ardiam de fé exaltada. Para qualquer lugar que fosse a procissão, altares eram erguidos, cruzes e ícones do Salvador colocados, e quando, com o levantar do sol, começaram a surgir os pedestres, que paravam curiosos e surpresos, iniciaram-se as pregações. Com a força que lhes era sugerida pela convicção inabalável, eles anunciavam a aproximação do fim do mundo, dizendo que os dias já estavam contados e que aquele que não quisesse perder a alma e o corpo deveria rejeitar o senhor das trevas e venerar o Deus único, Criador do Universo. Nos intervalos entre as pregações era lido o Evangelho e entoadas as orações. Aos poucos, diante daqueles altares começaram a juntar-se multidões. Descrentes inveterados e convictos davam as costas com risos, ofendendo e achincalhando os "trouxas" antediluvianos que vieram espalhar suas "idiotices". Felizmente, em sua opinião, o mundo já há muito tempo se livrara daquele ridículo obscurantismo.

Muitos, não obstante, ficavam intrigados e ouviam atentamente. Os infelizes nasceram e cresceram sem conhecer a Deus; jamais alguém lhes falou da misericórdia do Pai onipresente, da morada da alma, da força do bem. É verdade, existia uma lenda de que houve um tempo em que se venerava a Deus e aos Santos, ou seja, pessoas que por suas virtudes e vida exemplar foram merecedoras de graças especiais e utilizavam-nas entre os viventes para praticarem curas milagrosas, ou dando auxílio moral e minorando os sofrimentos. Mas tudo aquilo – ensinava-se – eram superstições, contos de fada, para enganar os trouxas e as pessoas crédulas. E eis que aparecem pessoas que anunciam corajosamente aquelas mesmas convicções de tempos antigos e dizem coisas inéditas. Aos poucos a multidão começou a se agitar; uns fugiam, outros se aproximavam, feito mariposas à luz, examinando acanhados o severo e sofrido semblante de Cristo ou a dócil imagem da Virgem Santíssima que parecia fitá-los com extraordinária bondade e misericórdia. Calafrios horripilantes perpassavam pelo corpo dos ouvintes, quando um velho, com olhos cheios de convicção fervorosa e exaltada, ou uma mulher inspirada, repleta de enorme fé, dizia em voz alta:

— Abandonem suas casas e os bens perecíveis! Nada já lhes pertence, pois tudo será engolido por elementos desenfreados. Salvem suas almas. Busquem um abrigo aos pés de seu Criador.

Muitos dos que ouviam pareciam transpor o círculo mágico que os separava do mal e que acendia em suas almas obscurecidas a chama de renovação; eles caíam de joelhos ou apinhavam-se junto aos altares, pedindo que lhes ensinassem a rezar. Estranho foi aquele dia. As procissões dos fiéis percorreram com as cruzes todas as ruas da cidade; os satanistas, sofrendo enjôos das defumações de incensos, fugiam furiosos, pedindo ajuda e conselhos junto aos seus sacerdotes ou iam levar relatórios a Shelom Iezodot. Entretanto, ninguém ousou atacar abertamente os adventícios; estes não eram os pseudo-"fiéis" de outrora, que, de forma desavergonhada, haviam feito concessões, esconderam-se, permitiram seu banimento, cedendo o caminho para os apóstatas e satanistas. Não, estes, com toda a sua fé destemida, sugeriam involuntariamente o respeito; sentia-se que ali havia uma força e nenhuma mão ousara levantar-se contra eles.

Shelom estava abalado e furioso com as notícias inesperadas sobre os acontecimentos, tanto em Czargrado como em todas as regiões que davam conta sobre o "ataque" dos cristãos, saídos de seus abrigos, que inundaram as cidades, pregando o fim do mundo e o arrependimento.

— Esses animais que saíram de suas tocas ou são loucos ou idiotas! Acharam o momento de propagar o fim do mundo! Será que esses palhaços desconhecem que temos a matéria primordial? Ou eles estão cegos e não enxergam que o planeta jamais experimentara tal bem-estar? A natureza lhes doa em profusão todos os bens terrenos, o clima é magnífico, a humanidade está em perfeita saúde, rica, feliz, e, não obstante, tudo isso deverá acabar? Por quê? Isso é um absurdo! Não desanimem, meus leais amigos, deixem que esses idiotas digam asneiras. O próprio povo irá justiçá-los!

— Mestre, em algumas poucas horas eles já conseguiram seguidores – observou Madim, preocupado.

— Bem, e daí! Se eles provocarem por demais as desordens, nós declararemos uma guerra, cairemos em cima deles e será uma bela oportunidade de eliminá-los de uma vez por todas. Agora, quando uma vida eterna e um bem-estar ilimitado aguardam por nós, é desejável que haja paz e tranqüilidade, ainda que seja de utilidade conhecer os covardes que renegaram a Deus e, sem dúvida, renegarão a Lúcifer. Devemos depurar o rebanho de todas as ovelhas imprestáveis e deixar que os hindus voltem às suas tocas inexpugnáveis do Himalaia. Nós os deixaremos em paz, pois eles nos são inofensivos.

— Então você ordena que seja dada, temporariamente, a esses idiotas uma liberdade de ação e que eles não sejam presos? – perguntou Madim.

— Justamente. Mas, ao mesmo tempo, ordene que os governantes regionais vigiem esses imbecis e façam uma relação meticulosa de todos aqueles que se corromperem e nos renegarem. Enquanto isso nós ficaremos em nossas fortalezas a salvo de suas expansões contagiosas.

— Oh! Quanto aos contágios fluídicos, o seu foco não está longe de seu palácio – troçou Madim. Eu vi esses profetas e profetisas vindo para cá. Entre eles há uma mulher bela como um sonho e ela, sem dúvida, produzirá uma forte inquietação entre a nossa juventude, que se grudará nela feito moscas. Para falar a verdade, não me lembro de ter visto um ser tão encantador. Já a imaginou em lugar de Iskhet?

— Sem dúvida, caro Madim, quando chegar a hora.

Por enquanto eu farei dela a *Rainha do Sabbat*, suas grandes virtudes físicas assegurarão fidelidade a mim – respondeu rindo Shelom.

Algumas horas depois, ele se retirou com seu séquito para uma das fortalezas satânicas, chamando para lá os mais renomados membros de luciferismo para o grande desafio e discussão de um plano detalhado, urdido por ele para erradicação dos apóstatas. De acordo com a decisão do terrível líder do satanismo, aos missionários não seriam criados obstáculos para trabalhar.

Percorrendo incansavelmente as cidades e as regiões, conclamavam eles o povo para o arrependimento e oração, anunciando que as horas de vida na Terra já estavam contadas e somente as almas poderiam ser salvas. Entre as mais ferrenhas pregadoras estava Taíssa, freira das grutas subterrâneas da Síria, ex-Olga. Na maior praça da cidade fora erguido um altar tão grande, que podia ser visto de todos os cantos. Em seus degraus estava a jovem pregadora e suas palavras eloqüentes e convincentes atraíam numerosos ouvintes. No início, os homens eram atraídos pela rara beleza da jovem, a que se somava a sua voz melodiosa e um olhar límpido e inocente; de sua própria beleza emanava pureza tão poderosa e clara, que ela subjugava até os devassos, despertava neles novos sentimentos e abafava instintos animais. Mas Olga dirigia-se sobretudo às mulheres, falava-lhes de seu papel de esposas e mães, do grandioso dever e terrível responsabilidade que recaíam sobre elas. Nesse grande e difícil campo de batalha, a mulher havia decaído, seus delitos contribuíram muito para os cataclismos iminentes carregavam muita culpa pela morte antecipada do mundo. A mulher deveria ser uma guardiã do lar, protetora do altar divino, uma mãe que educa seu filho, incutindo nele, no caminho da existência, a fé em Deus, ensinando-lhe as obrigações humanas e civis. No momento em que uma mulher negligencia seu papel de mãe para tornar-se concubina ou até voltar-se com cinismo inaudito contra a natureza, renegando a maternidade, ela assina a sentença da morte da humanidade, sendo tudo engolido pela decadência física e moral. Os filhos insurgem-se contra os pais, os pais odeiam os filhos, o irmão parte contra irmão, a animosidade toma o lugar do amor. E da forma como a mulher repele o berço, ela derruba o altar do lar e negligencia o sacramento nupcial, que sempre a diferenciou da concubinagem. E os cônjuges tornam-se amantes, a mãe e a esposa – bacante, sacerdotisa da volúpia. Oh, é terrível o crime da mulher que em vez de utilizar a sua influência para elevar e enobrecer o homem perverte-o e transforma-o num animal. Não raro Olga descrevia quadros do passado, quando sob o amparo da cruz floresciam as famílias, cresciam gênios e heróis populares. Ela recordava os tempos remotos quando as leis divinas impunham um freio às paixões humanas, quando se celebravam as comoventes festas, como Natal e Páscoa, que reuniam as pessoas em oração e que despertavam nos corações sentimentos de piedade, humildade e amor fraternal. Atualmente, pelo contrário, o mundo é dominado pela criminalidade, violência e devassidão, as leis desfeitas nada mais protegem e cada um fica a mercê do mais forte... Tais discursos produziam uma impressão profunda. Muitos homens e mulheres começaram a ruborizar diante da sua nudez despudorada, começavam a vestir roupas brancas com uma cruz vermelha no peito, vinham orar diante dos altares e suplicavam aos missionários que fossem orientados para Deus. Era estranho ver como depois de uma oração fervorosa e borrifada com água benta, as pessoas se transformavam totalmente; algo de bondoso e humilde emanava delas e nos olhos iluminados já não ardia a chama de animosidade, avareza e aspirações animalescas. Freqüentemente, no coração dos ouvintes assomava-se uma irritação profunda que se expressava em conversas e brados: “Fora Lúcifer! Fora o anticristo Shelom Iezodot!”. E a multidão irritada reunia-se ameaçadoramente em frente do palácio de Shelom gritando: “Devolva-nos a nossa antiga crença em justo e misericordioso Deus, o Qual ordenara que cada um amasse o próximo e perdoasse as ofensas, pagasse o mal com o bem! Devolva-nos as alegrias familiares e as leis de nossos ancestrais”.

A mesma atividade intensa se desenvolvia em Moscou, outrora coração da Santa Rússia. Dakhir trabalhava com a tranqüilidade que lhe era característica; Narayana se arrebentava de trabalhar, seguindo sua natureza entusiástica. Dakhir pregava, promovia curas, purificava, vindo a adquirir em pouco tempo uma aura misteriosa que incutia uma mistura de respeito, gratidão e medo supersticioso. Narayana estava presente em tudo; sob sua direção os servidores das igrejas destruídas abandonavam seus abrigos secretos e, em conjunto com os outros fiéis, ocupavam os mais importantes lugares. Seu número era limitado, porém sua fé era imensa. Calmos e destemidos, eles se apossavam dos templos abandonados, transformados em museus ou profanados pelos satanistas, e purificavam-nos. Foram erguidos altares e instaladas cruzes, reacesos círios e lâmpadas. Sob abóbadas há muito tempo silenciosas ouviram-se cânticos sagrados e ascenderam-se nuvens de incenso. Narayana pregava nas praças, seu discurso eloqüente e a personalidade surpreendentemente encantadora atraía grandes multidões: as pessoas, aturdidas, cativadas e convencidas por ele, seguiam-no à igreja e em suas almas despertava o eco do passado. Sob as antiqüíssimas abóbadas dos templos, gravaram-se, no transcorrer de séculos, as exteriorizações invocatórias das orações elevadas e tal qual uma harpa de Zodo, que só aguarda por um sopro de vento para soar, assim começou a falar a alma obscurecida do povo infortunado, outrora tão forte de fé, do qual foram tirados todos os bens terrenos e espirituais, inclusive sua compreensão de Deus, corrompendo-o sistematicamente com literatura suja e amoral. Os locais das pregações e as igrejas ficavam, como dissemos, cheios de gente; o atavismo despertava o passado, carregando como onda poderosa o ateísmo e os sacrilégios, instalando nas almas novas esperanças. Cheios de fé, amor e comoção contemplavam eles as imagens de Cristo, Virgem Santíssima, os santos-protetores, aos quais veneraram por séculos inteiros, e os poderosos guardiões da Santa Rússia não ficaram surdos ao clamor assustado de seu povo, ao seu profundo e sincero arrependimento. Quando dos corações palpitantes e vulneráveis se ouvia a súplica "Deus tenha piedade de nós e não nos abandone, execrados!" – do éter surgiam correntes de fogo e luz, iluminando a multidão prostrada e varrendo a sordidez trazida pelos crimes e obscenidades.

Como antes, na primeira missão, a ira de Deus ainda não se desencadeara. Dakhir encontrava apoio e colaboração em sua fiel companheira Edith. Agora ela era guiada não só pelo amor, mas também pelo conhecimento, adquirido pelo trabalho tenaz e vontade ardente de se elevar até o grau do grande mago, que o destino lhe reservou para esposo. Ela foi morar com a filha em Moscou e assumiu a responsabilidade de cuidar da purificação e educação religiosa de mulheres que, retornando a Deus, deveriam ser preparadas para a prova de martírio. As recém-convertidas desconheciam, sem dúvida, que aquela terrível provação, suportada valorosamente, lhes possibilitaria abandonarem o planeta sentenciado à morte; e, dessa forma, aquelas que julgava incapacitadas para tal excelso feito, ela tentava convencer de que, por nada no mundo, tocassem o elixir da vida, distribuído pela mão generosa de Shelom, pois isso apenas aumentaria os seus sofrimentos no grande e derradeiro momento. De modo especial ela se apegou a Iskhet. Essa criatura jovem, pervertida desde seu berço e milagrosamente arrancada do inferno, incutia nela um profundo apego. Com paciência e amor, Edith guiava e ensinava Iskhet, surpreendendo-se como esta, transformada em Maria, sacudia de si todas as impurezas, florescendo como uma flor tirada de um porão escuro e colocada sob o sol. Não era muito difícil adivinhar que no cerne daquela metamorfose espreitava um profundo amor a Supramati, porém um sentimento puramente terreno só poderia agravar a provação da jovem mulher. Edith buscava todas as maneiras para enobrecê-la, incutir-lhe a idéia de que qualquer sentimento carnal iria afastá-la do mago com um precipício intransponível, e que, somente pelas virtudes, cumprimento de seu dever e uma vida útil e pura, ela poderia provar a Supramati seu amor e reconhecimento. Seus esforços não foram inúteis. À medida que Maria começou a entender a si própria e a Supramati, a paixão carnal deu lugar a uma adoração respeitosa e humilde, na vontade ardente de merecer a aprovação do ser superior que a arrancara do abismo.

Os casos de conversão tornaram-se mais freqüentes. A poderosa e exaltada fé dos tempos passados, com a força cada vez mais crescente, despertava nos corações humanos; as pessoas largavam seu trabalho e afazeres, abandonando os locais dos prazeres pela Igreja. Tal estado de coisas provocava uma imensa inquietação. Em todas as camadas da sociedade só se falava sobre o fim do mundo, procurando-se sofregamente no céu e na Terra evidências da terrível catástrofe, mas nada se notava: os raios solares inundavam o planeta, tudo florescia magnificamente, e, no meio da sociedade inquieta, começaram a se ouvir vozes irritadas exigindo o banimento dos "meio-loucos", que vieram não se sabe de onde e confundiam pessoas, restabelecendo o antigo "obscurantismo" e as velhas superstições tolas; outros apenas riam, dizendo que quando reina a liberdade individual e de pensamento, não se deve proibir as pessoas de serem tolas, se isso é de seu agrado. Entretanto, nos observatórios começou a se notar certa apreensão dos astrônomos. Os aparelhos indicavam que perto do globo terrestre começava a se formar uma larga faixa de fumaça tênue que aos poucos ia aumentando, formando ao redor do planeta um invólucro gasoso, invisível a olho desarmado, mas que dificultava a observação do firmamento estelar. Paralelamente, foi notado que às vezes naquela névoa surgiam cintilações ígneas que se moviam feito raios em ziguezague ou se enrolavam em espirais e desapareciam no espaço. As causas desses fenômenos estranhos ficavam sem explicação e os fatos não eram divulgados, temendo-se inquietar a população pelas profecias dos missionários sobre o fim do mundo. No observatório de Moscou havia um jovem astrônomo de sobrenome Kalitin, famoso por algumas descobertas surpreendentes. Os fenômenos acima referidos deixaram-no muito impressionado; motivado pelo interesse científico ele começou a aperfeiçoar um instrumento por ele inventado, mantido sob segredo de todos. Quando finalmente ele utilizou seu aparelho, um combinação de telescópio e microscópio, ficou atônito e pela primeira vez na vida sentiu um pavor supersticioso. Toda a atmosfera era uma tênue retícula ígnea que tremia e se agitava como se fosse impulsionada pelo vento, e, entre os grandes elos dessa estranha retícula, pairavam nuvens escuras, cujos contornos, ainda que não nítidos, pareciam com as figuras fantásticas dos demônios, da forma como eram representados nos tempos antigos. O número dessas criaturas feéricas que voavam em todas as direções constituía uma legião. Convencido de que não estava sonhando e de que no espaço visível ocorria, sem dúvida nenhuma, algo estranho e sinistro, o cientista pensou muito e decidiu ir até o príncipe hindu que anunciava abertamente o fim do planeta. Se alguém no mundo sabia da verdade, esse alguém era ele.

Dakhir retornou da cidade à noite e estava se trocando para jantar com seus amigos, quando Niebo anunciou-lhe a chegada do cientista, cujo nome lhe era conhecido por ser uma pessoa com muitos méritos científicos. Dakhir ordenou que ele fosse introduzido. O astrônomo era um homem jovem, magro, de estatura mediana, de rosto agradável e sério e uma larga testa de pensador. Para o olho perspicaz de um mago bastava lançar-lhe um olhar para entender que ele era uma pessoa honesta, bem menos depravada que os seus conterrâneos e que de fato dedicara suas forças e a vida em prol da ciência. Faltava em seu trabalho apenas a faísca viva – a fé.

— Em que lhe posso ser útil, senhor? – perguntou Dakhir, apontando ao visitante uma poltrona.

— Príncipe, eu vim lhe pedir para que me tire uma dúvida muito importante e peço perdoar-me a ousadia, mas... nas ruas ocorrem coisas estranhas e, pelo visto, também no céu. Dizem que o senhor é iniciado em magia superior e anuncia abertamente o fim iminente do mundo. Assim sendo, eu lhe pediria que me dissesse com toda franqueza se nós estamos na véspera de uma catástrofe. O fim do mundo já fora previsto há muito tempo, mas ninguém conhece a data exata. Se o senhor sabe mais coisas, diga-me. Se a catástrofe for parcial, talvez haja um meio de preveni-la e salvar-se. Seria, por certo, desagradável ter de largar as mais interessantes pesquisas que estou realizando. Mas veio-me à cabeça: será que o demente do Shelom não afetou alguma força desconhecida, desencadeando o fogo dos gases atmosféricos, levando a uma catástrofe inevitável? Essa personalidade enigmática se intitula filho de Satanás, em quem eu não acredito. Estou convicto de que existem leis com que devemos lidar com cuidado, e Shelom, sendo um vaidoso iletrado, talvez tenha mexido em seu equilíbrio.

Dakhir fitou com olhar perscrutador o rosto inteligente do cientista e respondeu sério:

— O senhor tem razão, professor. Os fenômenos que foram observados pelo senhor, o invólucro gasoso, as cintilações ígneas e as legiões de criaturas obscuras, tudo isso é prenúncio de uma catástrofe final e não parcial. Estamos na véspera do fim do mundo e isso é inevitável em função da situação atual das forças cósmicas. É uma grande pena que o planeta, que deveria ainda existir por muito tempo, servindo de escola para aperfeiçoamento de uma infinidade de gerações, tenha um fim tão horrível em conseqüência de abusos inéditos, mas... não há o que fazer.

O cientista empalideceu.

— Príncipe, o senhor diz que a situação é séria e inevitável e, no entanto, o senhor permanece calmo?

— E por que não deveria estar? Há muito tempo nós estamos nos preparando para este grande momento, enquanto que a humanidade, em sua vaidosa cegueira, dança à beira do precipício, sem dar ouvidos aos profetas e até aos avisos da natureza. E vocês cientistas, também, tão orgulhosos com seus conhecimentos mediatos, não conseguiram prever a catástrofe nem compreender que vocês são simples átomos em comparação com as grandes forças do Universo e que para o equilíbrio do mundo é necessário um punhado de grãos do bem para se opor ao mal. Esse equilíbrio foi quebrado e os desenfreados e devastadores elementos desabarão sobre o globo terrestre, causando-lhe o fim.

Como se tomado por uma vertigem, o astrônomo agarrou-se involuntariamente ao braço da poltrona; mas sua debilidade perdurou menos de um segundo e ele levantou-se tranqüilo.

— Estou firmemente convicto e leio em seus olhos que o senhor e outros reclusos do Himalaia não irão perecer, preparando para si um meio de salvação, salvem-me também. Sou uma pessoa boa e poderei ainda ser útil.

— O senhor acha que é tão fácil? – perguntou sorrindo Dakhir. Lá, para onde nós vamos, precisaremos de gente humilde e crente em Deus.

— Um cientista autêntico está sempre pronto a desistir de seus equívocos quando os compreende. Diga-me as condições da salvação, prove-me que eu, além da matéria, possuo uma alma imortal, convença-me de que sou simplesmente um escolar inocente na escada de conhecimento e eu renegarei humildemente os meus equívocos e me renderei diante da ciência suprema.

— O senhor deseja saber se possui alma? Ou por outra, existiriam os espíritos? Quem vocês acham que são os seres obscuros que vocês invocam em seus templos satânicos?

— Eu não sou um satanista, sou indiferente. O que se refere aos seres de que o senhor fala, eu os considero pensamentos animados dos invocadores, pois diferentes experiências provaram que o pensamento humano cria formas vivas. Por exemplo: um poeta cria os heróis de seu poema ou um artista, as figuras do seu quadro, animados pela concentração de seus pensamentos, dando-lhes uma vida real, ainda que temporária. É bem natural que os invocadores dos demônios criem os demônios e, uma vez que a quantidade de pensamentos humanos é incomensurável, o espaço está repleto de diferentes personalidades que nós podemos ver e invocar, mas não podemos verificar a sua existência temporária.

— Eu lhe darei a prova que deseja – disse Dakhir, levantando-se e pondo a mão sobre o ombro do visitante. – Nestes grandiosos dias, quando tem início a agonia do mundo, uma inteligência pura e audaz tem direito de ser convencida da verdade. Siga-me ao meu laboratório.

Perto de uma janela aberta achava-se um aparelho desconhecido ao cientista. Dakhir pôs a visita diante do aparelho, disse-lhe para aproximar o olho no orifício circular, fechado por uma lâmina, e depois cobriu-lhe a cabeça com pano escuro. Acionando molas, ele apertou diversos botões elétricos. Pouco depois, sob o pano que se mexia, ouviu-se um grito abafado.

— Não se mexa! – disse autoritário Dakhir.

Quinze minutos depois, a cabeça do professor apareceu por baixo do pano. Ele estava lívido feito cadáver e recostou-se na parede para não cair.

— Meu Deus! – murmurou ele – a atmosfera está no caminho da decomposição. Eu não entendo sobre os elementos por mim desconhecidos que lá aparecem. Então é assim o verdadeiro mundo visível! Eu não podia imaginar nada semelhante! – acrescentou ele pouco depois, fechando os olhos e apertando a cabeça com as mãos.

— Vê, professor, – sorriu enigmaticamente Dakhir – os nossos conhecimentos são maiores que os seus e nós possuímos aparelhos mais aperfeiçoados. Mas não desanime, na escada infinita do conhecimento nós também somos ignorantes. Somente num sentido nós somos superiores a vocês. É que nós temos consciência de nossa insignificância e nada descartamos irrefletidamente, ou seja, não gritamos que tal coisa é impossível só porque não a entendemos. Agora vamos, eu lhe mostrarei que o senhor tem mais alguma coisa além da matéria. —

Ele levou o professor até um grande espelho de parede, colocou-lhe a mão sobre a cabeça e começou a pronunciar, a meia-voz, fórmulas numa língua desconhecida. À medida que ele falava, começou a surgir uma névoa rubra que se concentrou no peito e na cabeça do cientista. Em seguida a nuvem vermelha deslizou para o lado, ficando a uma distância de um metro, ligada ao corpo por uma luminosa faixa vermelha. Pouco depois, a massa nevoenta densificou-se, alargou-se e tomou a forma exata do professor, com a única diferença de que a figura astral parecia mais viva, enquanto que o corpo azulado de olhos vítreos parecia um cadáver. Colocando as mãos nos ombros de uma e outra figura, Dakhir disse:

— Está vendo, o senhor é apenas um pedaço da matéria: esse, do lado esquerdo, é o seu invólucro carnal, temporariamente abandonado pelo princípio vital, tendo adquirido a forma de um cadáver; o dublê do corpo – é a sua individualidade, aquilo que pensa, trabalha, e é o corpo astral. E lá, em seu dublê de éter, aquele algo azulado com matizes dourados de chama, aquilo que se agita entre o coração e o cérebro é a sua alma – faísca indestrutível, ainda obscurecida por muitos fluidos imperfeitos, mas que por meio do trabalho e provações poderá se purificar, chegando o dia em que a chama divina pura, libertando-se de todas amarras materiais, comparecerá ante o altar do Criador. Veja, professor, o senhor é uma grande obra de arte saída das mãos do Criador, do Pai infinitamente bondoso, que lhe legou uma partícula de Seu sopro divino e deu-lhe a oportunidade de compreender e alcançar tudo.

Dakhir tirou a mão e o dublê astral, com a velocidade de um raio, reentrou no corpo, mas, provavelmente, o professor havia sofrido uma vertigem, pois cambaleou e teria caído, se não fosse amparado por Dakhir que o ajudou a sentar-se na poltrona. Um minuto depois, ele endireitou o corpo e murmurou, agarrando com as mãos a cabeça:

— Neste minuto eu soube mais que durante todos esses anos de trabalho intenso na escuridão.

— Sim, – retrucou Dakhir – todos os que trabalham na escuridão não querem saber que o foco de luz está tão próximo deles. Ele está dentro de nós mesmos, é só querer chamar por ele. A chama interna deve ser acesa pela contemplação e trabalho de reflexão. Ela iluminará a nossa aura e nos dirá o que nós não sabemos. Todas as riquezas do conhecimento estão dentro de nós, se quisermos utilizá-las. Todas as molas do trabalho intelectual se encontram em nosso sistema nervoso. Só devemos saber controlar esses mecanismos complexos.

— Eu quero estudar tudo isso! – exclamou com entusiasmo o professor, levantando-se. Porém, subitamente, baixou a cabeça e acrescentou em tom triste: – Mas, talvez, já seja tarde iniciar? O fim está próximo e eu morrerei esquecendo este grandioso momento. Quando a verdadeira luz iluminar as trevas de minhas pesquisas, perecerei feito um cego, um átomo ignaro que se considerava "grande" e não tinha condições de entender as gigantescas forças que o cercavam. Só uma coisa peço que não me seja negada: antes de morrer, diga-me quem é o senhor, ensine-me a adorar Aquele que o senhor adora. E quem dispõe dos destinos da humanidade?

— Sua pergunta é boa e sensata – respondeu sorrindo Dakhir. – Quem sou eu? Sou o profeta do final dos tempos. Agora, veja. – Ele deu um passo para trás e foi subitamente iluminado por uma espécie de corrente de luz, que parecia irradiar-se de sua cabeça e corpo. Envolto em uma larga aura azulada, como se transformado numa visão resplandecente, com a coroa de três fachos de luz, Dakhir ficou postado diante do professor aturdido. – O senhor vê diante de si um simples mortal que, através do trabalho, adquiriu uma força astral. Qualquer um que queira esforçar-se poderá alcançar um estado semelhante, concentrar em si a mesma chama do éter e utilizar-se inteligentemente dela. E eis a quem eu venero – com gesto autoritário ele levantou a mão e pronunciou algumas palavras em uma língua estranha. No mesmo instante no ar acendeu-se um cálice de ouro com uma cruz encimada por coroa de espinhos. – Isto é a fé no símbolo enigmático da eternidade, cujo centro é Deus, um Ser indescritível e inconcebível, a idéia do Qual resplandece em todo o Universo por Ele criado. A coroa de espinhos são os sofrimentos, através dos quais a alma se purifica e se eleva pelos degraus do aperfeiçoamento infinito. No grande esforço dessa ascensão nada se perde, não há nada inútil, tudo serve para a espiritualização e salvação de nossos irmãos pela humanidade.

Como se movido por uma força superior, o cientista caiu de joelhos e, pela primeira vez na vida, seus lábios pronunciaram, num ímpeto da fé e comoção:

— Perdoe-me, Pai Celeste, e tenha piedade de mim!

Logo que ele se levantou, a visão desapareceu, o mago também, e diante dele estava Dakhir, em seus trajes sociais nos quais ele era conhecido. O professor olhava para ele misto de medo e curiosidade, e disse vacilante:

— Não entendo o que houve comigo! Parece que um pesadíssimo fardo me caiu dos ombros e o meu cérebro trabalha com uma incrível velocidade; os quadros de pensamento voam uns após outros com rapidez e facilidade jamais experimentadas; enquanto que antes eu trabalhava com muito esforço.

— O senhor ficou aliviado da negação preconceituosa, da descrença e da idéia preconcebida que escondiam do senhor o invisível, escravizando seus pensamentos.

— Eu deixei de ser descrente e quero trabalhar de olhos abertos. Como faço para segui-lo?

— Para seguir-me deve-se morrer voluntariamente e depois ressuscitar! – observou sorrindo Dakhir, lançando um olhar perscrutador no professor.

— O sentido de suas palavras é-me obscuro – respondeu o cientista, balançando tristemente a cabeça. – Contudo, a minha fé é tão forte que eu aceito, sem discutir, tudo que o senhor mandar-me fazer. Não retornarei mais ao observatório, pois sei agora que sou um ignorante e os trabalhos futuros são inúteis em vista da aproximação da catástrofe. Pela mesma razão, não tenho que me ocupar com a salvação de bens terrenos e, sendo assim, suplico-lhe deixar-me ficar aqui para morrer junto com o senhor.

— O senhor tem medo da morte?

— Não, respondeu com firmeza o jovem cientista. Dê-me uma taça com veneno e eu o tomarei como prova de que eu sou capaz até de morrer para alcançar pelo menos um degrau superior.

— E não lhe ocorre sequer uma dúvida quanto ao fato de que se o planeta não vier a morrer o senhor fará um sacrifício inútil, privando-se da vida que poderia ser longa num corpo forte e sadio?

— Não tenho a menor dúvida quanto ao fim inevitável do planeta e estou plenamente convicto de que o senhor me dará o apoio e me ajudará quanto ao meu estado espiritual.

— Sem dúvida, – respondeu Dakhir, aproximando-se de um armário e tirando de lá dois frascos, um grande e um pequeno. Enchendo pela metade uma taça de cristal, ele verteu algumas gotas do frasco pequeno; o líquido efervesceu e adquiriu uma cor rosada. – Aqui dentro estão a morte e a ressurreição. Aquele que tomar o líquido sem uma sombra de temor, salvará a alma e se elevará à luz em vez de fenecer nas trevas. Ele estendeu a taça a Kalitin, enquanto este olhava para ele pálido e concentrado.

Mesmo assim, ele pegou decididamente a taça e observou:

— Se não me engano, eu li em algum lugar que os cristãos, ao morrerem, diziam: "Senhor Jesus, entrego em suas mãos a minha alma"!

Dakhir fez um sinal de anuência. Então o professor repetiu com deferência a frase, persignou-se e, sem piscar um olho, tomou o líquido de um gole. Um segundo ainda ele ficou em pé, envolto em chama que parecia sair de seu corpo, e em seguida caiu fulminado. Dakhir apoiou-o, depois levou o corpo sem vida para o sofá e cobriu-o com cuidado com uma coberta vermelha.

— Alma valorosa, você irá atrás de nós, pois em você estão lançados os princípios de um mago, – pronunciou ele, olhando com amor para Kalitin estendido.

Trancando em seguida a essência e a taça, Dakhir foi para a sala, onde o aguardava um modesto almoço em companhia de seus familiares e amigos. Dakhir amava apaixonadamente a vida em família com suas puras e tranqüilas alegrias, mas durante a sua estranha existência de muitos séculos, absorvida por constante trabalho intelectual, ele estava sempre só. Por esta razão, os poucos anos passados com Edith em Czargrado pareciam-lhe um oásis no meio da rigorosa, difícil e solitária vida de asceta. Seu amor se concentrou todo em sua filha. A criança despertava nele os sentimentos de um simples mortal, servindo de elo vivo com a humanidade. Urjane crescia lentamente como todos os filhos dos mortais; sob a sombra do santuário, sob a vigilância de Ebramar e das mulheres iluminadas, florescia esta estranha flor humana, vindo a desabrochar em toda a sua beleza virgem. Realmente, Urjane era linda como um sonho. Ela parecia com Dakhir: tinha tez pálida e cabelos enrolados negros, mas a esbelteza aérea do porte alto e os grandes olhos azuis lembravam a mãe. Seus olhos exprimam uma profunda e sonhadora contemplatividade, característica de todos os seres enigmáticos que vivem, de certa forma, fora do mundo.

Sob a vigilância de Edith, Urjane tomou sob seus cuidados toda a casa, que logo adquiriu um aspecto aconchegante. Narayana que, apesar do facho de mago, sempre gostava de comer, disse certa vez que até um iluminado de sete fachos é um pobre coitado se não tiver uma dona de casa como ela, pois até um corpo "ene" vezes espiritualizado era dotado de um estômago. Dakhir e Edith riram muito da troça original do mago, surpreendendo-se que mesmo após tantos séculos de luta e vicissitudes a sua alma conservou traços puramente humanos e uma capacidade inesgotável de usufruir de prazeres. Feliz com o elogio quanto a seus conhecimentos culinários, Urjane, a partir daquele dia – para a diversão dos pais – caprichava no requinte da mesa, mais que modesta, inventando para seu amigo, tio Narayana, os mais deliciosos pratos.

Quando Dakhir entrou na sala de jantar, Edith ainda não tinha chegado e os amigos estavam sentados à mesa, ocupados, pelo visto, com uma conversa muito interessante. Narayana falava calorosamente de alguma coisa, ilustrando suas palavras com desenhos numa grande folha de papel branco. Enrubescida de emoção, Urjane ouvia, os olhos brilhando de curiosidade. Ao ver o pai, ela se jogou em seus braços.

— Ah, se você soubesse quanta coisa interessante me contou o tio de sua vida passada!

— É? – sorriu Dakhir.

— Por exemplo, o confronto de bigas no Vizâncio durante a guerra entre os "verdes e azuis", quando ele se saiu vencedor; depois o torneio durante as cruzadas do qual ele participou. Deus! Que tempos interessantes eram aqueles; bem melhores do que os de hoje.

— E você lamenta por não ter vivido naquela época? – perguntou Dakhir, sentando-se.

— Não, o tio prometeu-me as mesmas diversões no novo planeta e como eu gosto muito do seu palácio no Himalaia, para onde eu fui uma vez com a mamãe e o nosso mestre Ebramar, ele me deu a sua palavra de construir um igualzinho no novo mundo. Em volta dele, quer fundar uma cidade, dando-lhe, em minha homenagem, o nome de "Urjane" – concluiu alegremente a jovem, satisfeita consigo.

— Estou vendo que a atividade colonizadora e civilizadora de Narayana será útil e diversificada – observou Dakhir com sorriso levemente zombeteiro, olhando maliciosamente para o amigo de séculos. Com isto visivelmente constrangeu-o, pois nos grandes olhos de Narayana brilhou uma expressão de satisfação e embaraço. Mas a conversa foi interrompida com a chegada de Edith com Iskhet, Niebo e Nivara.

O secretário de Supramati trouxe uma mensagem e contou que as perseguições, provavelmente, seriam retomadas em breve em todos os lugares, visto que em Czargrado foram presos alguns fiéis, e Madim, à frente de um bando, atacou a jovem pregadora Taíssa, encarcerando-a no palácio de Shelom.

— Vocês conhecem aquele espírito reencarnado! O mestre, sem dúvida irá protegê-la, mas, mesmo assim, será uma provação difícil e terrível que irá custar-lhe, sem dúvida, a vida – acrescentou Nivara.

Iskhet que o ouvia atentamente pensou profundo e, levantando-se inesperadamente, aproximou-se de Dakhir.

— Mestre, deixe-me voltar a Czargrado. No palácio eu conheço todos os recantos e esconderijos. Eu ajudarei na fuga da moça de que fala Nivara, e também de todos os prisioneiros, sob a orientação do mestre.

— A sua vontade de ser útil aos irmãos é elogiável, minha filha. Mas, você já parou para pensar que perigos a aguardam ao decidir entrar no palácio de Shelom ou no templo satânico? Você poderá novamente cair em mãos do miserável – observou Dakhir, olhando perscrutadamente para ela.

— Eu espero que o meu conhecimento do local irá me salvar, mas, ainda que Shelom consiga me pegar, será torturado apenas o meu corpo, pois a minha alma já se libertou para sempre dele. Não temo nem morte nem tortura, ainda mais pelo fato de que os meus sofrimentos seriam justos e uma expiação merecida pelos antigos delitos – redargüiu ela, e em seus belos olhos negros brilhou uma chama enérgica e exaltada.

Todos olharam para ela com amor e Dakhir pôs a mão em sua cabeça abaixada.

— Que seja como você quer. Nivara a deixará em Czargrado. A casa de Supramati servirá para você de abrigo seguro e você agirá segundo os seus conselhos.

Iskhet parecia feliz com a autorização obtida e algumas horas depois o avião de Nivara levou-a de Moscou.

Capítulo XIX

Conforme já se descreveu, Shelom Iezodot refugiou-se com seus comparsas numa fortaleza satânica, ali levando uma vida de orgias. Diariamente, de todos os cantos chegavam notícias sobre os êxitos dos cristãos e o aumento alarmante do número dos desertores, mas Shelom levava tudo na brincadeira, respondendo com desprezo às observações dos conselheiros e amigos:

— Deixem-nos! Quanto mais desertores, maior nossa chance de acabar com eles de uma só vez. Vocês sabem, o nosso senhor gosta do cheiro de sangue e carne frita. Os gritos e gemidos desses canalhas, que pagarão com a própria pele por todas as baixezas, serão uma música agradável para seus ouvidos.

A invocação do poderoso demônio pareceu confirmar a opinião de Shelom. O espírito das trevas deu uma resposta evasiva e o líder dos satanistas continuou sua vida devassa. Entretanto, a desordem no meio do povo aumentou a tal ponto, e as baixas do partido de satanistas foram de tal monta, que por fim Shelom se alarmou e achou que havia chegado a hora de agir energicamente. Ele começou pela invocação solene de Lúcifer e assumiu o papel de supremo sacerdote na celebração do culto satânico. O príncipe do inferno veio ao chamado e quando inquirido por Shelom para indicar aos seus leais servidores o programa das ações, respondeu no início com uma cáustica gargalhada, secundada, feito um eco, por milhares de vozes. Shelom estremeceu sem entender... Por que essa risada do terrível líder das forças obscuras e seria ela de felicidade ou escárnio? Quando cessou a alegria funesta, o demônio ordenou que fossem erguidas suas estátuas nas grandes praças de todas as cidades, e diante de cada imagem sua fosse armada uma fogueira e queimados todos aqueles que se negassem a trazer sacrifícios e a venerar Satanás. Os sacrifícios seriam repetidos três vezes ao dia e, feito isso, Lúcifer concordaria apoiar seus leais seguidores. Shelom decidiu agir imediatamente e, na mesma noite, dirigiu-se a Czargrado com toda sua corte. A cada governante regional foi enviado um despacho com a ordem expressa de iniciar, sem protelação, a perseguição aos fiéis a mando do próprio Lúcifer.

Durante toda a noite, em todos os templos satânicos reinou uma grande agitação e, ao alvorecer, do palácio de Shelom partiu uma caravana bem convincente. Uma estátua de Satanás ia sendo carregada solenemente, e, liderando a procissão, ia Shelom Iezodot rodeado por conselheiros e principais sacerdotes dos templos satânicos. Quando a procissão alcançou a praça principal, esta já estava tomada pelo povo. Em volta do altar, erguido no centro e decorado com uma cruz, havia uma imensa multidão de mulheres, homens e crianças prostrados de joelhos. Todos já haviam encoberto a sua nudez com túnicas brancas e, com lágrimas nos olhos, ouviam a pregação de uma mulher, parada num degrau para ser melhor vista.

Era Taíssa, que atraía as massas com suas palavras arrebatadoras e fé ardente. A beleza fascinante da jovem acentuava-se ainda mais naquele momento, quando sua alma fremia exteriorizada em voz harmônica e olhar inspirado. As pregas suaves da túnica branca contornavam sua figura esbelta e, no calor da pregação, o véu que lhe cobria a cabeça caíra de seus ombros e a vasta cabeleira envolveu-a como aura dourada. Shelom parou imóvel e seus olhos cobiçosos fixaram a jovem pregadora, que parecia flutuar, feito uma visão radiante, acima da multidão.

— Madim! – murmurou ele, apertando a mão de seu comparsa. Eis a mulher que eu quero possuir. Se você tem amor à vida, trate de prendê-la e levá-la até mim.

— Sua ordem será cumprida, – respondeu Madim com sorriso cínico. – Era dela que eu lhe falei aquela vez, dizendo que ela bem que merecia substituir Iskhet! Não estava certo? Ha-ha!

— Não sei se ela saberá substituir Iskhet, mas que será minha e morrerá sob minhas carícias... isso é certo! – respondeu Shelom continuando o caminho.

Entre os que estavam presentes na praça, ocorreu pânico com o aparecimento da procissão satânica. Gritando e empurrando uns aos outros, a multidão dispersou-se pelos cantos. Só uma parte conseguiu se salvar, o resto foi afastado para trás pelos asseclas de Lúcifer que ocuparam todas as ruas adjacentes. A cruz foi imediatamente derrubada e sobre a mesa do altar foi colocada a estátua do espírito das trevas, diante da qual os satanistas começaram a armar uma imensa fogueira. No meio do corre-corre, Madim, ajudado por alguns homens, agarrou Taíssa, que foi amarrada e levada ao palácio de Shelom. Mas a jovem pregadora era por demais amada e conhecida para que seu desaparecimento não fosse notado. A notícia sobre o fato chegou rápido até Nivara que, preocupado, apressou-se em transmiti-la a Supramati. Este ouviu-o calmamente.

— Meu leal amigo, preocupa-o a notícia de que ela está em poder de Shelom, visto ser de seu conhecimento o segredo que me une a ela. Você sabe que Taíssa é Olga. Acalme-se, sem dúvida eu a protegerei com a minha força astral; além do mais, a sua própria fé lhe servirá de escudo e Shelom jamais conseguirá maculá-la. E se ele sentenciá-la à morte, isso será uma grande prova de martírio que lhe falta para elevar-se até mim. Não tenho poderes para livrá-la disso, mas o seu amor é tão forte, seu ânimo é tão poderoso, que ela praticamente não sentirá o horror da morte.

Taíssa foi trancafiada numa das salas subterrâneas do palácio de Shelom. Era um quarto redondo, mobiliado com luxo sombrio, pois tanto os cortinados como as tapeçarias e móveis eram negros; a lâmpada do teto jorrava uma luz vermelho-sanguíneo. A jovem prisioneira tinha sido jogada, fortemente amarrada, num largo sofá de camurça preta e estava sem crucifixo e sem roupa. Naquele fundo negro, seu corpo virgem e branco parecia uma estátua de mármore; sua ondulada cabeleira dourada esparramava-se pelo piso em mosaico. Vergonha e medo tomavam conta de seu coração; orando fervorosamente, ela repetia com fé e comoção: "Deus, Todo-Poderoso, protetor dos fracos e inocentes, guarde-me, salve-me da violência do impuro, não permita que ele me macule! Deixe-me morrer glorificando Seu Santíssimo nome". Por vezes, ela estremecia como se acometida por acesso de febre devido ao frio subterrâneo e ar tóxico.

Subitamente se ouviu um barulho, seguido de um leve tilintar, à semelhança do som produzido por sino; seu rosto foi bafejado por um sopro de ar tépido e aromático. Minuto depois, mãos invisíveis cortaram as cordas que a amarravam, enxugaram seu rosto com pano molhado, cheirando a aroma, e vestiram-na numa túnica fina de linho. Taíssa levantou-se, olhando alegre e assustada para uma nuvem branca que pairava diante dela, densificando-se rapidamente. No alto e esbelto vulto de homem de branco Taíssa reconheceu Supramati, caindo de joelhos diante dele.

— Mestre! Você veio para libertar-me! – murmurou ela, estendendo-lhe as mãos.

— Não, não para libertar, minha filha, mas para reconfortá-la e animá-la. Eis a cruz em lugar daquela que lhe tiraram. Pegue esta taça de vinho, um pedaço de pão e uma caneca de água benta. Estas provisões você receberá de mim diariamente. Não toque aqui em nada; em nenhum alimento contaminado pelo hálito satânico. – Ele pôs a mão sobre sua cabeça e ela sentiu todo o seu ser perpassado por uma corrente de calor benéfico. – Agora eu posso deixá-la, minha criança. Você está preparada. Seja valorosa e firme – a hora da recompensa está próxima.

Uma nuvem azulada envolveu a figura do mago e ele desapareceu. Taíssa tomou o vinho, comeu o pão e sentiu-se mais forte. Depois, ajoelhou-se no mesmo local onde aparecera Supramati e onde parecia ainda brilhar uma luz azulada. Mergulhada em prece ardente ela não sentia o tempo passar e só um brusco barulho do relógio batendo a meia-noite tirou-a do devaneio. Uma súbita angústia apoderou-se de Taíssa. De todos os lados do quarto, levemente iluminado, ouvia-se um barulho estranho, sons de garras arranhando, respiração ofegante. Quando ela decidiu olhar em volta, estremeceu de pavor: de todos os cantos escuros surgiam, arrastando-se em sua direção, seres horripilantes, semi-homens, semi-animais, que ela jamais tinha visto. Suas caras cadavéricas, desfiguradas por toda sorte de paixões, eram medonhas; os olhos ardentes penetravam Taíssa e mãos em forma de garras estendiam-se a ela na tentativa de agarrá-la. Taíssa recuou até a parede, onde acabara de se desenhar a imagem de uma cruz radiante, e recostou-se apertando ao peito o crucifixo fulgurante, trazido pelo mago. A choldra nojenta recuou. O fedor que invadia o subterrâneo pressionava seu peito e tonteava-lhe a cabeça; não obstante Taíssa não perdia a coragem e rezava com todo o fervor... Passada talvez uma hora, a porta em sua frente abriu-se silenciosamente e no seu limiar surgiu Shelom Iezodot. Parado, imóvel cerca de um minuto, ele devorava com os olhos a jovem; trancando a porta atrás de si, ele se aproximou e disse em voz surda:

— Largue essa cruz, Taíssa. Ela impede que eu me aproxime. Não vim como inimigo; eu a amo como jamais amei uma mulher e você será minha, pois é esse o meu destino e jamais alguém conseguiu se opor a ele. Não gostaria de recorrer à violência. Você tem o meu amor ao seu alcance, eu lhe ofereço todos os prazeres e riquezas terrenas. Compartilhe comigo o trono do mundo. E agora, repito, largue essa cruz que me impede de apertá-la ao meu coração, louco de paixão.

Taíssa nada respondeu. Caindo de joelhos e levantando a cruz feito um escudo ela continuou orando. Shelom ficou possesso. As radiações azuladas emitidas pela cruz provocavam dores insuportáveis por todo o seu corpo, mas a paixão animalesca era mais forte que a dor. Com fúria crescente ele tornava a exigir que Taíssa largasse a cruz, e, como esta continuasse calada, ele tirou um estilete e se preparou para lançar-se sobre ela, a fim de arrancar de suas mãos o símbolo odioso, com risco de feri-la. Mas o estilete subitamente voou para o chão, arrancado por uma força invisível e Shelom acabou caindo. Louco de raiva, levantou-se de um pulo e uma cena repulsiva teve início. O monstro arremessava-se sobre Taíssa, tentando agarrá-la e quando achava que já ia dominar sua vítima, com as mãos tocando a túnica de linho, entre eles surgia um obstáculo invisível, empurrando-o e derrubando-o no chão. Ele rodopiava em convulsão, espumando pela boca, proferia terríveis impropérios, chamava pela ajuda dos demônios; estes vinham, brilhando em cor amarela, vermelha e verde, mas desapareciam imediatamente. Por fim, totalmente exausto com essa luta inédita, Shelom rastejou para a saída, onde os seus lacaios o levantaram, levaram aos seus aposentos e ele dormiu.

Ao ficar sozinha, Taíssa agradeceu a Deus que a salvara milagrosamente das mãos do demônio e sentou-se exausta no sofá. No mesmo instante diante dela apareceu uma sombra clara e uma voz remota pronunciou:

— Durma sem medo, você está sendo guardada!

Repleta de fé e gratidão, Taíssa acomodou-se no sofá e dormiu um sono profundo. Quando despertou, ela viu sobre a mesa a taça de vinho e o pedaço de pão prometidos. Ao recuperar as forças, começou a rezar. O tempo passava languidamente. Taíssa ouviu o relógio batendo, porém não se dava conta se era dia ou noite. Não veio ninguém, nenhum barulho quebrou o silêncio reinante. De repente, junto ao nicho que ficava perto dela, ouviu-se o crepitar de uma mola e surgiu um vulto escuro envolto em capa: descobrindo-se, Taíssa reconheceu Iskhet.

— Rápido! Pegue esta capa e me siga. Eu vim para libertá-la e vou tirá-la daqui através de um caminho secreto – disse ela apressada.

— Irmã Maria, você teve a coragem de vir até aqui, direto à boca do leão? Se ele encontrá-la, você pagará com a vida.

— Não temo a morte e visto o fim do mundo estar próximo de qualquer forma terei de morrer. O martírio me salvará a alma e você rezará por mim, pois é imaculada e o fétido sopro do "maldito" não tocará em você. Rápido! Vamos!

Ela envolveu Taíssa numa capa escura, cobriu-lhe a cabeça com capuz e, quando ambas já estavam perto do nicho, a porta subitamente se abriu, entrando Shelom em companhia de algumas pessoas.

— Vejam, há dois ratos em vez de um! – exclamou

ele. De um salto ficou junto às mulheres e arrancou a capa de uma delas. Taíssa correu para a parede onde novamente surgiu a cruz radiante.

— Iskhet?! – soltou Shelom, dando uma gargalhada sarcástica. – Veja, eu não tinha perdido as esperanças de encontrá-la, minha encantadora esposa. E eu a pego em flagrante aqui, quando você ia raptar a minha pombinha celeste? Ha-ha-ha! Não serão ciúmes, bela *Rainha do Sabbat*? De qualquer forma, sua nova fé deixou-a mais bonita ainda e eu juro por Satanás que vale a pena pegá-la de volta para converter à crença anterior.

Taíssa estremeceu, sentindo uma raiva infernal soar na voz de Shelom e brilhar em seus olhos. O que acontecerá à infeliz que arriscou sua vida e liberdade para salvá-la?... Mas, a ex-Iskhet não se intimidou nem um pouco; ela era realmente bela e fulgia com uma beleza totalmente diferente. A pureza e a harmonia adquiridas transformaram seus traços e o seu rosto pálido e magro espiritualizou-se. Vestindo um túnica comum, cabelos vastos trançados, ela parecia mais alta e mais esbelta que antes. Com a fala de Shelom, seus grandes olhos negros faiscaram; medindo seu terrível inimigo com um olhar de desprezo, ela apertou ao peito a cruz e disse calmamente:

— Equívoco seu, Shelom Iezodot! Jamais você me pegará, pois não tem mais poderes sobre mim e o inferno já não tem a menor importância. No máximo você poderá tirar-me a vida, pois a alma pertence a Deus.

— Só a vida! Entretanto, minha cara, existem muitos métodos de se tirar uma vida e, entre esses, há os mais desagradáveis, como por exemplo, ser queimada viva – redargüiu Shelom com gargalhada maldosa. – Por enquanto vamos acomodá-la num lugar seguro e veremos se a fome, a sede e outras delícias não a farão mais sensata. Felizmente, não faltam meios de dissuasão e eles quebram pessoas bem mais fortes de que você – acrescentou ele com desprezo, fazendo um sinal a dois homens para que a levassem.

Iskhet recuou rapidamente e levantou a cruz sobre a cabeça.

— Eu vou sozinha, não encostem em mim! – disse ela aproximando-se de Taíssa. Esta beijou-a e murmurou no ouvido:

— Seja firme, Maria, você será apoiada!

Iskhet se despediu e saiu apressada em companhia de dois luciferianos. Shelom e Taíssa ficaram a sós.

Desta vez o terrível feiticeiro apareceu armado de toda a sua ciência negra. Sem se achegar a ela, ele cercou-a de pequenas trípodes, nas quais em pouco tempo começaram a arder ervas e pós, espalhando odores sufocantes. Ao mesmo tempo, ele começou a pronunciar invocações, e, ao seu chamado, do espaço saíram seres asquerosos, formando um semicírculo, que, lenta mas firmemente, aproximavam-se de Taíssa. Eles gritavam e se contorciam diante da cruz fulgurante, como se açoitados, mas continuavam a rastejar para frente. O coração de Taíssa quase se partia de pavor, mas ela enfrentava corajosamente o medo e sua fé não enfraquecia. Somente quando as medonhas caras dos demônios se aproximaram mais perto e as mãos com garras iam agarrá-la, ela, subitamente, pensou em Supramati e de seus lábios soltou-se um chamado sôfrego!

— Mestre, venha me ajudar!

No mesmo instante, do éter surgiu uma nuvem clara que envolveu a jovem numa espécie de glóbulo transparente e a corja infernal, arremessada para trás como se por uma forte rajada de vento, juntou-se rugindo atrás de Shelom. Inutilmente ele agitou a sua espada mágica, desenhou sinais e pronunciou poderosíssimas fórmulas. As faíscas que partiam de sua espada ricocheteavam no glóbulo luminoso, como se ele fosse de bronze, e algumas delas vieram acertar o próprio Shelom, causando-lhe queimaduras e ferimentos doloridos. Tal resistência, aliada à derrota de sua força mágica, deixaram-no furioso e feriram o seu amor próprio. Rugindo feito uma fera e espumando pela boca, todo ensangüentado, partiu ele desesperado sobre o glóbulo luminescente, mas trombou com a barreira intangível e espatifou-se em convulsões no chão. Quando ele se levantou algum tempo depois, pálido feito cadáver e tremendo com todo o corpo, dirigiu-se à saída e parando na porta virou-se, agitando os punhos cerrados, gritando em voz rouca: "Sórdida criatura, joguete do maldito hindu, você não perde por esperar! Eu me vingarei e lhe idealizarei uma morte que até o inferno irá estremecer!"...

Iskhet também foi trancafiada numa cela subterrânea, porém essa era vazia. Um monte de palha servia-lhe de leito; no meio do recinto havia uma mesa de pedra, repleta de pratos com comida, cestos e garrafas de vinho. Apesar da fome e sede, a jovem mulher não tocou em nenhuma iguaria, convencida de que tudo aquilo estava misturado com perigosas drogas que poderiam até matá-la. A terrível fome e sede começaram a martirizá-la com a visão da comida preparada e o vinho aromático. Mas Iskhet resistia valorosamente, tentando sôfrega buscar apoio na prece. Na inexistência de relógio e devido à semi-escuridão do ambiente, ela não conseguiu se dar conta de quanto tempo passara presa, mas, sentindo-se enfraquecida, deitou-se e fechou os olhos, tentando concentrar-se para continuar a prece, pedindo a morte como forma de libertação. De repente, ela ouviu um leve barulho e uma voz conhecida que chamava por ela. – Irmã Maria! – Pondo-se em pé rapidamente e muda de surpresa, ela viu Nivara, o bondoso e corajoso discípulo de Supramati, que estava diante dela com um cesto nas mãos, sorrindo.

— Aqui estão as provisões, irmã Maria. Fortaleça-se

e esconda os restos. Tenha fé, esperança e reze. Estamos pensando em você e logo você ficará livre – disse ele carinhosamente, desaparecendo da mesma forma como havia aparecido.

Pelas cidades e povoados foi instituída uma verdadeira caça aos fiéis. Bandos armados faziam buscas pelas ruas e caminhos, detendo aqueles que eram considerados "convertidos", levando-os às prisões e depois para o sacrifício de Satanás. Em todos os lugares ocorriam cenas chocantes, gritos e gemidos pairavam no ar. Pessoas eram torturadas e mortas nas prisões e diante das fogueiras para obrigar os infelizes a trazer sacrifícios ao demônio. Como a carne é impotente, somente os espíritos muito fortes enfrentavam a morte tranqüila e destemidamente, resistindo às torturas com o heroísmo de mártires. A humanidade parecia estar enlouquecida: ruas pareciam campos de batalha, o tempo pareceu deslocar-se para trás, e os carrascos de Shelom Iezodot bem que poderiam dar aula de crueldade aos carrascos de Diocleciano ou Nero. Ressurgiram até os métodos arcaicos de tortura; homens e mulheres, enlouquecidos de tanto sofrimento, urravam sob os açoites e tenazes de ferro, maldizendo os demônios e em desespero chamando por Deus e Cristo. Alguns fraquejaram e acabaram trazendo sacrifícios a Satanás, outros permaneceram firmes e, quando, com o cair da tarde, era acesa uma enorme fogueira, eles eram arrastados para ela sob os aplausos e gritos selvagens da turba bestificada. Entre os não muitos que subiam na fogueira tranqüilos e com fé inabalável, havia sempre um sacerdote e quando os sentenciados com os olhos brilhando de exaltação prostravam-se de joelhos e de todos os lados começava a crepitar o fogo, o sacerdote incógnito oferecia a esses uma grande taça, fazendo-os tomar um gole de líquido fulgurante.

Nuvens de fumaça escondiam dos espectadores o que vinha depois. Apenas um fato estranho, que no entanto se repetia diariamente, começou a provocar preocupação e curiosidade. Toda vez que a fogueira era acesa, desencadeava-se uma tempestade, ribombavam os trovões, o vento espalhava as chamas e ao céu se levantavam colunas de densa fumaça negra, que virava uma espécie de parede. O fogo devorava tudo e ninguém jamais conseguiu encontrar um osso sequer de algum mártir...

Já há muitos dias que a temperatura se tornava cada vez menos agradável; o ar estava pesado, denso e saturado por um aroma cáustico que dificultava a respiração. Através do céu cinzento já não penetrava mais nenhum raio solar e algo de funesto pairava naquela penumbra pálida. Qual não foi, então, o pavor de todos quando pela manhã não veio o amanhecer; os relógios apontavam meio-dia, no entanto a escuridão não só não havia se dissipado como se tornava mais acentuada. Uma abóbada negra parecia ter descido sobre a Terra. No firmamento não se via sequer uma estrela; as lâmpadas elétricas que iluminavam a escuridão tremeluziam estranhamente, reverberando cores ora vermelhas, ora amarelas ou violetas. Que pena é capaz de descrever o pânico ensandecido da população? As pessoas largavam o trabalho e abandonavam as casas; as multidões em transe se juntavam nas ruas, olhando perplexas para o céu da cor de guache e respirando com dificuldade no denso ar pesado. Ninguém tinha visto nada igual: isso não pressagiava coisa boa. Não seria aquilo um aviso funesto da catástrofe prevista por profetas e cristãos? A certeza da aproximação do perigo inevitável fez com que o coração de todos disparasse desesperado. Milhares de vozes bramiam como ondas do mar enfurecido e o instinto de preservação dizia às pessoas para buscarem abrigo, onde fosse possível. Uns corriam aos observatórios astronômicos, outros, ao palácio de Shelom Iezodot. Ele, filho do Satanás, conseguiria evitar o perigo. Outros tantos foram aos templos satânicos que pareciam ainda mais terrificantes em sua negritude na penumbra pálida. Entretanto, uma parte significativa de homens e mulheres correu para o palácio do príncipe indiano, e a multidão desnorteada parou perplexa diante da residência de Supramati: todos os portões estavam escancarados. Quando os mais corajosos entraram no interior do palácio, viram que a magnífica habitação estava vazia e tudo se encontrava aberto. Na enorme sala, iluminada por uma surpreendente luz azulada, via-se uma grande cruz preta e nela o Cristo crucificado com a coroa de espinhos na cabeça; em seu semblante divino gravou-se uma expressão de tristeza e autêntica compaixão; feixes de luz envolviam a cabeça do Salvador. Mudos de amargura e medo, a turba olhava para Aquele, o Qual eles negaram, o Qual afrontaram, cujo nome ultrajaram, cujos preceitos sagrados renegaram. Então era isso que lhes deixou o grande hindu – a imagem do Redentor, filho de Deus, o Qual, crucificado, orava pelos seus verdugos! O príncipe e todos os habitantes do palácio haviam desaparecido, como desapareceram em todos os lugares os pregadores e os altares, sobre os quais fulguravam os crucifixos e onde o incenso ascendia em nuvens. Aos gritos, gemidos e soluços prostrou-se de joelhos a multidão; olhares perdidos procuravam pela ajuda do ser Divino; os pálidos e transtornados rostos denotavam pavor diante da iminência do momento terrível.

Nos templos satânicos ocorriam cenas estranhas e medonhas. As multidões ali reunidas traziam sacrifícios e invocavam os demônios, obtendo em resposta risos de escárnio. O inferno enchia-se de gargalhadas horripilantes em resposta a essa humanidade cega e criminosa, que ele acariciou e seduziu e, por fim, entregou em sacrifício às forças cósmicas. Nesse ínterim, na natureza ocorreu um novo fenômeno. A profunda escuridão deu lugar a uma luz violeta-escuro, que feito uma mortalha vestiu a Terra condenada, sua vegetação exuberante, edificações grandiosas e as multidões barulhentas que corriam desordenadamente para todos os lados.

Vindos para pedir ajuda e conselho ao seu terrível senhor, os satanistas se comprimiam no palácio de Shelom. Na praça, em frente, a multidão vociferava enlouquecida, exigindo que o filho de Satanás lhes devolvesse a luz e purificasse a atmosfera. Pálido e sombrio, em pé ao lado da janela aberta, Shelom Iezodot contemplava com olhar sinistro o céu violeta, inspirando pesadamente o ar denso saturado de aroma cáustico desconhecido e que lhe girava a cabeça. Decidindo algo rapidamente, ele se virou em direção do trêmulo e pálido Madim.

— Ordene que sejam levados imediatamente para a fogueira todos os presos que restaram, inclusive Iskhet e Taíssa, e anuncie ao povo que se dirijam todos ao local da execução. Eu vou ao templo principal trazer um sacrifício ao pai e pedir-lhe ajuda e conselho.

Madim correu para cumprir a ordem e fez um pronunciamento ao povo. Parte dos presentes se espalhou: uns foram ao local onde estava armada uma grande fogueira, outros se dirigiram ao templo principal, para onde iria Shelom, mas a maioria nem se moveu, continuando a gritar e fazer ameaças.

A notícia de que o príncipe hindu havia sumido e o palácio estava vazio espalhou-se e provocou pânico nacional. Se o grande mago tinha ido embora, significava, então, que o perigo era inevitável e terrível – diziam. Milhares de opções e pressuposições eram manifestadas com relação ao local onde o hindu poderia ter se escondido.

Uma hora depois, uma triste procissão passou pelas ruas da cidade. À frente dos sentenciados vinham Iskhet e Taíssa, com cruzes no peito. Em vista de que em certos locais as luzes haviam se apagado e não se conseguia acendê-las, os homens armados que acompanhavam a procissão levavam archotes, e a luz que deles se irradiava também adquiria uma estranha tonalidade violeta, imprimindo a todos os objetos iluminados um aspecto sombrio. Os sentenciados iam para a execução calmos e corajosos, entoando um hino sagrado. Na praça se comprimia uma massa popular, desordenada e preocupada. Ao alcançarem a enorme fogueira, os condenados abraçaram-se uns aos outros e começaram a subir, um após outro, no tablado. Quando estava chegando a vez de Taíssa e Iskhet, Madim em companhia de alguns homens abriu o caminho e disse que o senhor ordenara que Taíssa fosse levada ao templo. Sem protestar, as duas se abraçaram efusivamente, e Iskhet subiu na fogueira. Nesse ínterim, Madim amarrou Taíssa e levou-a embora. Quando as chamas tremularam crepitando e nuvens de fumaça esconderam da multidão os condenados, que genuflexos continuavam a entoar orações, surgiu, subitamente no meio deles um homem de branco, com uma taça de ouro na mão. Era Nivara.

— Irmãos e irmãs! – proferiu ele. – Para livrá-los da morte torturante no fogo, os nossos mentores enviam-lhes uma bebida que lhes tirará a vida. Ele aproximou-se de Iskhet e estendeu-lhe a taça. – Tome um gole, eu a segurarei – disse Nivara.

— Já, meu irmão. Uma vez que aqui sou a mais criminosa, peço-lhe que me dê um beijo fraterno como prova de que você não me despreza. Diga ao mestre que eu lhe agradeço e o abençôo pela salvação de minha alma e lhe suplico para não me abandonar no espaço.

— Prometo-o em nome dele – respondeu Nivara beijando a jovem, que tomou da taça, caindo a seguir fulminada.

Ao passar rapidamente por todos os condenados, eles beberam avidamente o líquido e caíram mortos tal como Iskhet. Como ocorria freqüentemente durante as execuções em massa, desabou-se então uma tempestade, trovões rolaram surdamente sem relâmpagos e só de tempos em tempos bafejaram rajadas de vento. A fumaça que se levantava era tão densa, que parecia apagar o fogo e atrás dessa espécie de cortina desceu sobre o local uma nave espacial. Em poucos instantes os corpos das vítimas foram carregados e a nave, feito um pássaro, alçou vôo para as alturas, desaparecendo a seguir.

No templo principal de Lúcifer, aos pés da gigantesca estátua do rei do inferno estava Shelom Iezodot, cercado de sacerdotes satânicos e de multidão assustada que buscava ajuda e salvação junto ao tenebroso bruxo. Shelom preparava-se para um grande sacrifício e tudo em volta exalava o cheiro fétido e sufocante das ervas resinosas que ardiam nas trípodes. Shelom estava completamente nu; seus cabelos foram amarrados com uma fita vermelha contendo inscrições cabalísticas. Numa das mãos ele segurava o tridente satânico e na outra um cumprido punhal de lâmina afiada. Observando os preparativos, vez ou outra ele olhava impacientemente em direção à porta por onde deveria ser trazida Taíssa. Mesmo o perigo mortal que ameaçava a Terra não podia sufocar-lhe a paixão carnal que tinha pela jovem, e a simples recordação de suas inúteis tentativas em possuí-la arrepiava seus pelos. Em seu delírio, tentava ele imaginar que tipo de tortura ele poderia idealizar para obrigar a imprestável criatura sofrer o mais possível antes de ser entregue em sacrifico a Satanás, irrigando com seu sangue os degraus da ara. A todos os presentes foram distribuídas velas negras e um canto selvagem e dissonante ouviu-se sob a abóbada com o surgimento de Madim arrastando Taíssa, amarrada, nua e sem a cruz no peito. Mas os longos cabelos soltos cobriam como um manto a sua nudez e a cabeça era envolta por uma larga aura clara. A jovem estava tranqüila, seu destemido olhar fixou com indiferença e desprezo o servidor do Mal que a devorava com os olhos ardentes de paixão.

— Pela última vez lhe pergunto, criatura teimosa, se você quer, voluntariamente, reverenciar Lúcifer e trazer-lhe em sacrifício a sua inocência? – gritou em voz rouca Shelom.

— Não. A minha alma pertence a Deus e com o corpo acontecerá o que for de Sua sagrada vontade. Matente rápido, anticristo, para que eu não possa mais ver essa gentalha que o cerca e para que o meu sangue possa purificar esse lugar impuro – respondeu Taíssa valorosamente.

— Antes disso você pertencerá a mim! – respondeu Shelom com gargalhada nefasta e lançou-se sobre ela, derrubando-a no chão e em seguida agarrando-a pelos cabelos e arrastando-a junto à estátua.

— Jesus Cristo, salve-me! – deixou escapar Taíssa e no mesmo instante, Shelom, como se golpeado por um chicote, saltou para trás largando sua vítima. Uma fúria ensandecida apossou-se dele. Com o rosto transfigurado por convulsões, olhos injetados de sangue e soltando espuma pela boca, lançou-se ele de novo sobre Taíssa.

— Morra e cale, monstro do Céu! – urrou Shelom, enterrando até o cabo o seu punhal no peito da jovem, que caiu sem soltar um gemido.

Do ferimento, de onde Shelom arrancou a arma, jorrou em chafariz um sangue da cor de rubi e os presentes, pasmos de assombro, viram como o líquido acendeu-se no ar como fogo de artifício e em seguida cobriu em véu ígneo o cadáver. Ao mesmo tempo, sob as abóbadas assistiu-se a um espetáculo surpreendente. Taíssa ficou flutuando no ar, cercada por seres transparentes que, com jatos de fogo, cortavam os últimos fios que a uniam com a matéria. Depois, os espíritos dos elementos suspenderam a jovem, e feito uma nuvem empurrada pelo vento a visão fulgurante desapareceu com rapidez de meteoro, enquanto que o templo foi tomado pelos sons harmônicos do canto das esferas, fazendo com que os satanistas presentes cambaleassem e gemessem de dor. Shelom, caído no chão de joelhos, parecia sufocar. Quando o pânico acabou, todos viram que do corpo de Taíssa só havia sobrado um pouco de cinza, logo depois dispersado no ar em partículas invisíveis; a estátua de basalto de Lúcifer estava trincada de ponta a ponta.

Capítulo XX

Nas montanhas do Himalaia, dentro do palácio de Supramati, a atividade era intensa: lá se preparavam para o último repasto fraterno geral na Terra condenada.

De todos os santuários do mundo, das grutas de Santo Graal, dos jazigos misteriosos da pirâmide, vinham se juntando os filhos da luz para tomarem seus lugares nas naves espaciais que deveriam transportá-los para o campo de sua futura atividade. No ar já flutuava a gigantesca e enigmática frota aérea. Os jovens adeptos, em trajes brancos, arrancaram buquês de flores em seus jardins exuberantes para enfeitarem as portas e as mesas, arrumadas em amplas salas e decoradas por objetos de estilo desconhecido, monumentos arcaicos do mundo que também já se extinguira e que vieram parar nesta Terra, já morimbunda, trazidos pelos primeiros legisladores. Destacava-se, principalmente, a mesa dos magos superiores. A toalha de mesa bordada com fios de prata tinha uma barra decorada com pedras preciosas, representando flores, frutas, aves e insetos nunca vistos na

Terra. O trabalho era uma obra de arte sem igual, que só poderia ser feito pelas mãos dos imortais que viviam fora do tempo. Nesse reduto seleto da ciência, aquela penumbra que envolvia toda a Terra, aqui dava lugar a um pálido lusco-fusco, lembrando o luar, que envolvia com cortina de mistério a mágica paisagem com toda sua vegetação viçosa e seus chafarizes.

A gruta, onde anteriormente fora colocado o corpo de Olga, estava novamente aberta. Ao longo das alamedas que levavam a ela, ficaram perfilados os filhos dos magos em túnicas brancas; de dentro da gruta cintilavam raios de luz ofuscante. O espetáculo em seu interior era admirável. Ali se reuniram sem exceção todos os antigos magos, juntamente com a irmandade do Graal; de um lado postaram-se os homens, de outro, as mulheres, belas como visões celestiais. No centro havia um reservatório oval largo, bastante profundo, feito de um metal prateado, cheio de um líquido estranho parecendo mercúrio que se agitava e reverberava em cores de arco-íris. Junto ao reservatório, num disco de ouro, estava Ebramar em vestimentas sagradas e ao lado dele, em semicírculo, postaram-se seis magos que, à semelhança de Ebramar, estavam coroados com cinco fachos de luz ofuscante e com insígnias fulgurantes no peito, conferidas em função de sua alta dignidade. Nos degraus do nicho onde se estendia o corpo de Olga, estava Supramati em trajes de cavaleiro do Graal, e abaixo do degrau, como dois guardas de honra, Dakhir e Narayana. A colcha que cobria a falecida foi retirada e apesar dos séculos que passaram, o corpo tinha a aparência de uma mulher adormecida; apenas a palidez marmórea e uma expressão estranha em seu belo rosto apontavam que ali estava um cadáver. Tudo era um profundo silêncio. Assim que Ebramar levantou sua espada, ouviu-se um majestoso canto, indescritivelmente suave. Instantes depois, chegou a todos o som de um barulho surdo, como se ondas revoltas batessem em rochas, e, sob as abóbadas, cercadas por transparentes grupos de espíritos dos elementos, surgiu uma imensa chama, envolta por uma névoa drapejante de prata. Como se atraída por força superior, a chama concentrou-se na ponta da espada de Ebramar. No mesmo instante, Supramati levantou o corpo de Olga e o mergulhou no reservatório. O líquido que o enchia efervesceu, agitou-se em espuma prateada e, em seguida, com extraordinária rapidez, pareceu absorver-se no corpo inânime. Ebramar baixou a espada e a chama agitada desapareceu nos lábios semiabertos do cadáver. Com o olhar faiscante e elevando as mãos, o mago pronunciou com voz autoritária:

— Pelo poder a mim conferido, como mago de quinto grau, ordeno-lhe, corpo de carne, juntar-se a esta chama purificada e renovadora e retornar a uma vida longa e gloriosa, que você, alma de Olga, mereceu com a sua aspiração à verdade!

À medida que ele falava, o corpo da jovem estremecia, perdendo, pelo visto, sua letargia; depois, ao redor de sua cabecinha clara formou-se um largo fulgor dourado, os grandes olhos se abriram e examinaram vagamente os presentes, mas, ao verem Supramati, acenderam em amor infinito. Ele, neste ínterim, suspendeu-a do reservatório, colocou-a de pé e afastou-se, sendo a ressuscitada cercada por mulheres da irmandade do Graal. Nara(7) foi a primeira a beijá-la, depois a ajudou a trocar as antigas vestimentas por uma túnica de tecido brilhante, como se salpicado por pó de brilhantes, pendurou-lhe no pescoço uma cruz de diamantes, encimada por um cálice e sobre a cabeça colocou uma coroa de flores luminescentes. Quando as mulheres que a cercavam se afastaram, Olga que ficou sozinha, emociona-

---

(7) Nara aparece em "O Elixir da Longa Vida" em uma passagem bem dramática no início. Ali ela é a personagem principal. N.E.

da e com olhos abaixados, estava realmente bela como uma visão celestial. Seu rosto espiritualizado refletia embaraço e felicidade, os cabelos soltos cobriam-na como se por manto dourado, e sobre a cabeça abaixada luzia sua coroa de mártir. Quando a ela se aproximou Ebramar, sorrindo afavelmente, ela pôs-se de joelhos e pegando a sua mão, encostou-a aos lábios. Ebramar levantou-a apressadamente, beijou, cumprimentou e abençoou; em seguida pôs a sua mão na mão de Supramati e disse em voz metálica e sonora:

— Foi através da morte que ela se privou de você e através da morte ela o recuperou. A custo de longos esforços, de penosas provações, ela alcançou o grau de pureza que lhe permitirá ser e permanecer unida a você por longo tempo. Devolvo-lhe a sua fiel companheira.

Olga levantou a cabeça e, preocupada, olhou para Supramati, que lhe respondeu com um olhar cheio de profundo e ardente amor. E quando ele a atraiu junto a si e a beijou, o rosto de Olga iluminou-se com expressão de indescritível felicidade.

— Agora, Olga, olhe aqui Airavana. Ele também quer beijá-la – disse Supramati apontando para um belo jovem que se aproximou, admirando-os alegremente.

— Airavana?! Eu o deixei quando ainda era bem pequeno e agora o nosso pequerrucho é um homem! – exclamou Olga, examinando-o emocionada pela felicidade e orgulho maternal. Ela abraçou calorosamente o filho, cobrindo-o de beijos.

Os magos admiravam sorridentes a emocionante cena. Olga notara isso e com as mãos em prece disse impulsionada pela gratidão:

— Oh, maravilhosos mentores! Permitam-me agradecer-lhes pelo apoio que me deram durante o meu trabalho de purificação. O que significam os sofrimentos suportados, angústia da separação, a vida repleta de provações e mortificação da carne, comparados a este minuto da felicidade sobre-humana, do instante límpido de amor, quando se sente nitidamente toda a grandiosa importância do triunfo do espírito sobre a carne. Glória ao Criador, a bênção do Qual transforma as repelentes e insignificantes lagartas em resplandescentes borboletas, capazes de compreender e amá-LO.

— Qualquer trabalho, minha filha, carrega em si a recompensa, e não há alegria mais pura do que o momento de conscietização das provações suportadas – replicou Ebramar, aproximando-se. E agora, cumprimento-a mais uma vez e desejo um feliz ingresso em nossa irmandade como membro oficial e dou-lhe um beijo fraterno.

Depois de beijar também Supramati, aproximaram-se deles em fila todos os membros reunidos. Com especial carinho abraçaram-nos Nara, Edith, Dakhir e Narayana.

Após os cumprimentos, todos saíram da gruta e se dirigiram ao palácio, onde estava preparada a refeição de despedida, o último banquete na pátria agonizante, da qual eles se separariam para sempre. O almoço passou em silêncio. Os rostos de todos estavam sérios e pensativos; em todos estava estampado o peso trágico do passado e a enormidade do trabalho que teriam pelo futuro. Ao término do modesto almoço, todos os magos saíram para a enorme praça em frente do palácio, onde se reuniram todos os fiéis salvos pelos missionários e trazidos para o local para que fosse organizado o seu envio sob o controle dos jovens adeptos e magos de graus inferiores. Pálidos feito cadáveres, em túnicas brancas, eles se comprimiam inquietos uns aos outros. Na primeira fileira estava o jovem astrônomo convertido por Dakhir. O mago supremo entrou no meio da multidão e dirigiu-lhe um discurso, explicando que a firmeza na fé salvara-os da morte, mas que eles deveriam dedicar a vida preservada para o bem e para o trabalho útil.

— Na nova Terra, onde vocês serão humildes pioneiros do progresso, nenhum negador irá abalar com fantasias e sofismas a sua fé, e nem os deterão em seu afã de purificação. E agora, meus filhos, elevem suas últimas orações na Terra e nós oraremos também com vocês.

Todos caíram de joelhos e os adeptos entoaram um hino e leram uma oração, repetida pela multidão, que chorava convulsionadamente. Abençoando a multidão prostrada, os magos se retiraram, permanecendo apenas os adeptos e os discípulos que controlavam o embarque nas naves. Os viajantes foram divididos em grupos. Do alto começaram a ser baixadas, alternadamente, colunas aéreas pelas quais os viajantes subiam. Alguns, de tão apavorados, não conseguiam andar, sendo então carregados, e mal a nave ficava cheia, o responsável pelo embarque oferecia aos passageiros uma taça de vinho fortificante que os fazia, quase imediatamente, cair num sono que se prolongaria por toda a viagem.

Olga e Supramati foram aos seus antigos aposentos. Pela primeira vez depois da separação que durara séculos, eles se achavam sozinhos e, saindo ao terraço com vista para o jardim, contemplavam pensativamente a paisagem de beleza mágica, apesar de uma luz estranha que a envolvia: suas almas estavam repletas de harmonia serena.

— E assim, nós nos unimos para sempre, minha querida, e eu leio em seus lábios que você está totalmente feliz – disse Supramati sorrindo e apertando-a junto a si.

— Sim, Supramati, minha felicidade é total a partir do instante que eu notei em seus olhos que você não se arrependeu de que era eu e não Nara a sua companheira. Ela é tão superior a mim.

— Nara pertence a Ebramar – respondeu Supramati sorrindo e balançando a cabeça. Ela é criação dele; foi ele que formou a sua alma. Feito um sábio e bom jardineiro, ele trabalhou por séculos para levar até o florescimento completo essa flor, ministrando-lhe conhecimentos e elevando-a até ele, sendo justo, então, ser recompensado por isso. Nara permanece minha fiel amiga por ter feito muita coisa para mim. Ela abrira os olhos cegos do mísero Ralf Morgan: graças ao meu amor a ela, subi pelos degraus do conhecimento e o amor fez com que eu a seguisse dentro do labirinto das ciências ocultas e, por fim, o desejo de me tornar digno dela deu-me força e obstinação necessárias em nosso difícil trabalho. O mesmo sentimento de amor que se agitava no âmago de seu ser, impulsionava Nara a seguir Ebramar, da mesma forma que você, Olga, trabalhou e sofreu por amor a mim. Tudo é mantido e unido pelo amor – um fio de ouro de força e calor que atrai e torna mais fácil passar pelas dificuldades de provações, pela exaustão devida ao trabalho espiritual, ajudando a ascender a íngrime e estreita escada do conhecimento perfeito. Só Deus único, por sua infinita misericórdia, poderia prover as suas criaturas de alma imortal e dessa gigantesca força que já arde com chama divina num inseto ou numa ave com amor paternal, obrigando o seu pequenino e imperfeito coração bater. Aquele que é dotado de amor em sua concepção sublime e pura mantém aceso um foco de luz na escuridão e um foco de calor no frio. Aqueles que são desprovidos dessa chama sagrada, aqueles que não sabem amar – são renegados e o seu fardo é duas vezes mais pesado: a escuridão anuvia-lhes o caminho, eles estão sozinhos, eles tropeçam sem a mão do seu guia, de seu coração não emana nada mais que animosidade ou revolta e eles mesmos se condenam a uma dura expiação. Chegou o grande momento, Olga; nós estamos passando as últimas horas na Terra, nosso antigo berço; logo embarcaremos na nave espacial que nos levará para um mundo, onde, finalmente, aliviaremos a carga do corpo.

— Irei com você aonde você for e lá será o meu lar e felicidade – respondeu Olga, apoiando a cabeça no ombro de Supramati. – E nós vamos conseguir ver a catástrofe?

— Sim, de longe, através de vidro óptico da nave.

Reinou um minuto de silêncio. De repente, Olga endireitou-se e perguntou com visível preocupação:

— Supramati, e que fim levaram os meus mascotes: o elefante branco e seu piufauplendonte? Você me disse que a eles teria sido dada a essência primeva – então eles estariam vivos? Não é cruel deixá-los aqui para a morte tenebrosa?

— Acalme-se. Supramati sorriu. – Nossos fiéis amigos nos seguirão só que adormecidos e num estado em que seu peso não seja sentido. Em novo lugar eles serão despertos e virão cumprimentar a sua dona e depois... – ele começou a rir – alguns milhões de anos mais tarde, lá acharão os fósseis do animal “desconhecido”, representante de uma espécie completamente desaparecida. Agora vamos, querida. Você terá de suportar a última provação. Ele levou-a junto da mesa que ficava ao lado do sofá e, pegando uma taça de cristal, estendeu-a a Olga. – Aceite de minhas mãos a taça da vida, que fará de você a minha companheira até o fim da minha vida carnal.

— É o elixir vital? – perguntou Olga e, ao sinal positivo do esposo, tomou-o de um gole.

Ocorreu o esperado e Supramati acomodou Olga sobre o sofá, cobrindo-a com uma coberta de seda, em seguida, afastando-se até o corrimão, mergulhou em pensamentos. Enquanto Olga dormia o último sono na Terra moribunda que lhe deu a última oferenda – uma vida praticamente imortal – em todo o palácio o trabalho era febril. Pessoas com rostos de bronze arrumavam apressadamente em sacos estranhos, de material fosforescente e elástico, objetos arcaicos preciosos, usados no último banquete fraterno dos magos. Toda essa bagagem foi colocada em grandes naves espaciais sem janelas, destinadas para o transporte dos arquivos terrenos, bagagem, passageiros e que tinham apenas uma cabina na proa para os mecânicos e seus ajudantes. Quando o último volume foi embarcado, os trabalhadores prostraram-se, beijaram o solo e entoaram uma triste e lastimosa canção, seus corpos fortes tremiam em convulsões de tristeza no minuto do adeus final. Com tez carregada e olhos abaixados, eles subiram nas naves de transporte, as entradas se fecharam hermeticamente, e todas as naves se alinharam aguardando as naves dos magos.

Algumas horas depois, num grande prado do parque reuniram-se todos os sábios em trajes solenes: os hierofantes das pirâmides, os cavaleiros do Graal, os magos do Himalaia – ou seja, todos os filhos da luz Eterna e da Sabedoria. Com pensamentos concentrados, todos caíram de joelhos e entoaram um magnífico hino que estremeceu a atmosfera. No mesmo instante ouviu-se um som estranho, como o repique de um sino poderoso e harmônico, que fez tremer cada fibra do organismo. Subitamente, a densa escuridão se agitou e se abriu em duas, deixando antever uma abertura aos raios do sol. Mais uma vez o majestoso e triunfante astro-rei apareceu em todo o seu esplendor, cobrindo de luz os rostos inspirados da multidão genuflexa e seus raios fulgiram nas túnicas alvas, véus de diamantes, panóplias de prata. Ouviu-se um grito de admiração, e o Hierofante Supremo exclamou levantando as mãos:

— Astro divino, portador do calor e da vida, misericordioso Rá, você veio para despedir-se de seus leais servos!

Felizes e enlevados, olhavam todos para aquele amigo tanto de ricos como de pobres, que vertia inesgotavelmente os seus benéficos raios sobre a Terra condenada à morte, como se de fato fosse despedir-se de seus filhos e com raios luminosos, pela última vez em sinal de adeus, iluminando o areópago dos sábios. Em seguida o sol empalideceu, a escuridão ficou ainda mais acentuada e o grande gerador de vida sumiu para sempre da Terra... Um profundo silêncio durou cerca de um minuto. Por fim, todos se levantaram e se dirigiram para as naves. À frente da procissão iam os magos de hierarquia superior carregando cruzes e cálices. Na nave de Ebramar ficaram os seus amigos, discípulos e todos aqueles que lhe eram íntimos. A entrada foi hermeticamente fechada, os aparelhos foram ligados, fornecendo um ar habitual puro de aroma vivificante. Numa sala alongada no centro da nave havia um reservatório com um líquido prateado e, de lá, emanava uma névoa azulada, espalhando-se por toda aquela nave estranha, produzindo a impressão de ser um vento refrescante. Todos se dispersaram pelas cabines preestabelecidas, mas, aceitando o convite de Ebramar, Supramati com Olga e dois filhos, Dakhir com a família e Narayana se reuniram em sua cabine, mais espaçosa. Na parede externa havia um orifício bastante grande, fechado por um grosso vidro convexo de composição especial que permitia enxergar a longas distâncias. Junto a uma espécie de telescópio, Ebramar com os amigos fixaram o olhar no já longínquo planeta, outrora berço deles. Ali continuava a desprender-se uma fumaça negra que aos poucos ia tomando a forma de uma larga película que se desenrolava e se afastava no espaço.

— Aproxima-se o minuto final. Vejam como se desenrolam os clichês astrais indo parar nos arquivos do Universo – disse em voz baixa Ebramar, apertando a mão de Nara, que chorando copiosamente lhe colocara a cabeça sobre o ombro.

Os olhos de todos estavam úmidos e os corações apertados, enquanto os olhares permaneciam fixos no pequeno mundículo moribundo, agora envolto por uma aura sanguínea, feito clarão, que paulatinamente ia empalidecendo devido ao afastamento. As naves prosseguiam seu vôo a velocidade vertiginosa. Feito um bando de estrelas cadentes, a misteriosa frota prateada cortava a atmosfera, desaparecendo no infinito, levando o passado de um mundo e o futuro de outro...

Quando os satanistas se acalmaram um pouco, depois de testemunharem a morte de Taíssa e a visão mágica do desaparecimento de seu espírito, e Shelom acabou de recuperar os sentidos após sua queda no chão, foi novamente levantada a questão de invocar Lúcifer e pedir sua ajuda. Mas, agora, em volta de Shelom já não estavam mais aqueles submissos lacaios fanáticos e os devotados conselheiros. Eram pessoas de rosto pálido, olhares tenebrosos e ameaçadores que não mais pediam, mas exigiam a salvação – eram juízes e inimigos.

— Você se intitulava o Anticristo! jactava-se de que era o filho de Satanás, pois, então, prove-nos isso, salve-nos. Os profetas prediziam o fim do mundo, no entanto você nos embalava com as promessas de incontáveis riquezas e vida imortal – centenas de vozes rugiam e a multidão enfurecida cercou Shelom, ameaçando parti-lo em padacinhos.

Mas a enorme energia dessa pessoa diabólica ainda não estava alquebrada. Levantando com uma mão o tridente e com a outra o punhal ensangüentado, pronunciando fórmulas, em sua volta apareceu uma cortina de chama negra e a multidão recuou apavorada.

— Loucos! Em vez de suplicarem, vocês ousam ameaçar o senhor das trevas! Elas são a ele submissas e somente ele poderá dissipá-las. Eu vou chamá-lo e vocês me darão o apoio!

Ele se aproximou da estátua de Lúcifer, fitando sombrio para a rachadura visível e o rosto trincado do ídolo. Mas, recuperando-se, ele bateu três vezes com o tridente satânico sobre o chão e começou a invocação.

— Satanás, meu pai, venha em meu auxílio! – urrou ele com a voz selvagem. – Nós lhe trouxemos em sacrifício esta Terra! Aos seus pés trouxemos milhões de almas, desviando-os do caminho da Verdade. Nós saturamos o ar com o sangue das vítimas em sua homenagem! Nós alimentamos e devolvemos a vida a milhares de larvas! Agora, neste grandioso momento, nós o invocamos e pedimos sua ajuda, à qual temos direito...

— Você não responde? Reconheça, então, quem é o mais forte. Você ou Aquele... Significa que você mentiu, enganou-nos, levou-nos à morte e abandonou-nos neste minuto de perigo mortal? Responda! – gritou ele subitamente, fora de si, e os presentes, ensandecidos, faziam-lhe coro: – Responda! Responda, Satanás!...

Estes gritos eram secundados pelos gemidos desesperados de fora, que se juntavam num coro funesto. Mas o rei das trevas continuava calado. De repente, todos sentiram um tranco subterrâneo, ouviu-se o rolar dos trovões, as paredes começaram a estalar e balançar; a terra oscilou com estrondo terrível, uma parte do prédio ruiu juntamente com a estátua de Lúcifer, desaparecendo numa vasta fossa de onde subiram chamas e fumaça. Derrubados pela força do tranco, os satanistas ficaram estendidos embaixo dos escombros. Passado o primeiro choque, o pavor devolveu-lhes a força, e, com muita dificuldade, no meio da escuridão total, eles conseguiram sair para a rua, onde os aguardava um espetáculo não menos horrível. A antiga luz violeta havia se apagado, dando lugar a uma densa escuridão, através da qual, de tempos em tempos, viam-se fulgurações vermelhas, amarelas, verdes ou violetas; o ar tornava-se cada vez mais denso e pesado. Era impossível descrever o que ocorria no rebanho humano. Neste terrificante minuto tudo se misturou; homens e animais corriam alucionados de um lado para outro, fugiam das construções em ruínas ou comprimiam-se uns aos outros, ou, ficando de cócoras, olhavam para aquele terrível quadro. Outros rolavam feito dementes pela terra e muitos morreram de terror, formando montanhas de cadáveres. No entanto, aqueles que experimentaram da essência primeva, passavam por todos os sofrimentos da morte, permanecendo, contudo, vivos, invulneráveis às forças dos elementos e testemunhas conscientes de todos os horrores. O mais terrificante era o que os infelizes viam: a atmosfera negra transformou-se imediatamente numa retícula transparente, como se urdida de fios ígneos; atrás dessa retícula, luziu um brilho cinzento, no fundo do qual com nitidez plástica se desenhava, invisível para um embrutecido olho humano comum, um quadro de plano astral. Lá, na tresloucada dança agitavam-se os espíritos de homens e animais, praticavam-se crimes, rastejavam, voavam e contorciam-se monstros do além; larvas, vampiros, criaturas diabólicas e todos os rejeitos do mundo invisível; todo o exército de Satanás, asqueroso, ávido, cruel, parecia só esperar, aguardar o momento, para lançar-se nos que ainda estavam vivos, comemorando a orgia da destruição.

Pouco depois teve início algo ainda mais inusitado e medonho. Deslizando com incrível rapidez, começou a passar, como num filme ao vivo, toda a história do mundo, desde a época atual até os tempos mais e mais remotos. Quando esse surpeendente panorama chegou até a formação do globo terrestre, o filme enrolou-se e desapareceu, substituído por uma luz cinzenta que rapidamente passou à tonalidade violeta. Toda a atmosfera agora tremia, assobiava, estalava e esse estranho e sombrio som metálico parecia o som do dobre fúnebre dos sinos, anunciando a agonia do mundo. De repente tudo ficou quieto e começou um angustiante silêncio, tal como antes de uma tempestade.

Nesse instante, do espaço fulgurou um largo facho de luz que se alastrou, parecendo abrir o firmamento, e, nesse fundo, resplandescente como o sol sobre a neve, cercado por legiões de espíritos claros, apareceu a figura de Cristo em toda a sua magnificência divina e glória sagrada imorredoura. Cristo, que a humanidade sempre crucificara, cujos preceitos sagrados se recusara a aceitar. Em sacrifício às trevas trouxe uma parte divina de seu ser. Com profunda tristeza e infinita misericórdia olhava o Salvador para a turba que se prostrara aos Seus pés, para aqueles cegos infelizes que tudo rejeitaram, tudo profanaram, de tudo zombaram. Ele não julgava sequer uma criatura, animado pelo sopro do Pai Celeste; eles eram seus próprios carrascos, ao criarem com seus equívocos e vícios aquele meio em que deveriam expiar a sua culpa.

E eis que se ouviu a voz do anjo, chamando os que acreditavam e oravam, apesar do mal exemplo, os que mantinham o contato com a Divindade e, finalmente, os que auxiliavam os homens aflitos e serviam de apoio aos crentes. Como um mar de luz, levantou-se o exército glorioso dos seres superiores – que as pessoas chamam de santos – e cerraram fileiras ao lado direito de Cristo, ficando junto a eles os que com sua fé, luta e sofrimento, mereceram ficar no rebanho do Salvador. E quando terminou o último ato, que separou os justos dos pecadores inveterados, a visão divina ascendeu levando consigo o Bem, empalideceu e sumiu no espaço.

Agora, a escuridão que envolvia a Terra iluminou-se com luz vermelho-sanguínea e nesse fundo ígneo surgiu o espírito do Mal que se tornou o senhor da Terra por ele destruída; ao seu redor pululavam milhares de seres pervertidos, cúmplices desse fim e que agora antegozavam a possibilidade de se alimentarem com o sangue de suas vítimas.

Era com cruel escárnio que o espírito das trevas olhava para a mísera turba que se agitava a seus pés, urrando de terror e angústia torturante, e parecia deliciar-se com os seus sofrimentos.

Os elementos desenfreados estrondeavam como milhares de trovões, a terra abria-se lançando gigantescos chafarizes de lava efervecente. Nas imensas fendas, equivalentes ao território de um país, vertiam-se mares, formando colunas de vapor que pareciam subir ao céu; os continentes fundiam-se e a Terra encolhia-se, enquanto as novas massas rochosas misturadas iam formando novas montanhas e desnudavam precipícios insondáveis. A cortina de fogo espalhava-se em correntes e varria tudo em seu caminho; o bramir das águas destroçando a crosta terrestre, explosões e silvos do furacão que fundia a Terra e o firmamento, formavam um caos inenarrável. Não há necessidade de acrescentar que em meio à precipitação dos gigantes cósmicos ruía todo o trabalho da mão humana, caindo por terra e transformando-se em cinzas. Quem poderá dizer quanto tempo durou a fúria das forças desgovernadas do caos; mas, quando por fim, as forças destruidoras aplacaram, no espaço girava apenas um cadáver planetário. Por mais ínfimo que ele tenha sido, tinha seus objetivos; ele fora elaborado com todas as características inerentes às criações divinas: beleza, fertilidade, utilidade; ele era um bem precioso do Criador.

Agora, a sua outrora exuberante superfície era apenas planície, rocha estéril, atravancada de montanhas pontiagudas e escarpas cinzentas, entremeadas por fendas profundas e abismos insondáveis, onde pareciam burbulhar massas sulfúricas. Um vapor denso envolveu a terra não permitindo a penetração da luz e uma mortalha violeta-escura pareceu cobrir o sombrio e triste quadro. Tudo a que os homens não conseguiram dar valor foi varrido deste mundo, onde parecia reinar apenas a morte, entretanto... por mais estranho que possa ser, neste deserto sobreviveram seres... Em seu orgulho demente, o negador criminoso, que ousara autodenominar-se de Anticristo, tomou da essência primeva, dando-a também a outros; os elementos da natureza, obedientes às inabaláveis leis divinas, não destruíram os que ousaram tomar da substância misteriosa que os fazia imunes às forças cósmicas. Nas profundezas das cavernas que se formaram por amontoados de rochas quebradas, vagavam seres nus, transfigurados e insanos; seus olhos refletiam todos os sofrimentos pelos quais eles passaram durante a catástrofe terrificante; eles, que conheceram todas as nuances da "civilização", que gozaram de todo o conforto que se podia imaginar, conseguidos graças à riqueza e luxo requintado, vagavam nus como no primeiro dia de seu aparecimento ao mundo, subtraídos de tudo, mal reconhecendo uns aos outros, implorando pela morte como por um favor. Estes renegados foram os próprios que chamaram pela mão armada de vergão de ferro para castigá-los: eles usaram para o mal todas as dádivas da natureza, e esta tomou-lhes tudo, até o mais necessário. Até o inferno os abandonou, pois que prazer ele poderia obter dessas ruínas desfiguradas, nuas criaturas infelizes e enlouquecidas, mergulhadas na escuridão das escarpas, tinindo de frio, sem terem mais templos nem sacrifícios? Satanás está atrás de fartura, riquezas, redutos de vícios e crimes, onde as almas se compram a troco de nada...

Entre aquelas criaturas definhadas, cheias de desespero, vagava também o poderoso Shelom Iezodot, igualmente nu, tão mísero quanto aqueles que ele seduzira. Sua ciência diabólica já lhe era inútil; enfim ele entendeu que era um ser mísero e desprezível que Deus todo-poderoso derrotara e reduzira a nada. Do poder perdido só lhe sobrara o ressentimento e o ódio a Deus, que ferviam no fundo de sua alma obscura. Seus companheiros de infortúnio eram todos aqueles que com seus exemplos, escritos, sofismas, ou negações e sacrilégios, minaram as estruturas divinas, corromperam a humanidade e prepararam a destruição do planeta. O Carma implacável encarnou-os na Terra condenada para que eles presenciassem a sua destruição e provassem do fruto de seus malefícios.

Não obstante, o Pai Celeste em sua infinita misericórdia jamais é incomplacente. Na densa penumbra violeta que envolvia a Terra morta surgiu uma imensa cruz de ouro, cercada por uma vasta luz clara – símbolo misterioso da expiação e eternidade, presságio que ameaça o mal. Sua branda luz apontava para os renegados o caminho para o arrependimento, o caminho para a salvação e para o Pai Eterno...

18 de junho de 1911

O final da série está no romance "Os Legisladores".

	TÍTULO	TÍTULO ORIGINAL
1	**Abadia dos Beneditinos, A**	*Benediktinskoe, Abbatsvo (1908)* L', Abbaye des Bénédictins
2	Bem Aventurados os Pobres de Espírito	*Blejennie Nichtchie Durhom (1933) - 296 pg.*
3	**Chanceler de Ferro do Antigo Egito, O**	*Jelezny Kantsler Drevnego, Egipta (1914)* - Le Chancelier de Fer de L'Antique Egypte (1900)
4	Confissão do Condenado, A	*Pokayavchyssya Pazboinik (1909) -16 pg.*
5	Duas Esfinges, As	*Dva Sfinkssa (1900) - 272 pg.*
6	**Elixir da Longa Vida, O**	*Elikcir Jizni (1923) - 270 pg.* L'Élixir de Longue Vie - Les Immortels Sur la Terre (1929)
7	**Episódio da Vida de Tibério**	Épisode de la Vie de Tibère (1885)
8	**Faraó Merneftá, O**	*Faraon Mernefta (1907) 247 pg.* Le Pharaon Mernephtah
9	**Feira dos Casamentos, A**	*Torjichtche Braka* La Foire Aux Mariages (1892)
10	Feitiço Infernal, O	*Adskie Tchary*
11	Flor do Pântano, A	*Bolotny Tsvetok (1929) 149 pg.*
12	**Herculanum**	*Gerkulanum (1895) - 250 pg.* Herculanum (1888)
13	Ira dos Deuses, A	*Gnev Bojy (1917) - 313 pg.*
14	Legisladores, Os	*Zakonodateli (1916)*
15	Magos, Os	*Magi (1910) - 228 pg.*
16	Morte do Planeta, A	*Smert Planety (1911) - 287 pg.*
17	**Na Fronteira**	*Nà Rubeje (1901) - 198 pg.* "A La Frontiere"
18	**Nahema (Nahema, a Bruxa)**	*Narhema* - Nahema
19	**Narrativas Ocultas** **a) Amor, O** **b) Cavaleiro de Ferro, O** **c) Do Céu à Terra (Satã e o Gênio)**	Récits Occultes a) L'Amour (1901) b) Le Chevalier de Fer (1901) c) Satan et le Génie *C, Neba na Zemlyu (1903) 56pg.*

d) Noiva do Amenti, A **e) Urna, A** **f) Morte e a Vida, A** **g) Em Moscou***	d) La Fiancée de L'Amenti (1892) e) L'Urne (1901) *- Urna -* f) La Mort el la Vie (1897) *- Jizn I Smert -* *g) Na Moskve (1906) - 19 pg.*
20 **Noite de São Bartolomeu, A**	*Varfolomeevskaya Notch (1896)* "Diana de Saurmont"
21 No Outro Mundo	*B Inom Mire (1910) - 317 pg.*
22 No Planeta Vizinho	*Na Socednei Planete (Riga-Letônia)*
23 **Rainha Hatasú, A (2 vol.)** **(Romance de uma Rainha)**	*Tsaritsa Rhatassu (1894) 435 pg.* La Reine Hatasou (1891)
24 Reckenstein, Os	*Rekenchtelny (1894) - 320 pg.*
25 Sábio Tchecos, Os	*Svetotchi Tcherhy (1915) 379 pg.*
26 **Sinal da Vitória**	*Sim Pobedichi (1893) - 327 pg.* In Hoc Signo Vinces (Tu Vaincras Par ce Signe)
27 **Sob o Poder do Passado - (?)** **Lenda (do Castelo de** **Montinhoso)**	*Vo Vlasti Prochlago*
28 Teia da Aranha, A	*Pautina (1908)*
29 **Vingança do Judeu, A**	*Mest Evreya (1893)* La Vengeance du Juif (1890)

Na coluna "TÍTULO" os títulos assinalados em **negrito** correspondem às obras traduzidas para o português.
Na coluna "TÍTULO ORIGINAL" os títulos assinalados em *itálico* correspondem aos originais em Russo. Os títulos em letra comum correspondem aos originais em Francês.
Os títulos de nºs 1, 7, 8, 18 e 27 foram editados pela LAKE - Livraria Allan Kardec Editora.
Os de nºs 3, 12, 23, 26 e 29 foram editados pela FEB - Federação Espírita Brasileira.
Os de nºs 6, 17, 19 e 20 foram editados pela Livraria Espírita "Boa Nova" Ltda.
O título de nº 9 foi editado pela Editora Espírita Correio Fraterno do ABC.
O ítem "g", (Em Moscou), do título nº 19, *Narrativas Ocultas*, não pertence originalmente a esta obra, tendo sido acrescentado pelo Editor.

TÍTULOS NÃO LOCALIZADOS

TÍTULO	TÍTULO ORIGINAL
30 Barão Ralf de Derblay, O	Le Baron Ralph du Derblay
31 Das Trevas à Luz	Iz Mpaka K Cvetu
32 Dolores	Dolores
33 E os Mortos Vivem	I Mertvye Jivut
34 Espírito do Mal, O	Eloi Durh
35 Etéreo, O (O Invisível)	Letun
36 Festim de Baltazar, O	Le Festin de Balthazar
37 Filha do Feitiçeiro, A	Dotch Kolduna
38 Fraquezas de um Grande Herói	Les Faiblesses D'un Grand Héros
39 Grego Vingativo, Um	Un Grec Vindicatif
40 Judas Moderno	Le Judas Moderne
41 Laço da Morte, O	Mertvaya Petlya
42 Memórias de um Espírito Errante	Memories D'un Espirit Errant
43 Na Época do Natal	Pod Rojdestvo
44 No Reino das Trevas	B Tsarstve Tmy
45 Nova Era, A	Novyivek
46 Paraíso Sem Adão	Rai Bez Adama
47 Sacerdote de Baal, O	Le Prêtre de Baal
48 Saul, O Primeiro Rei dos Judeus	Saül, Premier Roi des Juifs
49 Servos do Inferno	Les Serviteurs de L'Enfer
50 Vizinhos, Os	Socedi

Impresso nas oficinas da
Gráfica Palas Athena